バンドスコア5.5⇒6.5⇒7.5へとスコアUP！

‹IELTS›
必須単語
2000

植田一三 【編著】
アスパイア学長

上田敏子＋常田純子＋田岡千明 【著】
アスパイア副学長　アスパイア出版部ライター　アスパイア出版部ライター

語研

プロローグ

現在，世界 140 か国以上の国々と 1 万を超える高等教育機関において，入学条件の英語力を測るテストとして採用されている IELTS は，年々受験生が増えており，ますますその価値が高まっています。そして，英米のトップスクールでは 7.0~7.5，中堅の大学では 6.5，交換留学は 6.0~6.5 のスコアが要求されています。

IELTS はリーディング，リスニング，ライティング，スピーキングの 4 つのセクションに分かれており，受信力と発信力を的確に評価できる素晴らしい試験です。このような世界に通用する IELTS で，7.0 以上の高得点を取るには，「受信」という意味では 8 千語（できれば 1 万語）水準以上，「発信」という意味では 5 千語（できれば 6 千語）水準以上の語彙力が望ましいといえます。

そこで本書は，受信・発信の両面で高得点をゲットするために，次のような構成になっています。

---

1. すべてのセクションに必須の「一般語彙」厳選 2000 語を「レベル別」にカバー。
   （必須語彙 200 語：6.0 レベル，最重要語レベル① 600 語：6.0–6.5 レベル，最重要語レベル② 600 語：6.5–7.0 レベル，重要語 600 語：7.0–7.5 レベル）

2. リーディング・リスニングでハイスコアをゲットするための【分野別】必須アカデミック・ボキャブラリー約 400 語を収録。

3. 必ず言い換えて出題されるリーディング・リスニング問題や，必ず言い換えなければ減点されるライティング問題で高得点を取るために，ベストの類語を明記。

4. 各単語をできるだけ素早く，的確に覚えられるようにベストコロケーションを明記。

5. コラムでは類語言い換え力 UP クイズ＆使い分け解説，ライティング高得点ゲットのための「マルティプル言い換え表現」，引き締まった英文を書くための「ハイフン表現」，スピーキングカスコア UP 重要「人物表現」などを網羅。

なお，学習ペースは 1 か月完成なら 1 日約 80 個，2 か月なら約 40 個，3 か月なら約 30 個をマスターするように心がけてください。

最後に，本書の制作にあたり，惜しみない努力をしてくれたアスパイアスタッフの常田純子氏，田岡千明氏，上田敏子氏，および（株）語研編集部の島袋一郎氏には心から感謝の意を表したいと思います。それから我々の努力の結晶である著書をいつも愛読してくださる読者の皆さんには心からお礼申し上げます。

それでは皆さん，明日に向かって

Let's enjoy the process ! (陽は必ず昇る)

植田一三

目 次

Part 3 最重要語レベル② 600 語：6.5-7.0 レベル

Unit 1 【0801】～【1000】 **114**

Unit 2 【1001】～【1200】 **140**

Unit 3 【1201】～【1400】 **166**

Part 4 重要語 600 語：7.0-7.5 レベル

Unit 1 【1401】～【1600】 **194**

【装丁】山田英春
【音源制作】ELEC録音スタジオ
　　　　　Guy Perryman
　　　　　Emma Howard

● 付属音声（ダウンロード配布）

　本書の付属音声は，**見出し語**と**用例**（矢印記号➤付きのフレーズ・センテンス）のすべてを【**見出し語→用例**】の形式により，自然な速度の英語で１回だけ読み上げています。本書が手元になくても，モバイル端末などを利用して耳から学ぶだけで語彙学習，リスニング技能の向上が可能です。

　音声ファイルは **MP3 形式**で，「Part 1_0001_absorb.mp3」〜「Part_4_2000_youngster.mp3」の全 2,000 ファイルあります。

　音声は１語１ファイルですから，自由にプレイリストを作成して，シャッフル再生などにも活用できます。①好きなところから学習を始めて，好きなところで学習を停止する，②常に異なる配列で学習するなど，柔軟で飽きのこない学習が可能です。

● 音声のダウンロードについて

　本書の付属音声は無料でダウンロードできます。次の URL にアクセスして，ダウンロードしてご利用ください。

https://www.goken-net.co.jp/catalog/card.html?isbn=978-4-87615-394-7

または，右の QR コードからもアクセス可能です。

■ 本書では，各グループのタイトル部分に ▶ マークと４桁のシリアル番号で音声の収録範囲を表示しています。

■ 収録時間は約３時間 55 分です。

注意事項

■ ダウンロードで提供する音声は，複数のファイル・フォルダを ZIP 形式で１ファイルにまとめています。ダウンロード後に復元してご利用ください。ダウンロード後に，ZIP 形式に対応した復元アプリを必要とする場合があります。

■ 音声ファイルは **MP3 形式**です。モバイル端末，パソコンともに，MP3 ファイルを自由な組み合わせで再生できるアプリを利用できます。

■ インターネット環境によってダウンロードできない場合や，ご使用の機器によって再生できない場合があります。

■ 本書の音声ファイルは，一般家庭での私的使用の範囲内で使用する目的で頒布するものです。それ以外の目的で本書の音声ファイルの複製・改変・放送・送信などを行いたい場合には，著作権法の定めにより，著作権者等に申し出て事前に許諾を受ける必要があります。

Part 1

必須語彙200語：
6.0レベル

Unit 1

[0001]~[0100]

学習日	年　月　日	年　月　日	年　月　日

0001 **A** **absorb**
[əbˈsɔːb, -ˈzɔːb]
動 （液体，知識などを）吸収する，夢中にさせる（≒ take in, engross）
➤ absorb water （水分を吸収する），be absorbed in work （仕事に没頭している）
名 absorber （吸収する人［物］，吸収材） 形 absorbent （吸収性のよい）

0002 **A** **abstract**
[ˈæbstrækt] 形 名
[æbˈstrækt] 動
形 抽象的な，観念的な［理論上の］（≒ conceptual, theoretical）
➤ abstract art [paintings] （抽象芸術［抽象画］）
動 名 abstract （抽出する；要約，抄録，抽象概念） 反 concrete （具体的な）

0003 **A** **academic**
[ˌækəˈdɛmɪk]
形 学術的な，学問の（≒ educational, scholastic）
➤ academic achievement （学業成績），an academic career （学問的な仕事）
名 academia （（大学などの）学究的環境）

0004 **RL** **accommodate**
[əˈkɒməˌdeɪt]
動 （建物・乗り物などが）収容する，適応［順応］させる，～のために便宜を図る（≒ hold, adapt）
➤ The hotel can accommodate 100 people. （そのホテルは 100 人収容できる），accommodate the needs of people （人々のニーズに対応する）
名 hotel accommodation （ホテル宿泊設備）

0005 **A** **accurate**
[ˈækjərɪt]
形 的確［正確］な，精密な（≒ correct, precise）
➤ an accurate description [time] （的確な記述［正確な時間］）
反 inaccurate （不正確な） 名 accuracy （正確さ）

0006 **A** **adequate**
[ˈædɪkwɪt]
形 適切な［適任の］，十分な（≒ sufficient, satisfactory）
➤ be adequate for our needs （ニーズにかなっている），
an adequate supply （十分な供給）
副 adequately trained （十分に訓練された）

0007 **A** **adjust**
[əˈdʒʌst]
動 ぴったり合わせる，調整する，順応する（≒ adapt, modify）
➤ adjust my schedule to yours （あなたのスケジュールに合わせる），
adjust to a new environment （新しい環境に順応する）
名 temperature adjustment （温度調節）

0008 **A** **advocate**
[ˈædvəkɪt, -ˌkeɪt] 名
[ˈædvəˌkeɪt] 動
名 支持者，擁護者（≒ supporter, proponent） 動 主張［推奨］する
➤ animal-rights advocates （動物の権利保護活動家），
an advocate for free speech （言論の自由の擁護者）
名 advocacy （擁護，支援運動）；advocacy groups （支援グループ）

0009 **RL** **agenda**
[əˈdʒɛndə]
名 （検討すべき）課題［議題］，計画（≒ list of items, plan）
➤ a meeting agenda （会議の議題），
the agenda for action （行動計画）

0010 **A** **aggressive**
[əˈgrɛsɪv]
形 攻撃的な，積極的な（≒ violent, assertive）
➤ aggressive behaviour （攻撃的行動），
an aggressive marketing campaign （積極的な販売キャンペーン）
副 promote the industry aggressively （積極的に産業を推進する）

Part 1
達成度 10%   50%   100%

0011	RL	**agricultural** [ˈægrɪˌkʌltʃərəl]	形 農業の（≒ **farming, farm**） ➤ agricultural land [production]（農地［農業生産］） 名 **agriculture**（農業）
0012	A	**aid** [eɪd]	名 援助，補助（≒ **support, assistance**） ➤ food aid（食料援助），official development aid（政府開発援助［ODA］） 動 **aid** his recovery（彼の回復を**助ける**）
0013	A	**alert** [əˈlɜːt]	形 油断のない，機敏な（≒ **watchful, vigilant**） ➤ stay alert（常に注意する，気を抜かない） 名 動 **alert**（警報［を出す］）：alert them to the danger（彼らに危険を知らせる）
0014	RL	**alien** [ˈeɪljən, ˈeɪlɪən]	名 在留外国人，異邦人（≒ **foreigner, stranger**） 形 在留外国人の，異質な ➤ an illegal alien（不法在留外国人），an alien culture（異文化） 動 **alienate**（疎遠にする）：alienate customers（顧客を遠ざける）
0015	RL	**analysis** [əˈnælɪsɪs]	名 分析，分析結果（≒ **examination, investigation**） ➤ a DNA analysis（DNA鑑定），data analysis（データ解析） 動 **analyse** the data（データを**分析する**）
0016	A	**anticipate** [ænˈtɪsɪˌpeɪt]	動 予測する，期待する（≒ **expect, foresee**）　形 **anticipated**：待望の ➤ anticipate the needs of customers（顧客のニーズを予測する），the anticipated movie（待望の映画） 名 **anticipation**（予期，予想）：anticipation of death（死の予感）
0017	A	**appeal** [əˈpiːl]	動 （人に〜を）強く求める，上訴する，（人を）引きつける（≒ **beg, attract**）　名 懇願，上訴，魅力（≒ **attraction**） ➤ appeal to the public for help（国民に助けを求める），His movies appeal to all ages.（彼の映画は全世代の興味を引く） 形 an **appealing** look（魅力的な外観）
0018	A	**appreciate** [əˈpriːʃɪˌeɪt]	動 感謝する，よさを認める，（的確に）認識する（≒ **value, understand**） ➤ appreciate your help [the music]（力添えに感謝する［その音楽を高く評価する］） 名 **appreciation**（評価，感謝，価値の上昇）
0019	RL	**association** [əˌsəʊsɪˈeɪʃən]	名 協会，組合，つながり（≒ **organisation, relationship**） ➤ a residents' [free-trade] association（自治会［自由貿易連合］），the strong association between smoking and lung cancer（喫煙と肺がんの強い関連） 動 **associate**（関連付ける，交際する）
0020	A	**assume** [əˈsjuːm]	動 想定［推測］する，（責任・役割などを）担う（≒ **suppose, presume, bear, undertake**） ➤ It is commonly [generally] assumed that ...（〜であると一般に考えられている），assume the role of the president（社長の役割を担う） 名 **assumption**（想定）

必須語彙200語　最重要語レベル①600語　最重要語レベル②600語　重要語600語

| 学習日 | 年　月　日 | 年　月　日 | 年　月　日 |

0021　A　atmosphere
[ˈætməsˌfɪə]

名 大気，空気，雰囲気（≒ **air, aura**）
➤ the (Earth's) atmosphere（大気圏），
a friendly atmosphere（友好的な雰囲気）
形 atmospheric（大気の，趣のある）；atmospheric pressure（大気圧）

0022　A　attach
[əˈtætʃ]

動 添付する，取り付ける（≒ **connect, fix**）
➤ attach a photo [file] to a message（メッセージに写真［ファイル］を添付する）
名 attachment（取付，添付書類，愛着）

0023　A　authority
[ɔːˈθɒrɪti]

名 権力（者），権限，《通例 the ～ies で》当局，（行政権がある）官庁（≒ **power, control**）
➤ have the authority to make decisions（決断を下す権限を持つ）
➤ the government authorities（政府当局）

0024　A　awareness
[əˈweənəs]

名（社会問題などに対する）意識，認識，（五感による）認識，自覚（≒ **consciousness, cognisance**）
➤ raise public awareness（国民意識を高める），a lack of awareness（認識の欠如）　形 aware（〔～を／～であることに［を］〕気づいて［知って］いる，認識［自覚］している）；be aware of the danger（危険を察知している）

0025　A　badly
[ˈbædli]

副 悪く，とても，ひどく（≒ **greatly, poorly**）
➤ badly damaged（ひどく損害を負う），
miss him badly（彼がひどく恋しい）

0026　A　belonging
[bɪˈlɒŋɪŋ]

名 帰属，所属，密接な間柄（≒ **affinity, affiliation**）
➤ a sense of belonging（帰属意識［帰属感］，親近感），need for belonging（所属欲求）　名 belongings（所有物，所持品）；personal belongings（個人の**持ち物**［私物］）　動 belong（所属する，属する）

0027　A　beneficial
[ˌbɛnɪˈfɪʃəl]

形 有益な（≒ **advantageous, favourable**）
➤ a mutually beneficial agreement [relationship]（双方に有益な合意［関係]）　名 benefit（利益，《通例，複数形で》手当，特典，恩恵）；receive financial benefits（金銭的な利益を得る）

0028　A　biased
[baɪəst]

形 偏見を抱いた，偏りのある（≒ **partial, prejudiced**）
➤ biased information [coverage]（偏った情報［報道]）
動 名 bias（偏見を抱かせる，先入観）

0029　RL　blossom
[ˈblɒsəm]

名 花（≒ **flower, bloom**）　動 咲く，発展する
➤ cherry blossoms（桜の花），
blossom into a successful business（成功事業に発展する）

0030　RL　bond
[bɒnd]

名 絆，接着（剤），債権（≒ **tie, union**）
➤ a bond of friendship（友情の絆），government bonds（国債）
動 bond（接着させる，心の結びつきを確立する）

6

Part 1
達成度 20% ███ 50% 100%

0031	SW	**booming** [ˈbuːmɪŋ]	形 好景気の，活況の（≒ **t**hriving, **f**lourishing） ➤ a booming economy [population]（好景気に沸く経済［人口の急増]） 動 **boom**（とどろく，にわかに景気づく）
0032	RL	**bury** [ˈbɛrɪ]	動 埋める，覆い隠す（≒ **i**nter, **h**ide） ➤ bury the dead（死体を埋葬する），bury the truth（真実を隠す） 名 **burial** ground（**埋葬**場所）
0033	A	**capacity** [kəˈpæsɪtɪ]	名 容量，（生産）能力（≒ **v**olume, **a**bility） ➤ a capacity of the freezer（冷凍庫の容量），work at full capacity（全能力で働く）　形 a **capable** worker（有能な社員）
0034	A	**check** [tʃɛk]	動 確かめる，調べる［検査する］，阻止する（≒ **e**xamine, **s**top） ➤ check the website for details（ウェブサイトで詳細を確認する），check the growth of public spending（公費の拡大を阻止する） 句動 **check in**（宿泊手続きをする）
0035	A	**civil** [ˈsɪvᵊl]	形 市民［民間，国内]の，（軍に対して）民間の（≒ **c**ivilian, **d**omestic） ➤ civil conflicts [unrest]（内戦［市民の不安]），civil aviation（民間航空） 名 形 **civilian**（〔軍人ではない〕一般市民〔の〕）
0036	RL	**collapse** [kəˈlæps]	動 崩壊する（≒ **g**ive **w**ay, **b**reak **d**own） ➤ The roof collapsed under the weight of snow.（雪の重みで屋根が壊れた），The government collapsed.（政府が崩壊した） 名 **collapse** of the economy（経済の**崩壊**）
0037	A	**commitment** [kəˈmɪtmənt]	名 約束［公約]，責任，献身（≒ **p**romise [**p**ledge], responsibility, **d**edication） ➤ make a commitment（確約する），financial commitments（金銭的責務） 動 **commit** a crime（〔法律上の〕罪を**犯す**）
0038	A	**compensation** [ˌkɒmpɛnˈseɪʃən]	名 補償［賠償]（金），賃金（≒ **p**ayment, **r**eward） ➤ claim [award] compensation（補償を請求する［与える]），workers' compensation（労災補償） 動 **compensate** ... for the damage（～〔人〕に損害を**補償する**）
0039	A	**confess** [kənˈfɛs]	動 （過ちなどを）告白する，認める（≒ **a**dmit, **c**oncede） ➤ confess the fact [*my* ignorance]（事実を白状する［無知を認める]） 名 **confession** of the truth（真実の**告白**）
0040	A	**confidence** [ˈkɒnfɪdəns]	名 信頼，自信，秘密（≒ **t**rust, **s**elf-**a**ssurance） ➤ build confidence in *your* ability（自分の能力に自信を持つ），consumer confidence（消費者の信頼） 形 **confidential**（極秘の）；confidential documents（極秘文書）

学習日	年　月　日	年　月　日	年　月　日

0041 A **conscious**
[ˈkɒnʃəs]

形 意識のある，自覚している，意図的な（≒ **aware, intentional**）
➤ make a conscious choice [effort]（意識的な選択 [努力] をする）
副 **consciously**（意識して）名 **consciousness**（意識）

0042 A **consequence**
[ˈkɒnsɪkwəns]

名 （主に悪い）結果 [影響]，重要 [重大] さ（≒ **effect, importance**）
➤ an inevitable consequence of the war（戦争の避けようのない結果），face the consequences（報いを受ける）
副 **consequently**（その結果として）

0043 A **consideration**
[kənˌsɪdəˈreɪʃən]

名 熟慮，思いやり，心づけ（≒ **deliberation, concern**）
➤ consideration for other people（他人に対する思いやり），give serious consideration（真剣に考える）
形 **considerate** care（思いやりのある看護）

0044 RL **constitute**
[ˈkɒnstɪˌtjuːt]

動 構成する，相当する（≒ **make up, comprise, be equivalent to**）
➤ Health expenditure constitutes 20% of the GDP.（医療費は GDP の 2 割を占める），What constitutes great leadership?（優れたリーダーシップとはどのようなものか）名 **constitution**（憲法，構成，制定）

0045 RL **constructive**
[kənˈstrʌktɪv]

形 建設的な（≒ **productive, useful**）
➤ constructive criticism [suggestions]（建設的な批評 [提案]）
動 **construct**（建設する）名 **construction** workers（建設作業員）

0046 A **contemporary**
[kənˈtemprəri]

形 現代の，同時期の（≒ **modern, contemporaneous**）
名 同時期の人（≒ **peer**）
➤ contemporary music（現代音楽），
my contemporary at college（大学の同期生）

0047 A **contract**
[kənˈtrækt] 動
[ˈkɒntrækt] 名

動 縮小 [収縮] させる，契約する，（病気に）かかる（≒ **shrink, catch**）
➤ contract muscles（筋肉を収縮させる），contract a disease（病気にかかる）
名 an employment contract（雇用契約）

0048 A **contrary**
[ˈkɒntrəri]

形 正反対の（≒ **opposite, completely different**）副《contrary to ... で》〜とは反対に，〜に反して 名 正反対
➤ a contrary opinion（反対意見），Contrary to expectations, he found a job.（予想に反して，彼は仕事を見つけた）
熟 to the contrary（それとは反対に），on the contrary（それどころか）

0049 A **contribution**
[ˌkɒntrɪˈbjuːʃən]

名 貢献，寄付（金），寄稿（≒ **service, donation**）
➤ make a contribution to society（社会に貢献する），contributions to charity（慈善事業への寄付金）
動 **contribute**（貢献 [寄付，寄稿] する）

0050 RLW **convert**
[kənˈvɜːt] 動
[ˈkɒnvɜːt] 名

動 （物・建物・物質などを〜に）変える，改宗する（≒ **change, transform**）
➤ convert an old school into apartments（古い学校をアパートに変える），convert to Christianity（キリスト教に改宗する）
名 **conversion**（変更，改装，改宗）

Part 1
達成度　　　　　　　　　　30%　　　　50%　　　　　　　　　　100%

0051	A	**convey** [kənˈveɪ]	**動** 伝える，運ぶ（≒ **communicate, transport**） ➤ convey *my* message [feelings]（メッセージ［気持ち］を伝える） **名 conveyance**（伝達，運搬）

0052 A **core** [kɔː]
名 中核部，主要部（≒ **centre, key**）
➤ core value [competence]（基本理念［中核能力］），*be* rotten to the core（芯まで腐っている）**形 core**（中核となる）

0053 A **council** [ˈkaʊnsəl]
名 理事会，協議会（≒ **meeting, organisation**）
➤ a student council（生徒会），the U.N. Security Council（国連安全保障理事会）
名 councillor（議員）

0054 A **critical** [ˈkrɪtɪkᵊl]
形 重大な［決定的な］，批判的な，重篤な（≒ **crucial, vital, serious**）
➤ *be* of critical importance（決定的に重要である），critical thinking [remarks]（批判的な思考［意見］），a critical condition（危機的状況〔《医》重体〕）
名 critic（批評家），**criticism**（批判）

0055 A **cultivate** [ˈkʌltɪˌveɪt]
動 耕す，（作物・能力を）育てる（≒ **grow, foster**）
➤ cultivate a crop [skill]（作物［スキル］を育てる）
名 cultivation（栽培）

0056 A **currency** [ˈkʌrənsɪ]
名 通貨，通用すること（≒ **money, prevalence**）
➤ foreign currency（外貨），The term has gained currency.（その言葉は広まってきた）
形 名 current（現在の，流れ）

0057 A **deal** [diːl]
名 取引，契約（≒ **arrangement, agreement**）
➤ a fair deal（公正な取引），sign a deal（契約を結ぶ）
動 deal（扱う，〔トランプを〕配る）

0058 A **decay** [dɪˈkeɪ]
動 腐食する，衰える（≒ **rot, deteriorate**）
名 腐敗
➤ decaying food（腐敗しかけている食べ物），tooth decay（虫歯）

0059 A **deliver** [dɪˈlɪvə]
動 配達する，発言する，産む（≒ **bring, bear**）
➤ deliver a message [baby]（メッセージを伝える［赤ん坊を産む］）
名 delivery（配達，発言，出産）

0060 A **demonstrate** [ˈdɛmənˌstreɪt]
動 証明する，デモをする（≒ **display, protest**）
➤ demonstrate *his* ability（能力を証明する），demonstrate against the war（戦争反対のデモをする）
名 demonstration（実演，証拠，デモ）
形 demonstrable（明らかな）

学習日	年　月　日	年　月　日	年　月　日

0061　A　dense
[dɛns]

形 濃い，隙間がない（≒ thick, crowded）
➤ a dense population [fog]（密集した人口［濃霧］）
名 density（密度，濃度）

0062　A　depict
[dɪˈpɪkt]

動 描写［表現］する（≒ describe, portray）
➤ depict a picture [story]（絵［物語］を描く）
名 depiction（描写，表現）

0063　A　deposit
[dɪˈpɒzɪt]

名 預金，頭金，敷金，沈殿物（≒ down payment, sediment）
動 置く，預ける
➤ withdraw a deposit（預金を引き出す），a security deposit（敷金），oil deposit（埋蔵石油）

0064　A　deprive
[dɪˈpraɪv]

動 （～から〔…を〕）奪う，与えない（≒ strip, rob）
➤ be deprived of freedom [rights]（自由［権利］を奪われる）
名 deprivation（剥奪，欠乏）; sleep deprivation（睡眠不足）

0065　A　detect
[dɪˈtɛkt]

動 （気付きにくいものを）発見する（≒ discover, notice）
➤ detect a disease [difference]（病気［違い］を発見する）
名 early detection of cancer（がんの早期発見）

0066　A　diplomatic
[ˌdɪpləˈmætɪk]

形 外交（上）の，外交的手腕にすぐれた［如才ない］（≒ political, tactful）
➤ diplomatic relations（外交関係），a diplomatic attempt at avoiding conflicts（戦いを避けようとする外交的手腕にすぐれた試み）
名 diplomacy（外交関係［交渉］）

0067　A　discipline
[ˈdɪsɪplɪn]

名 訓練，規律，学問分野（≒ control, regulation, subject）
動 しつける
➤ strict discipline（厳しい規律），instil discipline in children（規律を子どもに教え込む），discipline a child（子どもをしつける）
名 disciplinarian（規律にうるさい［しつけの厳しい］人）

0068　RL　distort
[dɪˈstɔːt]

動 （正常な形や真実を）曲げる，ゆがめる（≒ twist, deform, warp）
➤ distort the truth（真実を曲げる），A loudspeaker distorts a human voice.（拡声器は声をゆがめる）
名 distortion（ゆがめること，ゆがみ）

0069　RL　district
[dɪstrɪkt]

名 （ある特定の機能・特徴を持った）地区，地域，街（≒ area, zone）
➤ a school [shopping] district（学区［ショッピング街］）

0070　A　diversity
[daɪˈvɜːsɪtɪ]

名 （意見・種類などの）多様性，《常に単数形で》《a diversity of ... で》多種多様な（≒ variety, difference）
➤ cultural [biological] diversity（文化的［生物学的］多様性）
形 a diverse population（多様な人々）

Part 1
達成度　40%　50%　100%

0071	A	**domestic** [dəˈmɛstɪk]	形 家庭の，国内の，人に慣れた（≒ **h**ousehold, **i**nternal） ➤ domestic violence（家庭内暴力），the domestic market（国内市場） 副 **domestically**（家庭内で，国内で）
0072	A	**due** [djuː]	形《due to ... で》~が原因で，予定の，十分な（≒ **s**cheduled, **p**lanned） ➤ due to her efforts（彼女の努力のお陰で），a due date（納期）， a due consideration（十分な考慮） 名 **due**（当然支払われるべきもの，会費）
0073	A	**dynamic** [daɪˈnæmɪk]	形（プロセス・社会などが）活発な[絶えず変化する]，力強い（≒ **a**ctive, **e**nergetic） ➤ a dynamic process [society]（変化の過程[絶えず変化する社会]） 副 **dynamically**（活動的に，ダイナミックに）
0074	RL	**editor** [ˈɛdɪtə]	名 編集者，《コ》エディター[テキストを処理するためのソフト]（≒ **c**ompiler） ➤ a newspaper [magazine] editor（新聞[雑誌]の編集者） 動 名 **edit**（編集[する]）　名 **edition**（[刊行物の]版）
0075	A	**engage** [ɪnˈgeɪdʒ]	動 関心を引く，従事する（≒ **a**ttract, **c**apture, *be* **i**nvolved） ➤ engage the audience（観客の関心を引き付ける）， engage in agriculture（農業に携わる） 名 **engagement**（従事，約束，婚約）
0076	A	**enlarge** [ɪnˈlɑːdʒ]	動（写真を）引き伸ばす，拡大する[大きくする]，（知識・語彙などを）増やす，（理解を）深める（≒ **e**xpand, **m**agnify） ➤ enlarge a photo（写真を引き伸ばす），an enlarged image（形 拡大した画像） 名 **enlargement**（[サイズの]拡大，引き伸ばし）
0077	A	**enormous** [ɪˈnɔːməs]	形（数量，程度が）巨大な，莫大な（≒ **h**uge, **i**mmense） ➤ an enormous amount of work（膨大な仕事の量），enormous potential（とてつもない可能性）　副 **enormously**《程度について》非常に，《動詞を修飾して》大いに，大きく）　名 **enormity**（巨大さ，莫大さ）
0078	A	**enrich** [ɪnˈrɪtʃ]	動 豊かにする，（質的に）向上させる（≒ **e**nhance, **i**mprove） ➤ enrich *your* life（人生を豊かにする）， cereals enriched with vitamins（ビタミン強化したシリアル） 名 **enrichment**（豊かに改良[強化]すること）
0079	A	**enthusiasm** [ɪnˈθjuːzɪˌæzəm]	名 熱中，熱中の対象（≒ **e**agerness, **p**assion） ➤ enthusiasm for learning [educational reform]（学習意欲[教育改革に対する熱意]） 名 **enthusiast**（熱心な人）　形 **enthusiastic**（熱心な）
0080	A	**entire** [ɪnˈtaɪə]	形 全体の，完全な（≒ **w**hole, **c**omplete） ➤ the entire age groups（全ての年齢層）， the entire agreement（完全合意） 副 **entirely**（全く，完全に）

学習日	年 月 日	年 月 日	年 月 日

0081 A **equally** [ˈikwəli]

副 平等［均等］に，（程度が）同様に（≒ **evenly, similarly**）
➤ divide the profit equally（利益を等分する），
equally important（同様に重要な）

0082 A **equipment** [ɪˈkwɪpmənt]

名 設備，備品，能力［知識，技術］（≒ **device, tools**）
➤ electronic [computer] equipment（電子［コンピューター］機器），
intellectual equipment（知的能力）
注意 不可算名詞なので複数形にしない！

0083 A **essential** [ɪˈsɛnʃəl]

形 不可欠な，根本的な（≒ **key, indispensable, fundamental**）
➤ be essential to survival（生き残るために不可欠だ），
the essential problem with this plan（この計画の根本的な問題）
副 **essentially**（本質的に）名 in **essence**（本質的に）

0084 A **esteem** [ɪˈstiːm]

名 尊敬，高い評価（≒ **respect**）動 高く評価する，（…を～であると）見なす（≒ **admire, regard**）
➤ self-esteem（自尊心），a highly esteemed scientist（形 高く評価されている科学者）

0085 A **estimate** [ˈɛstɪˌmeɪt] 動 [ˈɛstɪmɪt] 名

動 見積もる，評価する（≒ **evaluate, assess**）名 見積もり
➤ estimate the arrival time [repair cost]（到着時間を推定する［修理費用を見積もる]）名 **estimation**（見積もること，見積額）

0086 A **ethnic** [ˈɛθnɪk]

形 民族の，異国情緒あふれる（≒ **racial, exotic, tribal**）
➤ ethnic culture（民族的文化），ethnic diversity（民族の多様性）
名 different **ethnicity**（異なる民族性）

0087 A **evident** [ˈɛvɪdənt]

形 明白な，はっきりとした（≒ **obvious, clear**）
➤ an evident fact（明白な事実），a self-evident truth（自明の理）
副 **evidently**（明らかに）名 **evidence**（証拠）

0088 A **exceed** [ɪkˈsiːd]

動（数量・能力などで～を）超える（≒ **surpass, transcend**）
➤ exceed the speed limit（制限速度を超える），
exceed expectations（期待［予想］を上回る）
形 an **excessive** drinking（過度の飲酒，飲み過ぎ）名形 **excess** luggage（〔重量〕超過手荷物）

0089 A **exhaust** [ɪɡˈzɔːst]

動 酷く疲れさせる，使い果たす（≒ **wear out, drain**）
名 排出，排気ガス
➤ I was exhausted at work.（仕事で疲れ果てた），
car exhaust（車の排気ガス）
名 **exhaustion** of natural resources（天然資源の枯渇）

0090 A **existence** [ɪɡˈzɪstəns]

名 存在，暮らし，生存（≒ **being, presence**）
➤ human existence（人間の存在），lead a peaceful existence（平穏な生活を送る）形 **existent**（実在する）

Part 1
達成度

50%　　　　　　　　　　　　　　　100%

50%

0091	A	explosion [ɪkˈspləʊʒən]	名 爆発，急増（≒ blast, burst） ➤ a bomb [population] explosion（爆弾の爆発［人口の激増］） 形 名 explosive（爆発性の，爆発物）
0092	A	extend [ɪkˈstɛnd]	動 伸ばす，与える（≒ expand, offer） ➤ extend a deadline [helping hand]（期限を延ばす［救いの手を差し伸べる］） 名 an extension cord（延長コード）
0093	A	faithful [ˈfeɪθfʊl]	形 信頼できる，（人・信念，事実・原物などに）忠実な（≒ loyal, honest） ➤ a faithful servant（信頼できる使用人），be faithful to the original（原作を忠実に再現している） 副 faithfully（忠実［誠実］に）
0094	A	favourable 〈英〉/ favorable 〈米〉 [ˈfeɪvərəbəl]	形 賛成の，好都合な（≒ approving, helpful, beneficial） ➤ favourable reviews（好評），a favourable opportunity（好機） 名 動 favour（好意［を示す］，願い）
0095	A	feed [fi:d]	動 餌をやる，養う，供給する（≒ nourish, supply）名 餌 ➤ feed a cat [family]（猫に餌をやる［家族を養う］），an oil feed pipe（給油管） 動 breast-feed（授乳する）
0096	A	fertile [ˈfɜ:taɪl]	形 肥沃な，繁殖力のある（≒ fruitful, reproductive） ➤ fertile land（肥沃な土地），a fertile imagination（豊かな想像力） 名 fertility（肥沃，多産）反 infertile（不毛な）
0097	RL	fierce [fɪəs]	形 どう猛な，猛烈な（≒ ferocious, vicious） ➤ fierce competition [attacks]（熾烈な争い［猛攻撃］） 副 fiercely（激しく）名 fierceness（激しさ）
0098	A	figure [ˈfɪgə]	名 形，姿，数字（≒ shape, number） ➤ sales figures（売上高，販売数量），have a good figure（スタイルがいい）
0099	A	forecast [ˈfɔ:ˌkɑ:st]	動 予測する（≒ predict）名 予測（≒ prediction） ➤ forecast demand（市場需要を予測する），a weather forecast（天気予報） 名 forecaster（将来を予測する人）
0100	A	foundation [faʊnˈdeɪʃən]	名 基礎，創立，財団法人（≒ base, basis） ➤ a solid foundation at home（家庭でのしっかりした基盤），the foundation of a house（家屋の土台） 動 found an organisation（組織を設立［創設］する）

必須語彙 200 語　最重要語レベル① 600 語　最重要語レベル② 600 語　重要語 600 語

CHECK＞ IELTS SW 対策　ハイフン表現をマスター！

☐ a pollution-free car　　　　　　　　　無公害車

☐ a self-disciplined person　　　　　　　自分に厳しい人

☐ self-employed workers　　　　　　　　自営業者

☐ a self-published book　　　　　　　　自費出版本

☐ a self-motivating team　　　　　　　　自主的なチーム

☐ a well-connected self-made entrepreneur　広い人脈を持ったたたき上げの実業家

☐ well-spent money　　　　　　　　　　有益に使われたお金

☐ a well-dressed gentleman　　　　　　　身なりのよい紳士

☐ a well-thought-out speech [plan]　　　考え抜かれたスピーチ［計画］

☐ a well-proportioned body　　　　　　　均整の取れた身体

☐ a well-ventilated room　　　　　　　　換気のいい部屋

☐ a TV personality-turned politician　　　元テレビタレントの政治家

☐ college-bound students　　　　　　　　大学進学希望の生徒

☐ a deep-rooted island nation mentality　深く根づいた島国根性

☐ the Internet-driven economy　　　　　インターネットによって駆り立てられた経済

☐ like-minded people　　　　　　　　　同じような考えの人たち

☐ one-sided love　　　　　　　　　　　片思い

☐ a New York-born, Harvard-educated professor　ニューヨーク生まれハーバード大卒の教授

☐ a long-cherished dream　　　　　　　長年の夢

☐ a widely-travelled businessperson　　　旅慣れたビジネスパーソン

☐ job-seeking students　　　　　　　　求職学生

☐ a time-and-money-consuming project　時間とお金のかかるプロジェクト

☐ a fund-raising campaign　　　　　　　資金集めのキャンペーン

☐ oil-poor countries　　　　　　　　　石油が乏しい国

☐ a would-be singer　　　　　　　　　歌手志望者

☐ a joke-rich conversation　　　　　　　ジョークいっぱいの会話

☐ a high-risk gamble　　　　　　　　　危険性の高い賭博

☐ a safety-conscious driver　　　　　　セーフティードライバー

☐ a media-shy politician　　　　　　　マスコミ嫌いの政治家

☐ a clean-desk person　　　　　　　　机の上がきれいな人

☐ a to-do list　　　　　　　　　　　すべき仕事のリスト

IELTS 総合力 UP 「群れ」の類語の使い分けをマスター！

　一般的なものは，a **crowd** (of demonstrators)「公の場所に集まった無秩序な群衆」，an **assembly** of reporters「同じ目的のために集まった会合」，a **bunch** (of grapes [people])「果物の房や花の束や人の集まり［連中］」，a **mass** (of people)「群衆や多量の物」などがある。ワンランク UP すると，a (Democratic) **convention**「政党やある職業の団体」，a **mob** (of protesters)「暴徒」，a **herd** (of cattle)「同じ所に住んでいる同じ種類の動物や群衆」，a **flock** (of birds)「家畜の羊や同じ種類の一緒に飛ぶ鳥の群れ」，a **school** (of fish [artists])「魚や芸術家などの群れ」，a **swarm** (of insects)「同じ方向に素早く動く昆虫や群衆の群れ」，a **troupe** (of dancers)「地方巡業する一座」，a (religious) **congregation**「宗教の集会」，a **throng** (of people)「一か所に集まる密集した人や動物の群れ」などがある。

Unit 2

【0101】～【0200】

0101 A **fulfil** 〈英〉／ **fulfill** 〈米〉 [fʊlˈfɪl]
- **動** 成就する，実行する（≒ **achieve, realise**）
  - ➤ fulfil *your* dream [potential]（夢を叶える［潜在能力を発揮する］），fulfil *my* responsibilities（責任を果たす）
  - **形** **fulfilling**（充実した）

0102 A **functional** [ˈfʌŋkʃənəl]
- **形** 機能的な，実用的な（≒ **useful, practical**）
  - ➤ a functional disorder（機能障害），a functional approach to learning（学習に対する実用的なアプローチ）
  - **名** **動** **function**（機能〔する〕，行事）；ceremonial functions（冠婚葬祭）

0103 A **fundamental** [ˌfʌndəˈmɛntˀl]
- **形** 基本的な，根本的な（≒ **basic, essential**）
  - ➤ fundamental rights to privacy（プライバシーに関する基本的人権），be fundamental to success（成功に欠かせない）
  - **副** **fundamentally**（根本的に）

0104 A **further** [ˈfɜːðə]
- **副** それ以上に（≒ **more**） **形** さらなる（≒ **additional**）
  - ➤ further develop the economy（経済をさらに発展させる），for further details [information]（さらなる詳細については）

0105 A **futile** [ˈfjuːtaɪl]
- **形** 役に立たない，無駄な（≒ **useless, worthless**）
  - ➤ a futile attempt [exercise]（無益な試み［効果のない運動］）
  - **名** **futility**（無用［無益］であること）

0106 A **generate** [ˈdʒɛnəˌreɪt]
- **動** 生み出す，引き起こす，もたらす，（熱などを）発生させる（≒ **produce, create**）
  - ➤ generate income [interest]（収入を生み出す［興味をかき立てる］），generate electricity（電気を発生させる）
  - **名** **generation**（同世代，発生） **形** **generative**（生殖力のある，発生の）

0107 A **gifted** [ˈgɪftɪd]
- **形** 天賦の才能のある，天才の（≒ **talented, endowed**）
  - ➤ a gifted child [musician]（天才児［天賦の才能のある音楽家］）

0108 RL **grant** [grɑːnt]
- **動** （資格・権利・許可などを）与える，（希望・請求などを）叶える，聞き入れる（≒ **allow, admit**）
  - ➤ grant a request（要求を承認する），I was granted French citizenship.（フランス市民権を取得した），grant *your* wish（願いを叶える）
  - **名** a research grant（研究助成金）

0109 A **grasp** [grɑːsp]
- **動** 握る，把握する（≒ **seize, fully understand**）
  - ➤ grasp a chance [rope]（チャンス［ロープ］をつかむ），grasp the key points（要点を把握する）
  - **名** **grasp**（しっかりつかむこと，理解力，把握）

0110 RL **grief** [griːf]
- **名** 深い悲しみ，深い悲しみのもと（≒ **intense and extreme sadness**）
  - ➤ her grief for the death of her mother（母を亡くした彼女の悲しみ）

Part 1 達成度　50%　60%　100%

0111	RL	harbour 《英》/ harbor 《米》 [ˈhɑːbə]	動 心に抱く，かくまう（≒ **hold, hide**） ➤ harbour a grudge [criminal]（恨みを抱く［犯罪者をかくまう］） 名 harbour（港，避難所，隠れ場所）
0112	A	hardship [ˈhɑːdʃɪp]	名 困難，辛苦（≒ **difficulty, suffering**） ➤ the hardship of poverty [hunger]（貧困［飢え］の苦しみ）
0113	A	harsh [hɑːʃ]	形 （気候・環境・処罰・非難・現実などが）厳しい（≒ **severe, cruel**） ➤ harsh weather（厳しい気候），the harsh reality（厳しい現実） 副 harshly（厳しく）　名 harshness（厳しさ）
0114	A	horizontal [ˌhɒrɪˈzɒntəl]	形 水平な，平衡の（≒ **even, level**） ➤ a horizontal line [axis]（水平線［横軸］） 名 horizon（地平線，水平線）
0115	A	host [həʊst]	動 主催する，司会をする（≒ **hold, organise**） ➤ host the Olympics [a party]（オリンピック［パーティー］を主催する），host the TV show（テレビの司会をする） 名 a host family（ホストファミリー〔ホームステイの外国人学生を迎え入れる家族〕）
0116	A	humble [ˈhʌmbəl]	形 謙虚な，（地位や身分が）低い（≒ **modest, lower-class**） ➤ humble beginnings（貧しい家の出），in my humble opinion（《丁寧に》私見を申し上げますと） 動 humble（謙虚にさせる）　名 humbleness（謙虚さ）
0117	A	illegal [ɪˈliːgəl]	形 違法の（≒ **outlawed, illicit**）　名 不法移民［入国者］ ➤ illegal activities [drugs]（違法行為［違法薬物］） 名 illegality（違法性，違法行為）
0118	A	illustrate [ˈɪləˌstreɪt]	動 （例示などで）説明する，示す，挿絵を入れる（≒ **explain, show**） ➤ illustrate my point [the difference]（論点［その違い］を説明する） 名 illustration（挿絵，実例）　動 illustrate（説明する）
0119	A	individual [ˌɪndɪˈvɪdjuəl]	形 個人の，個別の（≒ **single, personal**） ➤ individual differences（個人差），individual capacity（個人の能力） 副 individually（個々には）
0120	A	influential [ˌɪnfluˈɛnʃəl]	形 影響力の大きい（≒ **powerful, inspiring**） ➤ an influential leader [book]（影響力のあるリーダー［本］） 名 influencer（インフルエンサー［影響力を持つ人］）

学習日	年 月 日	年 月 日	年 月 日

0121 A **informal**
[ɪnˈfɔːməl]

形 堅苦しくない，非公式の（≒ **relaxed, unofficial**）
➤ an informal easy-going atmosphere（気軽な雰囲気），
an informal meeting（非公式の会合）
反 **formal**（堅苦しい，公式の）

0122 RL **inhabit**
[ɪnˈhæbɪt]

動 住む，生息する（≒ **live in, occupy**）
➤ the area inhabited by wild animals（野生動物が住む地域）
名 **inhabitant**（住んでいる人や動物）

0123 A **institution**
[ˌɪnstɪˈtjuːʃən]

名 （銀行・大学・病院などの）機関，制度，（老人・孤児などを対象とした）
施設，名物，よく知られた人（≒ **organisation, custom**）
➤ a financial institution（金融機関），the institution of marriage（結婚制度），
He is an institution around here.（彼はここらでは有名人だ）

0124 RL **insulting**
[ɪnˈsʌltɪŋ]

形 侮辱的な，失礼な（≒ **disrespectful, rude**）
➤ an insulting remark [gesture]（侮辱的な発言［ジェスチャー］）
動 名 **insult**（侮辱する，侮辱）

0125 A **intellectual**
[ˌɪntɪˈlɛktʃʊəl]

形 （資質・活動などが）知的な，学問的な，聡明な（≒ **rational,
academic**）　名 知識人
➤ intellectual curiosity [ability]（知的好奇心［知的能力］）
名 **intellect**（知性，思考力）

0126 RL **intensify**
[ɪnˈtɛnsɪˌfaɪ]

動 強く［激しく］なる，強く［激しく］する（≒ **escalate, heighten**）
➤ The conflict [violence] intensified.（紛争［暴力］が激化した），
intensify the effectiveness（効果を強める）
形 **intense** competition（激しい競争）

0127 A **interaction**
[ˌɪntərˈækʃən]

名 交流，相互作用（≒ **communication, interplay**）
➤ the interaction with other people（他人とのやり取り）
動 **interact**（交流する）　形 **interactive**（双方向の）

0128 A **interfere**
[ˌɪntəˈfɪə]

動 《in を伴って》干渉する，《with を伴って》妨げる（≒
intervene, obstruct）
➤ interfere in family problems（家族の問題に干渉する），interfere
with business（業務を妨げる）

0129 A **interpretation**
[ɪnˌtɜːprɪˈteɪʃən]

名 解釈，説明，翻訳，通訳（≒ **explanation, translation**）
➤ the interpretation of laws [data]（法［データ］の解釈）
名 **interpreter**（通訳者）

0130 A **invest**
[ɪnˈvɛst]

動 投資する，つぎ込む（≒ **finance, spend**）
➤ invest in the property market（不動産市場に投資する），
invest time and effort（時間と労力を注ぐ）
名 **investment**（投資）

| | Part 1 達成度 | 50% | 70% | 100% |

0131 A investigate
[ɪnˈvestɪˌɡeɪt]
動 調査［捜査］する（≒ explore, inspect）
➤ investigate the effect of stress（ストレスの影響を調査する），investigate the crime scene（犯行現場を捜査する）
名 investigation（調査） 形 investigatory（調査の）

0132 A isolated
[ˈaɪsəleɪtɪd]
形 孤立した，まれな（≒ remote, exceptional）
➤ an isolated island [incident]（孤島［めったにない出来事］）
名 isolation（孤立，隔離） 動 isolate（孤立させる，分離する）

0133 A justify
[ˈdʒʌstɪˌfaɪ]
動 正当だと説明する，弁明する（≒ verify, excuse）
➤ justify the decision（決断の妥当性を示す），justify his actions（自らの行動を正当化する）
名 justification（正当化，言い訳）

0134 A landscape
[ˈlændˌskeɪp]
名 景色，風景画，状況（≒ scenery, situation）
➤ an urban landscape（都市景観），a political landscape（政治的な展望）

0135 A launch
[lɔːntʃ]
動 （ロケットや矢を）打ち上げる，（船を）進水させる，（ビジネスやサービスを）始める（≒ throw, start）
➤ launch a campaign [new product, boat]（キャンペーンを始める［新製品を発売する，船を進水させる］）
名 a launch party（ローンチパーティー［新製品発売記念パーティー］）

0136 A leading
[ˈliːdɪŋ]
形 有数の，最も重要な，首位にいる（≒ chief, main）
➤ a leading company [role]（トップ企業［主役，主導役］）
動 lead（先導する，最先端を進む）

0137 A legend
[ˈledʒənd]
名 伝説，偉大な人（≒ myth, hero）
➤ the legend of Robin Hood（ロビン・フットの伝説），a living legend（生きた伝説）
形 a legendary hero（伝説的な英雄）

0138 A literature
[ˈlɪtərɪtʃə]
名 文学（作品），資料，文献（≒ written work, leaflet）
➤ English [campaign] literature（英文学［選挙宣伝用チラシ］）
形 literary（文学の）

0139 RL magnificent
[mæɡˈnɪfɪsᵊnt]
形 壮大な，素晴らしい（≒ impressive, splendid）
➤ a magnificent view [building]（素晴らしい眺め［壮大なビル］）
名 magnificence（壮大，素晴らしさ）

0140 RL mass
[mæs]
名 かたまり，集団（≒ pile, bunch） 形 大量の
➤ a mass of people（群衆），mass production（大量生産）
動 mass（集結する［させる］） 形 massive（大規模な）

学習日	年 月 日	年 月 日	年 月 日

0141 A **material**
[məˈtɪəriəl]

名 物質，原材料，用具［道具］，〜に向いている人，生地，（小説などの）題材［情報］（≒ **s**ubstance, **f**abric, **i**nformation）
➤ building [educational] materials（建築資材［教材］），
leader material（リーダーの器）
形 material（物質の，身体的な，物欲的な，〔証拠・情報などが〕重要な）

0142 A **maturity**
[məˈtjʊərɪti]

名 成熟，満期（≒ **a**dulthood, **f**ull **g**rowth）
➤ emotional maturity（情緒的成熟），the maturity date（満期日）
形 mature（成熟した）**副** maturely（分別を持って）

0143 A **meaningful**
[ˈmiːnɪŋfʊl]

形 意味のある，意味ありげな（≒ **i**mportant, **e**xpressive）
➤ a meaningful life [glance]（意義ある人生［意味ありげな視線］）
名 meaning（意味）**副** meaningfully（意味があるように）

0144 A **memorial**
[miˈmɔːriəl]

名 記念碑，記念物，記念行事（≒ **m**onument, **r**emembrance）
➤ a war memorial（戦争記念碑），
a memorial for victims（犠牲者の追悼式典）
形 a memorial statue（記念［慰霊］の像），a memorial service（慰霊祭［追悼式］）

0145 RL **military**
[ˈmɪlɪtəri]

形 軍の，軍事的な（≒ **m**artial, **a**rmed）**名** 軍隊
➤ military forces [presence, action]（軍隊［軍の駐留，軍事活動］）
形 名 militant（戦闘好きの，過激派）**反** civil（民間の）

0146 A **miserable**
[ˈmɪzərəbəl]

形 惨めな，わずかな（≒ **d**epressing, **p**altry）
➤ a miserable failure [income]（惨めな失敗［わずかな収入］）
副 miserably（惨めに）

0147 A **misleading**
[misˈliːdɪŋ]

形 （虚偽を真実と信じさせて）誤解を与えるような（≒ **d**eceptive, **t**ricky）
➤ misleading advertisements [information]（誤解を招くような広告［情報］）
動 mislead（誤った方向に導く，だます，欺く）

0148 A **modify**
[ˈmɒdɪˌfaɪ]

動 （物事をよくするために少し）変える，修正する（≒ **a**lter, **a**djust）
➤ genetically modified food（遺伝子組み換え食品），
modify the law（法律を修正する）
名 modification（修正すること）

0149 A **monotonous**
[məˈnɒtənəs]

形 単調な，一本調子で退屈な（≒ **t**edious, **d**ull）
➤ a monotonous routine（単調な日課），
a monotonous life（刺激のない人生）
名 monotony（単調さ）**副** monotonously（単調に）

0150 A **motivate**
[ˈməʊtɪˌveɪt]

動 動機を与える，やる気にさせる（≒ **i**nspire, **s**timulate）
➤ What motivated him to commit a crime?（何が彼が犯罪を起こす動機となったのか？），motivate students（生徒達をやる気にさせる）
名 motivation（意欲，やる気），motive（動機，主題）

0151 **A** **mutual** [ˈmjuːtʃʊəl]
- 形 お互いの，共通の（≒ **reciprocal, common**）
- ➤ mutual respect [trust]（お互い尊重［信頼］し合うこと），a mutual friend [interest]（共通の友人［興味・関心］）
- 名 **mutuality**（相互関係）

0152 **A** **nationwide** [ˈneɪʃənˌwaɪd]
- 形 全国的な（≒ **national, countrywide**）　副 全国的に
- ➤ a nationwide campaign [survey]（全国キャンペーン［調査］）

0153 **RL** **navigation** [ˌnævɪˈgeɪʃən]
- 名 航海［航行］（術），航法，運行指示，《コ》（サイトの）閲覧（≒ **sailing, wayfinding**）
- ➤ car [air] navigation（カーナビ［航空航法］），navigation aids [control]（航法援助［航行制御］）
- 形 a **navigational** aid（航行の助けになるもの）

0154 **A** **neglect** [nɪˈglɛkt]
- 動 （人・物・事）の世話［管理］を怠る，（意図的でなく）ほったらかす（≒ **abandon, disregard**）　名 怠慢，放置；無視，軽視
- ➤ neglect my child [duty]（子どもをほったらかしにする［義務を怠る］），neglect of the property（所有不動産の管理怠慢）

0155 **A** **noticeable** [ˈnəʊtɪsəbəl]
- 形 容易に気づく，目立つ（≒ **clear, perceptible**）
- ➤ a noticeable difference [increase]（著しい違い［増加］）
- 副 **noticeably**（目に見えて，著しく）

0156 **A** **notion** [ˈnəʊʃən]
- 名 考え，概念（≒ **idea, belief**）
- ➤ the notion of parents [education]（親［教育］とはこういうものという概念）

0157 **A** **notorious** [nəʊˈtɔːriəs]
- 形 悪名高い，評判の悪い（≒ **infamous, ill-famed**）
- ➤ a notorious criminal [killer]（悪名高き犯罪者［殺人者］）
- 副 **notoriously**（悪名高くも）

0158 **A** **numerous** [ˈnjuːmərəs]
- 形 （数が）非常に多くの，多数からなる（≒ **many, copious**）
- ➤ on numerous occasions（何度も），a numerous family [army]（大家族［大軍］）

0159 **A** **obstacle** [ˈɒbstəkəl]
- 名 障害（物），邪魔（≒ **hindrance, block**）
- ➤ an obstacle race（障害物競走），an obstacle in business（ビジネスをする上での障害）

0160 **A** **obvious** [ˈɒbviəs]
- 形 明白な（≒ **clear, apparent**）
- ➤ obvious benefits [advantages]（明らかな利点［利益］）
- 副 **obviously**（明らかに）

学習日	年　月　日	年　月　日	年　月　日

0161 **RL** odd
[ɒd]

形 奇妙な，奇数の，さまざまな，〜あまりの，（組や対の）片方の（≒ **strange, uneven, various**）
➤ odd clothes [socks]（奇妙な服 [左右ちぐはぐの靴下]），do odd jobs（さまざまな仕事 [雑用] をする），100-odd years（100 年あまり）

0162 **A** outstanding
[ˌaʊtˈstændɪŋ]

形 傑出した，未払いの，未解決の（≒ **excellent, unpaid, unsolved**）
➤ an outstanding performance（抜群の成績），outstanding debts [issues]（未払いの借金 [未解決の問題]）

0163 **RLS** overwhelm
[ˌəʊvəˈwɛlm]

動 圧倒する，制圧する，殺到する，《文》水没させる（≒ **overcome, overpower, flood**）
➤ be overwhelmed with sadness [questions]（悲しみに打ちひしがれる [質問攻めにあう]），The tsunami overwhelmed the city.（津波が街を水没させた）　形 **overwhelming**（圧倒的な）

0164 **RLS** pathetic
[pəˈθɛtɪk]

形 哀れな [傷ましい]，（軽蔑的に）情けない（≒ **pitiful, feeble**）
➤ a pathetic derelict（哀れな路上生活者），a pathetic excuse（下手な言い訳）
副 **pathetically**（哀れを誘うほどに）

0165 **RL** peculiar
[pɪˈkjuːlɪə]

形 奇妙な，（特定の人や場所に）特有の，固有の（≒ **unusual, unique**）
➤ a peculiar smell（妙な臭い），a peculiar species（固有種）
名 **peculiarity**（奇妙さ）　副 **peculiarly**（妙に）

0166 **A** perspective
[pəˈspɛktɪv]

名 視点，（物事を）正しく見通せる力，遠近法，見晴らし（≒ **viewpoint, angle, prospect**）
➤ a historical [global] perspective（歴史的 [世界的] な視点），lose a sense of perspective（正しい判断力を失う）

0167 **RL** phenomenon
[fɪˈnɒmɪnən]

名 事実，現象，逸材（≒ **fact, happening, marvel**）
➤ the global phenomenon of climate change（気候変動という世界的現象），He is a phenomenon.（彼はすごい人だ）
注意 複数形：「現象」phenomena，「逸材」phenomenons

0168 **A** physical
[ˈfɪzɪkəl]

形 身体的な，物理的な（≒ **bodily, material**）
➤ physical fitness（身体の健康，体力），the physical environment（物理的環境）
副 **physically**（物理的に，身体的に）

0169 **A** potential
[pəˈtɛnʃəl]

形 可能性がある（≒ **possible, prospective**）　名 潜在能力
➤ potential customers（見込み客），leadership potential（リーダーとしての潜在能力）
動 **potentiality**（可能性，見込み，潜在能力）

0170 **A** precise
[prɪˈsaɪs]

形 正確な，精密な（≒ **accurate, exact**）
➤ precise measurements [details]（正確な測定 [詳細]）
副 **precisely**（正確に）

Part 1　　　　　　　　　　　50%　　　　　　　　　　　　100%
達成度　　　　　　　　　　　　　　　　　　　　　　　90%

0171 **A** **preference**
[ˈprɛfərəns, ˈprɛfrəns]

名 好み，優先（≒ **l**iking, **f**ondness）
➤ customers' preference（顧客の好み），a personal preference（個人的好み）
形 Prevention is **preferable** to treatment.（予防は治療**より望ましい**）

0172 **A** **prejudice**
[ˈprɛdʒʊdɪs]

名 先入観，偏見（≒ **b**ias, **p**reconception）
動 先入観を抱かせる，損害をもたらす（≒ **b**ias, **d**amage）
➤ a racial prejudice（人種差別），prejudice the chance（チャンスを損なう）**形** **prejudiced**（偏見を持った）

0173 **A** **principle**
[ˈprɪnsɪpəl]

名 基本理念，原理，信条，法則（≒ **l**aw, **b**elief, **a**xiom）
➤ moral principles（道徳的原則），against my principle（自分の信条に反する），Archimedes' principle（アルキメデスの法則）

0174 **A** **proceed**
[prəˈsiːd]

動 続行する，進める，（人が）進む（≒ **c**ontinue, **a**dvance）
➤ proceed with a plan（計画を進める），
Passengers proceed to gate 25.（搭乗者は 25 番ゲートに進む）
名 **procedure**（手順，手続き）

0175 **A** **productive**
[prəˈdʌktɪv]

形 産出力がある，多作な（≒ **f**ertile, **p**rolific）
➤ a productive worker [writer]（生産性の高い労働者 [多作なライター]）
名 **production**（生産，製造）

0176 **A** **profitable**
[ˈprɒfɪtəbəl]

形 利益になる，ためになる（≒ **s**uccessful, **r**ewarding）
➤ a profitable business [experience]（もうかるビジネス [ためになる経験]）
名 **profit**（利益）

0177 **A** **reasoning**
[ˈriːzənɪŋ]

名 論法，論拠（≒ **p**roof, **a**rgument）
➤ scientific [logical] reasoning（科学的 [論理的] 推論），
the reasoning behind this decision（この判断の根拠）

0178 **A** **reform**
[rɪˈfɔːm]

動 改革する（≒ **i**mprove, **c**orrect）　**名** 改革（≒ **i**mprovement）
➤ reform the system（制度を改革する），
an economic reform（経済改革）

0179 **A** **regularly**
[ˈrɛɡjʊləli]

副 定期的に，よく，等間隔に（≒ **a**t uniform **i**ntervals,
often, **e**venly **a**rranged）
➤ meet regularly（定期的に会う），*be* regularly spaced（一定間隔で空けられている）
形 名 **regular**（定期的な，常連〔客〕，標準サイズ）

0180 **A** **restore**
[rɪˈstɔː]

動 （以前の状況・場所などに物・人を）戻す，（建物・芸術品などを）修復[復元] する，（秩序・伝統などを）回復させる（≒ **r**ecover, **r**ebuild）
➤ restore *my* health [the building]（健康を取り戻す [建物を修復する]）
名 **restoration**（復元，回復）

必須語彙 200 語　　最重要語レベル① 600 語　　最重要語レベル② 600 語　　重要語 600 語

学習日	年　月　日	年　月　日	年　月　日

0181 **RL** **retirement**
[rɪˈtaɪəmənt]

名 (定年による) 退職，退職後の生活 (≒ **post-work years**, **retreat**)
➤ a retirement age (定年)，happy retirement (幸せな隠居生活)
動 retire (引退する，退く，寝る)

0182 **A** **rigid**
[ˈrɪdʒɪd]

形 融通がきかない，頑固な，硬い (≒ **inflexible**, **stiff**)
➤ rigid rules (厳格なルール)，rigid plastic (硬質プラスチック)
副 rigidly (頑固に，厳格に)

0183 **A** **ruin**
[ˈruːɪn]

動 破壊する，(人，会社などを) 台無しにする，破産させる (≒ **destroy**, **devastate**, **spoil**) **名** 破壊，破産 (≒ **collapse**)
➤ ruin *my* life (人生を台無しにする)，financial ruin (経済的破綻)
名 Roman ruins (ローマの遺跡)

0184 **A** **scarce**
[skɛəs]

形 乏しい，まれな (≒ **scant**, **rare**)
➤ scarce resources [water] (乏しい資源 [水])
名 a scarcity of energy (エネルギー不足)

0185 **RL** **screen**
[skriːn]

動 (患者を) 検査 [検診] する，上映 [放送] する，(応募者などの) 選考を行う (≒ **check**, **vet**, **show** [**broadcast**]) **名** 画面
➤ *be* screened for cancer (がん検査を受ける)，
screen a movie (映画を上映する)

0186 **A** **secure**
[sɪˈkjʊə]

形 安定した，安全な (≒ **stable**, **safe**)
動 獲得 [確保] する，固定する，保証する (≒ **obtain**, **fix**)
➤ a secure job (安定した仕事)，secure a contract (契約を獲得する)，
secure a boat with a rope (船をロープで固定する)
名 security (安全，安定) **反** insecure (不安定な，不安な)

0187 **A** **setting**
[ˈsɛtɪŋ]

名 環境，(映画などの) 舞台 [背景] (≒ **environment**, **scene**)
➤ in an urban [a rural] setting (都会の [田舎の] 環境で)，
the setting of the novel (その小説の舞台)

0188 **RLS** **sheer**
[ʃɪə]

形 《強調して》全くの，透けるほど薄い，ほぼ垂直な (≒ **utter**, **perpendicular**)
➤ the sheer number of tourists (非常に多くの観光客)，
sheer luck (全くの幸運)，sheer cliffs (切り立った崖)
副 **動** sheer (全く，ほぼ垂直に；[船などが進路から] 急にそれる)

0189 **A** **shrink**
[ʃrɪŋk]

動 縮む [縮ませる]，減少する [させる] (≒ **get** [**make**] **smaller**, **decrease**, **decline**) **名** 収縮
➤ The economy [market] is shrinking. (経済 [市場] が縮小している)
名 shrinkage (縮小，減少)；economic shrinkage (経済収縮)

0190 **A** **solid**
[ˈsɒlɪd]

形 個体の，確かな (≒ **hard**, **firm**, **reliable**)
➤ solid rocks [evidence] (固い岩 [手堅い証拠])
名 show solidarity (団結 [結束] を示す)

| | Part 1 達成度 | 50% | 100% |

0191	A	**species** [ˈspiːʃiːz]	**名** (生物，共通の特徴を持つ) 種 (≒ **type, kind**) ➤ an endangered species (絶滅危惧種)， an animal species (動物の種) **注意** 単複同形の名詞！
0192	A	**split** [splɪt]	**動** 割る，分ける，別れる (≒ **break, divide**) ➤ split the coconut in half (ココナッツを半分に割る)，The party is deeply split on this issue. (その政党はこの点について深く分裂している) **名** split (分割，分裂)
0193	A	**struggle** [ˈstrʌɡ°l]	**動** 奮闘する，取り組む，闘う (≒ **grapple, fight**) ➤ struggle to survive (生き残りをかけて闘う)， struggle with cancer (がんと闘う) **名** class struggle (階級間の**闘争**)
0194	A	**suspicious** [səˈspɪʃəs]	**形** 怪しい，疑い深い (≒ **doubtful, sceptical**) ➤ a suspicious package [look] (不審物 [疑いのまなざし]) **名** suspicion (疑い) **動** suspect (疑う)
0195	A	**symptom** [ˈsɪmptəm]	**名** 症状，兆し (≒ **sign, indication**) ➤ symptoms of allergy [influenza] (アレルギー [インフルエンザ] の症状)，symptoms of an earthquake (地震の兆候)
0196	A	**temporary** [ˈtɛmpərərɪ, ˈtɛmprərɪ]	**形** 一時的な，臨時の (≒ **transient, short-term**) ➤ temporary workers [jobs] (派遣社員 [アルバイト]) **副** temporarily (一時的に，仮に) **反** permanent (永久的な)
0197	A	**tragic** [ˈtrædʒɪk]	**形** 悲劇的な，悲惨な (≒ **distressing, painful**) ➤ a tragic event [incident] (悲劇的な出来事 [事件]) **名** the tragedy of war (戦争の**悲劇**)
0198	A	**transfer** [trænsˈfɜː] **動** [ˈtrænsfɜː] **名**	**動** 移す，移動させる (≒ **move, relocate**) ➤ transfer money [data] (お金 [データ] を送る) **名** transfer of power (権力移譲)
0199	A	**undergo** [ˌʌndəˈɡəʊ]	**動** (変化や特に嫌なことを) 経験する，経る (≒ **experience, go through**) ➤ undergo surgery [tests] (手術 [試験] を受ける)， undergo rapid changes (急激な変化を遂げる)
0200	A	**vehicle** [ˈviːɪk°l]	**名** 乗り物，(表現・伝達などの) 手段 [媒体] (≒ **transport, medium**) ➤ a motor vehicle (自動車 〔の類〕《トラック，バスなども含む》)， a vehicle for propaganda (宣伝媒体)

必須語彙 200 語 　最重要語レベル①600 語 　最重要語レベル②600 語 　重要語 600 語

IELTS 類語クイズにチャレンジ！① 重要度★★★★★

Choose a group of synonyms of the underlined part from the list below.

1. Tom is **adequate** for the task because he studied leadership.
2. I didn't see your car, so I **assumed** you'd gone out.
3. This project demonstrates our **commitment** to improving the quality of the city's green spaces.
4. Female workers **constitute** the majority of the labour force.
5. Reducing levels of carbon dioxide in the atmosphere is of **critical** importance.
6. You could try being a little more **diplomatic** this time.
7. The party is attempting to **engage** young voters politically.
8. Take care when using old electrical **equipment**.
9. She was an extremely **gifted** musician.
10. Price is determined through the **interaction** of demand and supply.
11. Police have **launched** an investigation into the incident.
12. The law has been significantly **modified** since that ruling.
13. We were impressed by the **sheer** size of the cathedral.
14. We want to expand the business, not **shrink** it.
15. I have no **symptoms** other than a slight fever.

【選択肢】

A. devotion, dedication	B. attract, capture
C. sign, indication D. talented, endowed	E. start, begin
F. sufficient, suitable	G. suppose, presume
H. absolute, utter	I. downsize, scale down
J. make up, comprise	K. political, tactful
L. crucial, vital	M. adapt, adjust
N. communication, interplay	O. devices, tools

【解答欄】

1.	2.	3.	4.	5.	6.	7.	8.

9.	10.	11.	12.	13.	14.	15.

1.	(F. sufficient, suitable)	トムはリーダーシップについて学んだからその任務に適任だ。
2.	(G. suppose, presume)	あなたの車を見かけなかったから出かけたものと思った。
3.	(A. devotion, dedication)	この計画は，街の緑地の質を上げることへの我々の献身の証だ。
4.	(J. make up, comprise)	女性従業員が労働力の大半を占めている。
5.	(L. crucial, vital)	大気中の二酸化炭素濃度の削減は，極めて重要だ。
6.	(K. political, tactful)	今回はもう少しそつなくやってみては？
7.	(B. attract, capture)	その政党は政治的に若い有権者の関心を引こうとしている。
8.	(O. devices, tools)	古い電気設備を使うときは注意してください。
9.	(D. talented, endowed)	彼女は極めて才能のある音楽家だった。
10.	(N. communication, interplay)	価格は需要と供給の相互作用で決まる。
11.	(E. start, begin)	警察はその事件の調査を開始した。
12.	(M. adapt, adjust)	その法律は規定以来，かなり修正されてきた。
13.	(H. absolute, utter)	大聖堂の純然たる大きさに感銘を受けた。
14.	(I. downsize, scale down)	ビジネスを縮小するのではなく拡大したい。
15.	(C. sign, indication)	微熱以外の症状はない。

必須語彙 200 語　最重要語レベル①600 語　最重要語レベル②600 語　重要語 600 語

IELTS ライティング表現力 UP　マルティプル言い換え表現マスター！①

1. ポジネガの状況言い換え表現をマスター

□ 代替医療の<u>よい面</u>	the benefits [advantages / positive aspects] of alternative medicine
□ グローバル化の<u>悪い面</u>	the negative aspects [drawbacks / downsides / negatives] of globalisation ➤ drawbacks は，of より to が一般的。
□ 人命の<u>多大な</u>損失	a significant [substantial / huge / considerable / massive] loss of life
□ <u>労働力不足</u>	a lack [shortage / dearth / paucity] of workers [labour / workforce]
□ <u>望ましい</u>状況	desirable [favourable / beneficial] situations
□ <u>望ましくない</u>状況	undesirable [unfavourable / pathetic] situations
□ ほとんど<u>不可能</u>	*be* next to impossible [a daunting challenge / a remote possibility / a pipe dream / a tall order / a lost cause]
□ <u>きつい</u>仕事	a challenging [demanding / formidable / arduous / punishing] work
□ <u>絶滅</u>の危機にある	*be* threatened with [on the brink of / on the verge of / facing] extinction ➤ on the endangered species' list とも言える。
□ 経済<u>不振</u>	an economic downturn [slump / recession / depression]

2．因果関係の言い換え表現をマスター

□ 状況を<u>悪化させる</u>	aggravate [undermine / exacerbate / worsen] the situation
□ 経済に<u>悪影響を及ぼす</u>	have a [an] negative [adverse / detrimental / deleterious / harmful / damaging] effect [influence / impact] on the economy
□ 環境を<u>悪化させる</u>	damage [harm / cause damage to / cause harm to] the environment ➤「環境悪化」は environmental degradation。
□ A は B に<u>よって引き起こされた</u>	*A* was caused by *B* [*B* was responsible for *A* / *B* led to *A* / *A* resulted from *B* / *B* resulted in *A* / *A* was closely related [linked / connected] to *B*]
□ <u>成功の一因となる</u>	contribute to [*be* a factor in / help generate / make for / *be* instrumental in / pave the way for] success

Part 2

最重要語レベル①600語:
6.0-6.5レベル

Unit 1

【0201】～【0400】

学習日	年 月 日	年 月 日	年 月 日

0201 A **abrupt**
[əˈbrʌpt]

形 突然の，ぶっきらぼうな（≒ sudden, brusque）
➤ an abrupt change [manner]（急変［ぶっきらぼうな態度］）
副 **abruptly**（突然）

0202 RL **abstain**
[əbˈsteɪn]

動 （健康，道徳的観点などから）控える，棄権する（≒ refrain, forgo）
➤ abstain from smoking [voting]（タバコを控える［投票を棄権する］）
名 **abstinence**（節制，自制）；abstinence from alcohol（禁酒）

0203 RL **absurd**
[əbˈsɜːd]

形 馬鹿げた，常識外れの（≒ ridiculous, foolish）
➤ an absurd answer [idea]（馬鹿げた返事［考え］）
副 **absurdly** cheap（ばかみたいに安い）

0204 A **abuse**
[əˈbjuːs] 名
[əˈbjuːz] 動

名 動 乱用（する），虐待（する）（≒ misuse, cruel treatment）
➤ drug abuse（薬物乱用），child abuse（子どもの虐待）
形 an **abusive** relationship（虐待関係）

0205 A **accelerate**
[ækˈseləˌreɪt]

動 加速する［させる］（≒ speed up, quicken）
➤ accelerate the growth [pace]（成長［ペース］を加速させる）
名 the **acceleration** of political reform（政治改革の加速）

0206 RL **acclaim**
[əˈkleɪm]

動 名 称賛（する），喝采（する）（≒ praise, applaud）
➤ be acclaimed as a hero（ヒーローと称えられる），
international acclaim（世界からの称賛）
名 be elected by **acclamation**（拍手による投票で選ばれる）

0207 A **accompany**
[əˈkʌmpəni, əˈkʌmpni]

動 付き添う，同時に起こる（≒ go with, occur with）
➤ be accompanied by parents [drought]（親に付き添われる［干ばつを伴う］）
名 sing to a piano **accompaniment**（ピアノの伴奏で歌う）

0208 A **accomplishment**
[əˈkɒmplɪʃmənt, əˈkʌm-]

名 成果，達成（≒ achievement）
➤ accomplishment of a mission（任務の達成），
a sense of accomplishment（達成感）
形 an **accomplished** artist（熟達した芸術家）

0209 A **account**
[əˈkaʊnt]

名 報告［説明］，預金口座，帳簿（≒ report, ledger）
➤ a brief account（簡単な説明），a bank account（銀行口座）
句動 **account for** 10% of ...（～の 10%を占める），account for a policy（政策を説明する）

0210 A **accountable**
[əˈkaʊntəbl]

形 説明責任がある（≒ responsible, liable）
➤ accountable to the public [voters]（世間［有権者］に説明責任がある）
名 legal **accountability**（法的な説明責任）

0211	A	**accumulate** [əˈkjuːmjʊˌleɪt]	動 蓄積する，蓄える（≒ **g**ather, **p**ile up, **a**mass）
			➤ accumulate wealth [knowledge]（財 [知識] を蓄える）
			名 **accumulation** of data（データの**蓄積**）

0212	A	**acknowledge** [əkˈnɒlɪdʒ]	動 認める，感謝する（≒ **a**dmit, **a**ppreciate）
			➤ acknowledge the error（過失を認める）, acknowledge the support（支援に感謝する）
			名 **acknowledgement**（承認，感謝，〔受け取りの〕通知）

0213	A	**acquaintance** [əˈkweɪntəns]	名 知人，（学習・体験などによって得た）知識（≒ **a**ssociate, **k**nowledge）
			➤ a passing [nodding] acquaintance（会釈し合う程度の知り合い）, have some acquaintance with French（フランス語の心得が少しある）
			動 **acquaint**（知らせる，熟知させる）

0214	RL	**activate** [ˈæktɪˌveɪt]	動 作動させる，活性化する（≒ **o**perate, **s**timulate）
			➤ activate the device [gene]（装置を作動させる [遺伝子を活性化する]）
			名 brain **activation**（脳の**活性化**）

0215	A	**adaptable** [əˈdæptəbˀl]	形 順応できる，適合性のある（≒ **a**djustable, **f**lexible）
			➤ adaptable to change [a new environment]（変化 [新しい環境] に適応できる）
			動 **adapt**（適応する）

| 0216 | A | **address** [əˈdrɛs] | 動 取り組む，講演する（≒ **d**eal with, **l**ecture, **s**peak **to**） |
| | | | ➤ address public health issues（公衆衛生問題に取り組む）, address the audience（聴衆に演説を行う） |

0217	A	**adolescent** [ˌædəˈlɛsənt]	形 思春期の，青年期の（≒ **t**eenage, **j**uvenile） 名 青年期の若者
			➤ an adolescent girl（思春期の少女）, adolescent years（青春時代）
			名 early **adolescence**（**青年期**早期，思春期）

0218	RL	**aesthetic** [iːsˈθɛtɪk, ɪs-]	形 美的な，美に関する（≒ **a**rtistic, **o**f beauty）
			➤ aesthetic appeal [value]（美的魅力 [価値]）
			副 **aesthetically**（美学的に，審美的に）

0219	A	**affectionate** [əˈfɛkʃənɪt]	形 愛情のこもった（≒ **l**oving, **a**doring）
			➤ an affectionate hug [kiss]（愛情のこもった抱擁 [キス]）
			名 show **affection**（**愛情**を示す）

0220	A	**affluent** [ˈæflʊənt]	形 （お金や物が）豊かな（≒ **w**ealthy, **a**bundant）
			➤ an affluent society [family]（豊かな社会 [家庭]）
			名 spiritual **affluence**（精神的**豊かさ**）

必須語彙 200 語　最重要語レベル① 600 語　最重要語レベル② 600 語　重要語 600 語

学習日	年 月 日	年 月 日	年 月 日

0221 A **affordable**
[əˈfɔːdəbˀl]

形 （値段が）手頃な（≒ **e**conomical, **c**heap）
➤ affordable prices [housing]（手頃な値段 [住居]）
動 **afford** a car（車を買う**余裕がある**）

0222 A **allergic**
[əˈlɜːdʒɪk]

形 アレルギーの，大の苦手な（≒ **s**ensitive, **a**verse）
➤ an allergic reaction to nuts [egg]（ナッツ [卵] に対するアレル
ギー反応），be allergic to housework（家事が大の苦手だ）
名 a food **allergy**（食物アレルギー）

0223 A **alleviate**
[əˈliːvɪˌeɪt]

動 （問題，苦しみなどを）軽減する，緩和する（≒ **r**elieve, **m**itigate）
➤ alleviate the poverty [pain]（貧困 [痛み] を軽減する）
名 poverty **alleviation**（貧困の軽減 [緩和]）

0224 A **allocate**
[ˈæləˌkeɪt]

動 割り当てる，配分する（≒ **a**llot, **as**sign）
➤ allocate the time [a budget]（時間 [予算] を配分する）
名 **allocation** of food（食糧の配分）

0225 A **alter**
[ˈɔːltə]

動 （部分的に）変更する（≒ **m**odify, **a**djust）
➤ alter the plan [price]（計画 [価格] に変更を加える）
名 make a minor **alteration**（小さな変更 [修正] をする）

0226 A **alternative**
[ɔːlˈtɜːnətɪv]

形 代わりの（≒ **a**nother, **s**ubstitute）
名 代替案（≒ **o**ption）
➤ alternative medicine [energy]（代替医療 [代替エネルギー]）
動形名 **alternate**（交代する，交互の，代役）

0227 RL **altitude**
[ˈæltɪˌtjuːd]

名 高度，海抜（≒ **h**eight, **e**levation）
➤ altitude sickness（高山病），fly at an altitude of 33,000 ft（高
度 3 万 3000 フィート [約 1 万メートル] で飛行する）

0228 A **ambiguous**
[æmˈbɪɡjʊəs]

形 （2 つ以上の意味に解釈できて）あいまいな（≒ **v**ague,
unclear）
➤ an ambiguous statement [expression]（あいまいな声明 [表現]）
名 **ambiguity** of the law（法律のあいまいさ）

0229 RL **amendment**
[əˈmendmənt]

名 改正，改善（≒ **r**evision, **m**odification）
➤ amendments to the contract [law]（契約 [法律] の改定）
動 **amend** the constitution（憲法を改正する）

0230 A **amenity**
[əˈmiːnɪtɪz]

名 《通例，-ties で》生活を快適にする物，便利な設備（≒
facility, **s**ervice, **c**onvenience）
➤ basic amenities（[風呂や温水など] 必要最低限の設備），
local [hotel] amenities（地元の便利な施設 [ホテル滞在を快適にす
る備品・設備]）

0231	A	amid [əˈmɪd]	前（混乱，騒ぎなどの）真っ只中に，〜の間に；〜の中に［で］（≒ in the middle of, during ; among）
			➤ amid a storm（嵐のさなかに），amid the crowd（雑踏の中で）

0232	RL	ample [ˈæmpəl]	形 豊富な，十分な（≒ abundant, plentiful）
			➤ ample time [opportunity]（豊富な時間［機会]）
			動 amplify（増幅［拡大，増大]する［させる]，詳述する）；amplify the effects of ...（〜の影響を増幅させる）

0233	RL	analogy [əˈnælədʒɪ]	名 類似性，例え（≒ similarity, parallel）
			➤ make [draw] an analogy between A and B（AとBの類似性を指摘する），be explained by an analogy to life（人生に例えて説明される）
			名 形 analogue（類似物〔の〕，アナログ〔の〕）

0234	A	anniversary [ˌænɪˈvɜːsərɪ]	名（毎年の）記念日，記念祭（≒ commemoration, jubilee）
			➤ celebrate our 10th wedding anniversary（結婚10周年を祝う），the 100th anniversary of the birth [death] of Mozart（モーツァルトの生誕［没後］100年記念祭）

0235	A	annually [ˈænjʊəlɪ]	副 毎年（≒ yearly, once a year）
			➤ pay annually（年払いする），be held annually（毎年開催される）
			形 annual（年1回の，毎年の；1年間の）：an annual event（年間行事）

0236	A	apparently [əˈpærəntlɪ, əˈpɛər-]	副 見たところでは（〜のようだ）《疑念》，どうやら〜らしい《推測》（≒ seemingly, supposedly）
			➤ be apparently healthy（見かけは健康そうだ），Apparently, it's going to rain.（どうやら雨が降りそうだ）
			形 for no apparent reason（はっきりした理由もなく）

0237	RLS	applause [əˈplɔːz]	名 拍手，称賛（≒ cheering, ovation）
			➤ applause from the audience（観客からの拍手喝采），a round of applause（拍手喝采）
			動 applaud（拍手する，称賛する）

0238	A	approval [əˈpruːvəl]	名 承認，賛成（≒ agreement, acceptance）
			➤ win approval of the request（要求の承認を得る），government approval（政府の承認）
			動 approve the budget（予算を承認する）

0239	A	aptitude [ˈæptɪˌtjuːd]	名 適正，才能（≒ talent, natural ability）
			➤ an aptitude for singing [painting]（歌の才能［絵心がある]）

0240	A	archaeology [ˌɑːkɪˈɒlədʒɪ]	名 考古学（≒ study of prehistory, palaeology）
			➤ classical archaeology（古代ギリシャ・ローマの考古学），medieval archaeology（中世考古学）
			形 an archaeological site（考古学的な遺跡）

必須語彙 200 語　最重要語レベル① 600 語　最重要語レベル② 600 語　重要語 600 語

学習日 ｜ 年 月 日 ｜ 年 月 日 ｜ 年 月 日

0241 RL Arctic
[ˈɑːktɪk]
- 形 北極の，極寒の（≒ **p**olar, **f**reezing） 名 北極
- ➤ the Arctic region（北極地方），arctic weather（極寒）
- 反 Antarctic（南極の）

0242 A argument
[ˈɑːɡjʊmənt]
- 名 議論，論争，主張（≒ **d**ispute, **q**uarrel, **r**easoning）
- ➤ argument for gun control（銃規制に賛成する意見），
  a convincing argument（説得力のある主張）
- 動 argue（異議を唱える，言い争う，〔論拠を示して〕説得する）

0243 A arouse
[əˈraʊz]
- 動 （感情や欲望を）刺激する，かき立てる，（眠りから）目覚
  める（≒ **s**timulate, **a**waken）
- ➤ arouse my interest（興味をかき立てる），
  arouse hostility（敵意をかき立てる）
- 名 sexual arousal（性的刺激［興奮］）

0244 A assertive
[əˈsɜːtɪv]
- 形 自信に満ちた態度の，ハキハキと自己主張する（≒ **c**onfident, **f**orceful）
- ➤ an assertive tone [personality]（自信に満ちた力強い口調［我の
  強い性格］）
- 反 submissive（服従的な，従順な）

0245 A asset
[ˈæset]
- 名 価値ある物［人］，資産（≒ **b**enefit, **p**lus）
- ➤ a valuable asset to a company（会社にとって貴重な人材［物］），
  fixed assets（固定資産），financial assets（金融資産）

0246 RL astonishing
[əˈstɒnɪʃɪŋ]
- 形 驚異的な（≒ **a**mazing, **s**taggering）
- ➤ astonishing results [economic growth]（驚異的な成果［経済成長］）
- 動 astonish the world（世間をアッと驚かせる）

0247 A attain
[əˈteɪn]
- 動 （努力して地位などを）手に入れる，達成する（≒ **o**btain, **a**chieve）
- ➤ attain a position [degree]（地位［学位］を手に入れる）
- 形 an attainable goal（達成可能な目標）

0248 A attentive
[əˈtɛntɪv]
- 形 注意深い，気遣いのある（≒ **w**atchful, **t**houghtful）
- ➤ attentive service（気配りのよいサービス），
  attentive care for the patient（患者への細心のケア）
- 名 attention（注意）

0249 A attribute
[əˈtrɪbjuːt] 動
[ˈætrɪˌbjuːt] 名
- 動 起因すると考える，〜のせい［おかげ］と考える（≒ **a**scribe）
- 名 特質（≒ **c**haracteristic, **q**uality）
- ➤ be attributed entirely to industrial waste（主に産業廃棄物によるものとさ
  れる），important attributes of a leader（リーダーにとって重要な特性）
- 形 death attributable to smoking（喫煙に起因する死）

0250 RL augment
[ɔːɡˈment]
- 動 増大させる，増強する（≒ **i**ncrease, **b**uild up）
- ➤ augment the business [income]（ビジネスを増強する［収入を増やす］）
- 名 augmentation（増加，増強，増大）；breast augmentation（豊胸〔手術〕）

0251 A authentic [ɔːˈθentɪk]
- 形 真の，正真正銘の（≒ **g**enuine, **r**eal）
- ➤ an authentic antique [product]（本物の古美術品［純正品］）
- 名 doubt the authenticity（信憑性を疑う）

0252 RLW autonomy [ɔːˈtɒnəmi]
- 名 自治（権），自主性（≒ **i**ndependence, **s**elf-**g**overnment）
- ➤ individual [local] autonomy（個人の自主性［地方自治］）
- 形 the autonomous region [car]（自治区［自動運転車］）

0253 A awkward [ˈɔːkwəd]
- 形 扱いにくい，ぎこちない，（時間が）都合の悪い（≒ **e**mbarrassing, **d**ifficult）
- ➤ an awkward question [silence, time]（答えにくい質問［気まずい沈黙，都合の悪い時間］）
- 副 laugh awkwardly（ぎこちなく笑う）

0254 A ban [bæn]
- 動 名 禁止（する）（≒ **p**rohibit, **f**orbid）
- ➤ ban on nuclear weapons（核兵器の禁止），ban smoking（喫煙を禁止する）

0255 A bear [beə]
- 動 耐える，（責任や義務を）負う，支える，（悪感情を）抱く，運ぶ，生む（≒ **s**tand, **s**ustain）
- ➤ bear the pain（苦痛に耐える），bear the brunt of attack（攻撃の矢面にさらされている），bear the responsibility（責任を負う）形 bearable（耐えられる）

0256 SW benevolent [bɪˈnevələnt]
- 形 やさしい［慈悲深い］，（団体などが）慈善を行う（≒ **k**ind, **c**haritable）
- ➤ be benevolent toward others（他者に対してやさしい），a benevolent fund（慈善基金）名 benevolence（慈悲心，善行）

0257 A beverage [ˈbevərɪdʒ, ˈbevrɪdʒ]
- 名 （水以外の）飲料（≒ **d**rink）
- ➤ alcohol [refreshing] beverages（アルコール飲料［清涼飲料水］）

0258 A bilateral [baɪˈlætərəl]
- 形 二国間の（≒ **i**nvolving **t**wo **c**ountries, **a**ffecting **b**oth **s**ides）
- ➤ bilateral talks [agreements]（二国間交渉［二国間協定］）
- 関 multilateral cooperation（多国間協力）

0259 A blessing [ˈblesɪŋ]
- 名 恩恵，祝福（≒ **g**race, **b**enefit）
- ➤ nature's [divine] blessings（自然の［神の］恵み）
- 動 bless（〔神が加護を〕授ける）

0260 A bloom [bluːm]
- 動 花が咲く，開花する（≒ **b**lossom, **f**lourish）
- 形 blooming：開花した 名 花，開花（期），花盛り，最盛期
- ➤ blooming flowers（開花した花），roses in full bloom（満開のバラ）
- 形 blooming（はつらつとした，生き生きとした）：She is blooming with good health.（彼女は健康で輝いている）

学習日	年 月 日	年 月 日	年 月 日

0261 **A** **boost**
[buːst]

動 増加［向上］させる（≒ **in**crease, **im**prove）
➤ boost the economy（景気を刺激する），
boost productivity（生産性を向上させる）

0262 **A** **botanical**
[bəˈtænɪkªl]

形 植物（上）の，植物に関する（≒ **flo**ral, **bo**tanic） **名** 《複数形で》植物性薬品
➤ a botanical garden（植物園），rare botanical species（希少植物）
名 botany（植物学）

0263 **LS** **bound**
[baʊnd]

形 《*be* bound to *do* で》きっと～する；《for を伴って》～行きの（≒ **cer**tain, **tra**velling **to**wards）
➤ I'm bound to feel nervous about my interview.（私は面接で緊張するに決まっている），a train bound for Tokyo（東京行きの電車）

0264 **A** **breakthrough**
[ˈbreɪkˌθruː]

名 （科学技術などの）飛躍的進歩［躍進，大発見］，（敵の防衛線の）突破（≒ **dis**covery, **ad**vance）
➤ a scientific [technological] breakthrough（科学［技術］の大躍進）

0265 **A** **breed**
[briːd]

動 飼育する，繁殖する［させる］，（事態が［を］）生じる（≒ **re**produce, **cause**） **名** 品種
➤ breed cattle（牛を飼育する），Success breeds success.（成功が成功を生む） **名** breeding ground（繁殖地）

0266 **RL** **bribe**
[braɪb]

名 賄賂（≒ **in**ducement） **動** 賄賂を贈る（≒ **buy off**）
➤ bribe the police（警官に賄賂を渡す），offer a bribe（賄賂を贈る）
名 on bribery charges（収賄容疑で）

0267 **A** **brisk**
[brɪsk]

形 きびきびした，活発な（≒ **quick**, **ac**tive）
➤ a brisk walk（きびきびとした歩き），
a brisk business（活発なビジネス）
副 briskly（活発に，キビキビと）

0268 **LS** **bug**
[bʌg]

動 イライラさせる，盗聴する（≒ **an**noy, **eaves**drop **on**）
名 虫，不調，（プログラミングの）欠陥（≒ **in**sect, **er**ror）
➤ A slow computer bugs me.（遅いパソコンにイライラする），bug a phone（電話を盗聴する），work out [fix] bugs（バグを修正する）

0269 **LS** **bump**
[bʌmp]

動 ぶつける，ぶつかる（≒ **hit**, **strike**）
➤ bump *my* head（頭をぶつける） **句動** bump into a bear（クマに出くわす） **名** bump（ぶつかること，バンという音，凹凸，〔ぶつかってできた〕こぶ）

0270 **RL** **bureaucracy**
[bjʊəˈrɒkrəsɪ]

名 官僚（制度），お役所仕事（≒ **ad**ministration, **red tape**）
➤ government bureaucracy（政府の官僚制度），
excessive bureaucracy（過度なお役所仕事）
形 bureaucratic inefficiency（お役所仕事の非効率性）

0271	RL	**candid** [ˈkændɪd]	形 率直な，公平な，（写真・ビデオなどが）自然体の，ありのままの姿の（≒ **frank, outspoken**） ➤ a candid opinion（率直な意見），candid photography（自然体の写真撮影）副 **candidly**（ざっくばらんに，率直に）
0272	A	**capture** [ˈkæptʃə]	動 捕らえる，占領する，（画像などを）取り込む（≒ **arrest, seize**） ➤ capture the criminal [town]（犯罪者を捕らえる［町を占拠する］），capture the image（画像を取り込む）
0273	A	**casualty** [ˈkæʒjʊəltɪ]	名 （戦争や事故による）死傷者，損害を受けた人物（≒ **victim, loss**） ➤ civilian [war] casualties（民間人［戦争］の犠牲者），casualty of the recession（不景気の犠牲者）
0274	LS	**catchy** [ˈkætʃɪ]	形 覚えやすい，人の心を捉える（≒ **memorable, unforgettable, captivating**） ➤ a catchy song [slogan]（覚えやすい歌［心を引くスローガン］）
0275	A	**cater** [ˈkeɪtə]	動 （料理を）提供する，（要求を）満たす（≒ **serve, provide**） ➤ cater for a party（パーティーの仕出しをする），cater to their needs（彼らの必要性を満たす） 名 **catering**（仕出し業），**caterer**（仕出し屋）
0276	A	**challenging** [ˈtʃælɪndʒɪŋ]	形 困難だがやりがいがある（≒ **demanding, stimulating**） ➤ challenging work [problems]（困難だがやりがいがある仕事［問題］） 副 **challengingly**（挑戦的に）
0277	A	**chaos** [ˈkeɪɒs]	名 混乱，混沌（≒ **disorder, confusion**） ➤ a political [an economic] chaos（政治的［経済的］混乱） 形 a **chaotic** life（混沌とした生活）
0278	A	**characterise**〈英〉／ **characterize**〈米〉 [ˈkærɪktəˌraɪz]	動 特徴付ける，特徴を述べる（≒ **distinguish, describe**） ➤ characterise the event（そのイベントを特徴付ける），an illness characterised by fever（発熱を特徴とする疾患） 形 名 **characteristic**（特徴のある，特徴）
0279	A	**charitable** [ˈtʃærɪtəbəl]	形 慈善の，寛大な（≒ **philanthropic, benevolent**） ➤ a charitable organisation [donation]（慈善団体［慈善の寄付]） 名 raise money for **charity**（慈善［事業］のための資金集めをする）
0280	LS	**chore** [tʃɔː]	名 家事，雑用，退屈な［つらい］仕事（≒ **task, drudgery**） ➤ household [daily] chores（家事［毎日の仕事］），Shopping is a real chore for me.（買い物は本当に退屈だ）

必須語彙 200 語　最重要語レベル① 600 語　最重要語レベル② 600 語　重要語 600 語

| 学習日 | 年 月 日 | 年 月 日 | 年 月 日 |

0281 A chronic
['krɒnɪk]

形 慢性の（≒ **persistent, continual**）
➤ chronic asthma [alcoholism]（慢性喘息［慢性アルコール依存症］）
反 an **acute** disease（急病）

0282 A chronological
[ˌkrɒnəˈlɒdʒɪkᵊl, krəʊ-]

形 年代順の（≒ **historical, sequential**）
➤ in chronological order（年代順に），a chronological table（年表）
名 **chronology**（年代記，年代学）

0283 RL circulation
[ˌsɜːkjʊˈleɪʃᵊn]

名 循環，流通（≒ **flow, distribution, publication**）
➤ blood [newspaper] circulation（血液循環［新聞の発行部数］）
動 **circulate**（循環する，広まる，配布する）

0284 A clarify
['klærɪˌfaɪ]

動 明確にする（≒ **make clear, explain**）
➤ clarify a problem [situation]（問題［状況］を明らかにする）
名 **clarity** of purpose（目的の**明確さ**）

0285 LS clash
[klæʃ]

名 衝突，対立 動 ぶつかる，衝突する，対立する（≒ **conflict, fight**）
➤ violent clashes between police and demonstrators（警察とデモ隊の暴力的な衝突），a head-on clash between two candidates（2人の候補者の直接対決），Troops clashed near the boder.（国境近くで軍隊が衝突した）

0286 A classify
['klæsɪˌfaɪ]

動 分類する（≒ **categorise, sort**）
➤ people classified by generations [prefectures]（世代［都道府県］ごとに分類された人々）
形 **classified**（分類された，機密扱いの）：classified information（機密情報）

0287 A clue
[kluː]

名（解決のための）手がかり，ヒント（≒ **hint, suggestion**）
➤ a clue to the mystery [solution]（その謎を解く手がかり［解決の糸口］）
形 反 be **clueless** about computers（コンピューターについて何も知らない［無知である］）

0288 A cluster
['klʌstə]

名 集団，一団（≒ **group, bunch**）　動 群がる（≒ **gather**）
➤ a cluster of the disease（感染症の感染集団），flowers in clusters（房状に咲く花）

0289 A coherent
[kəʊˈhɪərənt]

形 首尾一貫した，筋の通った（≒ **rational, consistent**）
➤ a coherent strategy [explanation]（首尾一貫した戦略［説明］）
名 lack **coherence**（首尾一貫していない）

0290 A coincidence
[kəʊˈɪnsɪdəns]

名 偶然の一致，同時発生（≒ **synchronism, co-occurrence**）
➤ What a coincidence!（奇遇ですね！），an amazing coincidence（驚くべき偶然の一致）
動 **coincide**（同時に起こる，一致する）

0291	A	colleague [ˈkɒliːg]	名 同僚，仲間，同業者（≒ co-worker, associate） ➤ a business [former] colleague（仕事仲間 [元同僚]）
0292	RL	collective [kəˈlɛktɪv]	形 集団的な，集合的な，共同の（≒ common, shared） ➤ collective responsibility [action]（共同責任 [集団行動]） 副 collectively（集合的に，トータルで）
0293	RL	collision [kəˈlɪʒən]	名 衝突，（意見などの）不一致（≒ crash, conflict） ➤ a head-on [mid-air] collision（正面衝突 [空中衝突]） 動 collide with a truck（トラックと衝突する）
0294	RL	colloquial [kəˈləʊkwɪəl]	形 話し言葉の，日常会話の（≒ spoken, conversational） ➤ a colloquial expression（口語表現）， colloquial and written English（英語の話し言葉と書き言葉） 副 colloquially（口語で）
0295	A	commemorate [kəˈmɛməˌreɪt]	動 記念して祝う，追悼する（≒ celebrate, pay tribute to） ➤ commemorate the anniversary [victims]（記念日を祝う [犠牲者を追悼する]） 名 a commemoration ceremony（記念式典）
0296	A	commence [kəˈmɛns]	動 開始する，進める（≒ begin, start） ➤ commence the operation（営業 [作業] を開始する）， commence the ceremony（儀式を開始する） 名 commencement（開始，卒業式）
0297	A	commonplace [ˈkɒmənˌpleɪs]	形 名 ありふれた，ごく普通の（事 [物]）（≒ common, ordinary） ➤ E-learning is now commonplace.（オンライン学習 [研修] は今では当たり前になった）
0298	A	commute [kəˈmjuːt]	動 通勤 [通学] する，減刑する，代用する（≒ travel, reduce） ➤ commute to work [school] by train（電車で通勤 [通学] する）， commute the sentence（減刑する） 名 commuter（通勤 [通学] 者）；the commuter belt（通勤圏《英》）
0299	A	comparatively [kəmˈpærətɪvli]	副 比較的（≒ relatively） ➤ comparatively rare [cheap]（比較的まれな [割安な]） 形 live in comparative comfort（比較的快適に住んでいる）
0300	A	compatible [kəmˈpætəbəl]	形 相性がよい，互換性がある（≒ well-matched, well-suited） ➤ a compatible partner [system]（相性のよい相手 [互換性のあるシステム]） 名 compatibility（互換性，相性）

必須語彙 200 語　最重要語レベル① 600 語　最重要語レベル② 600 語　重要語 600 語

IELTS 総合力 UP 「病気」の類語の使い分けをマスター！

　頻度順に，(an infectious) **disease**「主に感染によって起こる人間・動植物の病気」，(kidney) **trouble**「痛みを伴う体の不調」，(mental) **illness**「心身の病気」，(viral) **infection**「感染症」，(motion, car) **sickness**「体の不調，病気，吐き気」，(heart) **attack**「発作」，(corona) **pandemic**「世界的流行病」，(AIDS) **epidemic**「流行病」，(birth) **defect**「欠陥症」，(heart) **condition**「疾患」などがある。これをワンランク UP すると，(chest) **complaint**「体のある部分の軽い病気」，(learning) **disability**「障害」，**plague**「疫病」，**malady**「《文語》慢性的な深刻な病気」，**endemic** (diseases)「風土病」，**contagion**「接触感染」，(congenital) **abnormality**「障害」，(minor) **ailment**「軽いまたは慢性の病気」，(mental) **disorder**「心身の不調」，**indisposition**「《堅い語》気分がよくないこと」などがある。

IELTS 総合力 UP　「規則・法令」の類語の使い分けをマスター！

　一般的なものは，(natural, state, common) **law**「国や社会の法や慣習」，**rule** (of the game)「試合や組織において守るべき取り決め」，(building) **regulations**「権威ある組織による規制」，**guidelines** (for management)「公的な組織を支える行動の原則・指針」，(security) **legislation**「政府によって制定された法律」，(peace) **constitution**「憲法・団体の定款」などがある。ワンランク UP すると，(dress) **code**「行動の規範や法律」，**act** (of Congress)「議会で可決された法律」，**statute** (of limitations)「議会で承認された成文化された法，組織の正式な規則」，(the UN) **charter**「組織の目的や信念などを定めた憲章」，(local) **ordinance**「地方自治体の条例」，(royal) **decree**「皇帝や国家の元首による勅令」，**canon**「規範やキリスト教会会議の法律」，**injunction** (against the publication)「裁判所による禁止命令」，(the Ten) **commandment**「宗教的戒律」などがある。

| 学習日 | 年 月 日 | 年 月 日 | 年 月 日 |

0301 A competence
[ˈkɒmpɪtəns]
名 能力，力量（≒ **a**bility, **s**kill, **p**roficiency）
➤ social competence（社会的適応能力），communicative competence（〔外国語での〕伝達［コミュニケーション］能力）
形 a **competent** worker（有能な社員）

0302 A competitive
[kəmˈpɛtɪtɪv]
形 競争の（激しい），競争力のある（≒ **r**easonable, **s**elective）
➤ a highly competitive university（競争率が高い大学），a competitive price（競争力のある価格）
名 competition（競争，競争相手［商品］,試合,コンクール），competitor（競争相手）

0303 A complicated
[ˈkɒmplɪˌkeɪtɪd]
形 複雑な，面倒な（≒ **d**ifficult, **c**omplex）
➤ a complicated relationship [problem]（複雑な関係［問題］）
動 complicate（複雑にする）

0304 A complimentary
[ˌkɒmplɪˈmɛntəri, -tri]
形 無料の，称賛の（≒ **f**ree, **l**audatory）
➤ a complimentary ticket（無料の優待券），complimentary remarks（ほめ言葉）
動 名 compliment（称賛〔する〕）

0305 A comply
[kəmˈplaɪ]
動《with を伴って》従う，応じる（≒ **o**bey, **a**bide **by**）
➤ comply with safety standards（安全基準に準拠している）
名 compliance with the law（法の遵守）

0306 A compromise
[ˈkɒmprəˌmaɪz]
名 動 妥協（する），折衷（≒ **c**oncession, **g**ive-and-take）
➤ a compromise solution [agreement]（妥協的解決策［妥協による合意］）
形 a **compromising** photo（〔人に知られると〕恥ずかしい［人の名誉を傷つける］写真）

0307 A compulsory
[kəmˈpʌlsəri]
形 必須の，義務の（≒ **o**bligatory, **m**andatory）
➤ compulsory education [military service]（義務教育［兵役義務］）

0308 A concentration
[ˌkɒnsənˈtreɪʃən]
名 集中（力），専念，《化学》濃度（≒ **c**lose **a**ttention, **f**ocusing）
➤ a lack of concentration（集中力の欠如），concentration of wealth [poverty]（富［貧困］の集中）
動 concentrate on study（勉強に集中する）

0309 RL concession
[kənˈsɛʃən]
名 譲歩，特権（≒ **c**ompromise, **r**ight）
➤ make no concessions to terrorists（テロリストには一切譲歩しない），concession agreement（利権協定）
動 concede（〔しぶしぶ〕認める，譲る）

0310 A concise
[kənˈsaɪs]
形 簡潔な，縮小版の（≒ **b**rief, **s**hort）
➤ a concise explanation [summary]（簡潔な解説［要約］）
副 concisely（簡潔に）

Part 2 達成度 20% 50% 100%

必須語彙 200 語　最重要語レベル① 600 語　最重要語レベル② 600 語　重要語 600 語

0311 RW condemn [kənˈdɛm]
- 動 激しく非難する，有罪宣告をする（≒ censure, sentence）
- ➤ condemn *his* reckless behaviour（向こう見ずな行為を非難する），be condemned to death（死刑宣告を受ける）
- 名 condemnation（激しい非難，有罪宣告）

0312 A confine [kənˈfaɪn] 動 [ˈkɒnfaɪn] 名
- 動 限定［制限］する，閉じ込める（≒ restrict, limit）　名 制約
- ➤ confine *our* study to ten cases（研究を 10 の事例に絞る），be confined to bed（寝たきりである）
- 名 a solitary confinement（独房での監禁）

0313 A conform [kənˈfɔːm]
- 動 《通例，to を伴って》（規則・慣習などに）従う，（考え方などに）順応する，（基準などに）一致する（≒ obey, comply with）
- ➤ conform to local customs（現地の慣習に従う），conform to the majority opinion（多数意見に合わせる）
- 名 in conformity with the traffic rules（交通規則に従って）

0314 A confront [kənˈfrʌnt]
- 動 直面する，（困難などに）立ち向かう（≒ face, deal with）
- ➤ be confronted with a major issue（大きな問題にぶつかっている），confront danger（危険に立ち向かう）
- 名 military confrontation（軍事衝突［軍事的対立］）

0315 RL conquer [ˈkɒŋkə]
- 動 征服する，克服する（≒ defeat, overcome）
- ➤ conquer the world [enemy]（世界［敵］を征服する）
- 名 conqueror（征服者，勝者）

0316 A consensus [kənˈsɛnsəs]
- 名 （意見の）一致，総意（≒ agreement, unity）
- ➤ consensus of public opinion（国民の共通意見），political consensus（政治的合意）

0317 A consent [kənˈsɛnt]
- 名 同意，一致（≒ agreement）　動 承諾する（≒ agree with）
- ➤ written consent of a parent（親の書面による同意），by mutual consent（お互い同意の上で），consent to the marriage（結婚に同意する）　形 consensual sex（合意の上のセックス）

0318 A considerable [kənˈsɪdərəbᵊl]
- 形 相当な，（人が）尊敬に値する，重要（≒ significant, substantial）
- ➤ a considerable amount of money [time]（相当な大金［時間］），a considerable figure in the scientific world（科学界で尊敬に値する人）

0319 A contagious [kənˈteɪdʒəs]
- 形 伝染性の（≒ infectious, catching）
- ➤ a contagious disease（伝染病），a contagious laughter（笑いの伝染）
- 名 contagion（《医》感染，〔感情の〕伝染）

0320 RLW contamination [kənˌtæmɪˈneɪʃən]
- 名 汚染（≒ pollution, adulteration）
- ➤ radioactive [environmental] contamination（放射能汚染［環境汚染］）
- 動 contaminate the environment（環境を汚染する）

| 学習日 | 年 月 日 | 年 月 日 | 年 月 日 |

0321 A context [ˈkɒntɛkst]
名 背景，事情，文脈（≒ **c**ircumstances, **c**onditions）
➤ a historical [political] context of the war（戦争の歴史的 [政治的] 背景），The meaning depends on the context.（その意味は文脈による）

0322 A controversial [ˈkɒntrəˌvɜːʃəl]
形 物議をかもしている（≒ **a**rguable, **d**ebatable）
➤ a controversial issue [topic]（物議をかもす問題 [話題]）
名 arouse [cause] controversy（論争を引き起こす）

0323 A convention [kənˈvɛnʃən]
名（社会の）慣習，しきたり，（各種団体による定期的な）大会，（国家間などの）協定（≒ **c**ustom, **c**onference）
➤ a social convention（社会通念），the Democratic Party convention（民主党党大会）
形 a conventional method（従来型の方法）

0324 A conviction [kənˈvɪkʃən]
名 強い信念，有罪判決（≒ **s**trong **b**elief, **j**udgement of **g**uilty）
➤ a religious conviction（宗教的信念），a criminal conviction（刑事上の有罪判決）
動 名 convict（有罪判決を出す，受刑者）

0325 A convincing [kənˈvɪnsɪŋ]
形 説得力のある（≒ **p**ersuasive, **c**redible）
➤ convincing evidence（説得力のある証拠），a convincing argument（説得力のある意見）動 convince（説得する，納得させる）

0326 A correlation [ˌkɒrɪˈleɪʃən]
名 相互関係，相関関係（≒ **c**onnection, **l**ink）
➤ a correlation between happiness and income（幸福と収入の相互関係）
動 名 correlate（相互に関連がある，関連づける；相互関係にあるもの）

0327 A correspond [ˌkɒrɪˈspɒnd]
動（～に）一致する，相当する（≒ **a**gree with, *be* **e**quivalent **t**o）
➤ *His* actions do not correspond with *his* words（言動が一致しない），A UK women's shoe size 6 corresponds approximately to 24.5 cm.（イギリスの女性靴のサイズ 6 は，ほぼ 24.5 センチに相当する）
形 corresponding（一致する，類似する）副 correspondingly（それに応じて）

0328 A cosmopolitan [ˌkɒzməˈpɒlɪtən]
形 国際的な，《生物》広く分布している（≒ **i**nternational, **g**lobal）名 国際人
➤ a cosmopolitan city [resort]（国際色豊かな街 [リゾート]），cosmopolitan species（世界中にいる〔生物の〕種）

0329 A countermeasure [ˈkaʊntəˌmɛʒə]
名《通例，複数形で》対抗手段，対策（≒ **a**ction, **m**easure）
➤ countermeasures against crime [terrorism]（犯罪 [テロ] 対策）

0330 RL counterpart [ˈkaʊntəˌpɑːt]
名（異なる組織で機能が）同等の [対応する] 人 [もの]（≒ **o**pposite **n**umber, **e**quivalent）
➤ The French president met with the U.S. counterpart.（フランスの大統領がアメリカの大統領に会った）

0331	A	countless [ˈkaʊntlɪs]	形 数えきれないほどの，無数の（≒ innumerable, myriad） ➤ countless stars [times]（無数の星［数え切れないほど何度も］） 関 a countable noun（数えられる［可算の］名詞）
0332	A	crackdown [ˈkrækdaʊn]	名 取り締まり，弾圧（≒ clampdown, suppression） ➤ order a crackdown on crime（犯罪の取り締まりを命じる）， a government [military] crackdown（政府［軍］の弾圧）
0333	A	crash [kræʃ]	動 衝突する，墜落する，暴落する，《コンピューター》（急に）作動しなくなる（≒ smash, collapse） 名 衝突，暴落 ➤ a car crash（車の衝突事故），The jet crashed into a mountain.（ジェット機は山に墜落した），a stock-market crash（株式市場の暴落） 注意 crush（押し潰す，大混雑）と綴り違いに注意！
0334	RLS	credentials [krɪˈdɛnʃəlz]	名 《通例，-s で》資格，資質，証明書（≒ proof of qualification） ➤ professional [academic] credentials（プロとしての資格［学歴］）
0335	A	crucial [ˈkruːʃəl]	形 決定的な，極めて重大な（≒ critical, vital） ➤ a crucial factor [moment]（決定的要因［決定的瞬間］） 副 crucially（重要なことに，極めて）
0336	A	crude [kruːd]	形 大雑把な，粗雑な，未加工の（≒ rough, unrefined） 名 原油（≒ crude oil） ➤ a crude estimate of the population（概算の人口）， a crude joke（下品な冗談） 副 to put it crudely（大雑把に言えば）
0337	A	cuisine [kwɪˈziːn]	名 （特定地域・文化の）料理，（ホテルや料理店の）料理（≒ food, cooking） ➤ French [vegetarian] cuisine（フランス［ベジタリアン］料理） delicious cuisine at the hotel（ホテルの豪華な料理）
0338	A	curriculum [kəˈrɪkjʊləm]	名 カリキュラム（≒ syllabus, a programme of study） ➤ the school [core] curriculum（学校のカリキュラム［必修科目］） 形 curricular materials（カリキュラムの資料）
0339	RLW	curtail [kɜːˈteɪl]	動 切り詰める，縮小する（≒ reduce, cut） ➤ curtail the budget [production]（予算を削る［生産を縮小する］） 名 curtailment of time（時間の短縮）
0340	A	dairy [ˈdɛərɪ]	名 乳製品，酪農場［業］（≒ milk ranch） 形 乳製品の ➤ dairy farming [cattle]（酪農業［乳牛］），dairy processing（乳加工），low-fat dairy products（低脂肪乳製品）

必須語彙 200 語 ｜ 最重要語レベル① 600 語 ｜ 最重要語レベル② 600 語 ｜ 重要語 600 語

学習日	年 月 日	年 月 日	年 月 日

0341 A **dawn**
[dɔ:n]
名 幕開け，夜明け（≒ **beginning, daybreak**）
➤ the dawn of the century [a new era]（世紀［新しい時代］の幕開け）．He works from dawn to dusk.（彼は夜明けから日暮れまで働く）

0342 A **debatable**
[dɪˈbeɪtəbˀl]
形 議論の余地のある（≒ **arguable, controversial**）
➤ a debatable point [issue]（議論の余地のある論点［問題］）
名 動 debate（討論会，ディベート〔する〕）

0343 A **decent**
[ˈdi:sˀnt]
形 きちんとした（≒ **proper, satisfactory**）
➤ a decent job [income]（まともな仕事［収入］）
名 have the decency to do（～するだけの礼儀をわきまえている）

0344 RL **deduction**
[dɪˈdʌkʃən]
名 差し引くこと，推論，演繹（えんえき）（≒ **subtraction, reasoning**）
➤ a tax deduction（課税控除），a logical deduction（論理的推理）
動 deduct（差し引く）

0345 A **defective**
[dɪˈfɛktɪv]
形 欠陥のある（≒ **faulty, imperfect**）
➤ defective products [cars]（欠陥商品［欠陥車］）
名 a defect in a car（車の欠陥）

0346 A **deficit**
[ˈdɛfɪsɪt, dɪˈfɪsɪt]
名 不足（額），赤字（≒ **shortage, loss**）
➤ a deficit in food supply（食糧供給の不足），a trade [budget] deficit（貿易［財政］赤字）
熟 The trade balance is in deficit.（貿易収支は赤字に陥っている）

0347 A **definition**
[ˌdɛfɪˈnɪʃən]
名 定義，精細度（≒ **meaning, clarity**）
➤ a dictionary definition（辞書の定義），
a high-definition TV（高解像度のテレビ）
動 define（明確にする，定義する）；define a purpose（目的を明確にする）

0348 RL **defy**
[dɪˈfaɪ]
動 （規則・権威などに）従わない，（物事が描写・理解・分析などを）不可能にする［拒む，許さない］（≒ **disobey, flout, resist**）
➤ defy the law（法律を無視する），defy description [explanation, understanding]（言葉で言い表せない［［不可解で］説明［理解］不能である］）
形 defiant（反抗的［挑戦的］な）　名 defiance（反抗的な態度，無視）

0349 RLW **degradation**
[ˌdɛɡrəˈdeɪʃən]
名 （質・名誉・地位などの）低下，堕落，《化学》分解（≒ **decay, deterioration**）
➤ environmental [moral] degradation（環境の悪化［モラルの低下］），live a life of degradation（尊厳を傷つけられる生活をする）
動 degrade（劣化する，分解する）

0350 A **delete**
[dɪˈli:t]
動 名 削除（する）（≒ **erase, remove**）
➤ delete a file（ファイルを削除する），delete the past（過去を消す）
名 deletion of data（データの削除）

0351　A　deliberate
[dɪˈlɪbərɪt] 形
[dɪˈlɪbəˌreɪt] 動
- 形 意図的な，慎重な（≒ **intentional, careful**）　動 熟考する
- ➤ a deliberate attempt [deception]（意図的な企て［詐欺（行為）]）
- 名 deliberation（熟考，熟慮）：after much deliberation（いろいろ考えた末）

0352　A　demanding
[dɪˈmɑːndɪŋ]
- 形 要求の厳しい，注文の多い（≒ **tough, difficult**）
- ➤ a demanding job [task]（要求の厳しい仕事［課題]）
- 動 名 demand（要求する〔こと〕，需要）

0353　RLW　demographics
[ˌdɛməˈɡræfɪks, diːmə-]
- 名 人口統計（学）（≒ **population statistics**）
- ➤ the patient [audience] demographics（患者［視聴者］の人口統計）

0354　RL　denounce
[dɪˈnaʊns]
- 動 非難する，告発する（≒ **condemn, criticise**）
- ➤ denounce the use of violence（暴力を非難する），
  be denounced as a spy（スパイだと告発される）
- 名 denunciation（非難，告発）

0355　A　depletion
[dɪˈpliːʃən]
- 名 （資源・保有物などの）減少（≒ **exhaustion, emptying**）
- ➤ ozone layer depletion（オゾン層の減少），
  the depletion of the natural resources（天然資源の枯渇）
- 動 deplete（〔資源などを［が]〕激減させる［する]）

0356　A　derive
[dɪˈraɪv]
- 動 《derive A from B [doing] で》B から A を得る；《受け身で from を伴って》～に由来する（≒ **obtain; come from**）
- ➤ derive great pleasure from working（働くことで大きな喜びを得る），words derived from Latin（ラテン語から派生した言葉）
- 形 名 derivative（派生した〔もの]）

0357　A　descendant
[dɪˈsɛndənt]
- 名 子孫，末裔（まつえい）（≒ **offspring, succession**）
- ➤ a direct descendant（直系の子孫），
  a descendant of a pioneer（開拓者の子孫）
- 動 descend（降下する）

0358　A　designate
[ˈdɛzɪɡˌneɪt]
- 動 《通例，受け身で》指定［指名］する（≒ **appoint, nominate**）
- ➤ be designated as a World Heritage（世界遺産に登録されている）
- 形 designated（指定［指名]の）：a designated smoking area（喫煙指定区域）　名 designation（指名）

0359　A　desirable
[dɪˈzaɪərəbəl]
- 形 望ましい（≒ **favourable, beneficial**）
- ➤ a desirable feature [result]（望ましい特徴［結果]）
- 形 be desirous of success（成功を望む）　反 undesirable（望ましくない）

0360　A　despair
[dɪˈspɛə]
- 名 絶望（≒ **hopelessness**）　動 絶望する（≒ **lose hope**）
- ➤ be in the depths of despair（深く絶望している），despair at the government（政府に絶望している）　形 make desperate efforts（必死に努力する）

必須語彙 200 語　最重要語レベル① 600 語　最重要語レベル② 600 語　重要語 600 語

Part 2　最重要語レベル① 600 語：6.0 – 6.5 レベル　**51**

学習日	年 月 日	年 月 日	年 月 日

0361 A devastate
[ˈdɛvəˌsteɪt]

動 壊滅させる，《通例，受け身で》(人を) 打ちのめす (≒ **destroy, shatter**)
➤ The typhoon devastated the city. (台風が街を壊滅させた)，
I was devastated by her death. (彼女の死に私の心は打ちのめされた)
名 devastation of the tsunami (津波による破壊〔の跡〕)

0362 A devise
[dɪˈvaɪz]

動 (人が考え・手法・装置などを) 考え出す，考案 [立案] する (≒ **invent, come up with, conceive**)
➤ devise a better plan [strategy] (よりよい企画 [戦略] を考え出す)

0363 A devoted
[dɪˈvəʊtɪd]

形 献身的な，熱心な (≒ **loyal, dedicated**)
➤ devoted care [fans] (献身的な看病 [熱烈なファン])
動 devote oneself to ... (〜に専心する)

0364 RL devour
[dɪˈvaʊə]

動 むさぼり食う [読む] (≒ **eat hungrily, read eagerly**)
➤ devour a prey [novel] (獲物をむさぼる [小説をむさぼり読む])

0365 A diagram
[ˈdaɪəˌɡræm]

名 (構造などを説明するための) 略図，図形 (≒ **chart**)
➤ a diagram of a heating system [car engine] (暖房システム [自動車エンジン] の概略図)
形 diagrammatic representation (図表示)

0366 A diameter
[daɪˈæmɪtə]

名 直径 (≒ **breadth, width**)
➤ the diameter of a circle [tree] (円 [木の幹] の直径)
関 radius (半径)

0367 A dignity
[ˈdɪɡnɪtɪ]

名 尊厳，品格，高位 (≒ **self-respect, majesty, solemnity**)
➤ human dignity (人間としての尊厳)，death with dignity (尊厳死)，behave with dignity (威厳をもって振る舞う)
動 dignify (〔人・物などに〕威厳をつける)

0368 A dim
[dɪm]

形 薄暗い，ぼんやりとした (≒ **dark, obscure**) **動** (照明などを [が]) 薄暗くする [なる]，(希望などを [が]) 弱める [薄れる，弱まる]
➤ a dim street lamp (薄暗い街灯)，dim memories (おぼろげな記憶)，Her passion never dimmed. (彼女の熱意は弱まることはなかった)

0369 A dimension
[dɪˈmɛnʃən]

名 (物事の) 側面，規模，寸法 (≒ **aspect, size**)
➤ a political [an ethical] dimension (政治的 [倫理的] な側面)，the dimensions of the problem [desk] (問題の大きさ [机のサイズ])

0370 A discharge
[dɪsˈtʃɑːdʒ]

動 (ガス・液体・煙などを) 排出する，(義務・束縛などから) 解放 [釈放] する，解雇する (≒ **release, dismiss**)
➤ discharge smoke (煙を排出する)，be discharged from the police (警察から放免される)
名 a discharge of energy (エネルギーの解放)

Part 2
達成度　　　　　　　　　30%　　　　　50%　　　　　　　　　100%

0371 A **disclose**
[dɪsˈkləʊz]

動 公開 [公表，暴露] する，明らかにする（≒ **reveal**, **expose**）
➤ disclose information [a secret]（情報を公開する [秘密を暴露する]）
名 information **disclosure**（情報公開）

0372 A **disguise**
[dɪsˈgaɪz]

動《〜 *A* as *B* で》(A を B に) 変装させる，(感情・事実・外見・性質などを) 隠す（≒ **camouflage**, **conceal**）
➤ be disguised as a policeman（警官に変装する），disguise the fact（事実を隠す） 名 **disguise**（変装，隠蔽）

0373 RL **dismiss**
[dɪsˈmɪs]

動 解雇する，却下する（≒ **fire**, **reject**）
➤ dismiss workers（従業員を解雇する），dismiss *his* suggestions（提案を却下する）
名 **dismissal**（解雇，却下）

0374 A **dispatch**
[dɪˈspætʃ]

動 (手紙・荷物などを) 送る，(仕事や敵を) さっさと片付ける，派遣する（≒ **send**, **deal with**） 名 発送，素早さ
➤ dispatch a message（メッセージを送る），with dispatch（てきぱきと，迅速に）

0375 A **displace**
[dɪsˈpleɪs]

動 強制退去させる，移す，取って代わる（≒ **force out**, **replace**）
➤ refugees displaced by the war（戦争で強制退去させられた難民）
名 **displacement**（強制退去，移動）

0376 A **disposable**
[dɪˈspəʊzəbᵊl]

形 使い捨てできる，自由に使える（≒ **expendable**, **available**）
➤ disposable chopsticks [income]（割り箸 [自由に使えるお金]）
句動 **dispose of**（処分する） 名 **disposal** of waste（ゴミ処理）

0377 A **disrupt**
[dɪsˈrʌpt]

動 (制度・交通などを) 混乱させる，存続不可能にする，崩壊させる（≒ **suspend**, **break up**）
➤ disrupt the service（サービスを中断させる），disrupt traditional manufacturing methods（伝統的な製造方法を崩壊させる）
名 digital **disruption**（デジタル技術によって旧式の市場が破壊されること）

0378 A **distinct**
[dɪˈstɪŋkt]

形 はっきり異なる，(知覚的に) 明瞭 [明確] な（≒ **different**, **clear-cut**）
➤ four distinct seasons（はっきりとした四季），distinct features（はっきりとした特徴），a distinct picture（鮮明な映像）
名 **distinction**（差異） 形 **distinctive**（特有の）

0379 A **distribution**
[ˌdɪstrɪˈbjuːʃən]

名 分配，分布（≒ **allocation**, **supply**）
➤ food [budget] distribution（食糧 [予算] の分配）
動 **distribute** food（食料を分配する）

0380 A **division**
[dɪˈvɪʒən]

名 分割，(意見などの) 分裂 [相違]，(官庁などの) 局 [課]，割り算（≒ **disagreement**, **section**）
➤ the division of labour（分業），division between rich and poor（富裕層と貧困層の格差）
名 動 **divide**（分割 [する]）

必須語彙 200 語　最重要語レベル① 600 語　最重要語レベル② 600 語　重要語 600 語

0381　A　dominant
[ˈdɒmɪnənt]

形 支配的な，最も有力な，優勢な（≒ **ruling**, **superior**）
➤ become a dominant force in the market（市場の支配者となる），a dominant position（最も有力な地位），a dominant species（優占種）
動 **dominate** the industry（業界を**支配する**）

0382　A　donate
[dəʊˈneɪt]

動 寄付する，提供する（≒ **give**, **contribute**）
➤ donate blood [money]（献血する［献金する］）
名 **donation**（寄付）

0383　RL　dormant
[ˈdɔːmənt]

形 休止［休眠］状態の（≒ **inactive**, **inert**）
➤ a dormant volcano（休火山），a dormant Twitter account（ツイッターの休眠アカウント）
反 **active**（活動中の），an active volcano（活火山）

0384　A　downside
[ˈdaʊnˌsaɪd]

名 マイナス面（≒ **drawback**, **disadvantage**）
➤ the downside of development [remote working]（開発［リモートワーク］のマイナス面）

0385　A　drawback
[ˈdrɔːˌbæk]

名 マイナス面，欠点（≒ **disadvantage**, **downside**）
➤ a drawback to the plan [product]（その計画［商品］の欠点），a major drawback（主な欠点）

0386　RL　drought
[draʊt]

名 干ばつ，欠乏（≒ **dry spell**, **lack of rain**）
➤ a summer [severe] drought（夏の［ひどい］干ばつ），a five-game goal drought（5 試合無得点）

0387　A　durable
[ˈdjʊərəbəl]

形 耐久性のある（≒ **long-lasting**, **resistant**）
➤ a durable suitcase（耐久性のあるスーツケース），durable glass（強化ガラス）
名 **durability**（耐久性，永続性）；improve the durability of the material（物質の耐久性を高める）

0388　A　earnings
[ˈɜːnɪŋz]

名 報酬，利益（≒ **income**, **profit**）
➤ household [export] earnings（世帯［輸出］収入）
動 **earn**（稼ぐ，〔名声・信用などを〕得る，〔利益などを〕もたらす）

0389　RL　eccentric
[ɪkˈsentrɪk]

形 （行動・習慣・意見などが）風変わりな，奇抜な（≒ **unconventional**, **strange**）
➤ behave in an eccentric manner（変わった振る舞いをする），an eccentric appearance（奇抜な外見）
名 **eccentricity** in dress（服装の**奇抜さ**）

0390　A　economical
[ˌiːkəˈnɒmɪkəl, ˌekə-]

形 経済的な，効率的な（≒ **thrifty**, **cost-effective**）
➤ an economical car [heating system]（経済的な車［暖房システム］）
形 **economic** growth（**経済**の成長）

| 0391 | A | edible | 形 食べられる（≒ eatable, safe to eat） |
| | | [ˈɛdɪbˀl] | ➤ edible flowers [mushrooms]（食べられる花［きのこ］），edible fruit [oil]（食用果実［油］） |

0392	A	effective	形 効果的な，効力を生じて，有効な（≒ workable, useful）
		[ɪˈfɛktɪv]	➤ an effective campaign（効果的なキャンペーン），be [become] effective as of July 7（7月7日から実施される）
			副 effectively（効果的に，実質的に）名 effect（効果，結果）

0393	RL	efficacy	名 効果（≒ effectiveness, potency）
		[ˈɛfɪkəsɪ]	➤ the efficacy of the drug [treatment]（その薬［治療］の効果）
			形 an efficacious drug（有効な薬）

0394	A	efficient	形 （機械・方法・制度などが）効率的な，（人が）有能な（≒ effective, productive）
		[ɪˈfɪʃənt]	➤ an efficient secretary（有能な秘書），an energy-efficient heating system（エネルギー効率のよい暖房システム）
			名 efficiency（効率）副 efficiently（効率的に）

0395	A	elaborate	形 精巧な（≒ sophisticated, intricate）
		[ɪˈlæbərɪt] 形	動 詳述する，入念に作り上げる，（計画などを）練り上げる
		[ɪˈlæbəˌreɪt] 動	➤ elaborate costumes [preparations]（手の込んだ衣装［入念な準備］），elaborate a plan（計画を入念に練る）
			副 elaborately（念入りに，精巧に）

0396	A	eliminate	動 取り除く，削除[排除]する，撲滅する（≒ remove, drop）
		[ɪˈlɪmɪˌneɪt]	➤ eliminate a problem [risk]（問題［リスク］を取り除く）
			名 elimination（排除［除去，撲滅］，削除，敗退［脱落］，排出［排泄]）；an elimination tournament（（負けたら終わりの）勝ち抜き戦［トーナメント]）

0397	A	eloquent	形 雄弁な，説得力のある（≒ persuasive, expressive）
		[ˈɛləkwənt]	➤ an eloquent speaker [testimony]（雄弁家［説得力のある証言]）
			名 a speech of passionate eloquence（熱意のこもった雄弁なスピーチ）

| 0398 | RLS | embark | 動 《on を伴って》（新しいこと・困難なことを）始める，乗船[搭乗]する（≒ begin, start, board） |
| | | [ɛmˈbɑːk] | ➤ embark on a new career [plan]（新しい仕事を始める［新しい計画に着手する］），embark on a ship（〔船出の前に〕乗船する）|

0399	A	emerging	形 新たに現れた，新興の（≒ emergent, rising）
		[ɪˈmɜːdʒɪŋ]	➤ an emerging market [trend]（新興市場［新しい傾向]）
			動 emerge（現れる，浮かび上がる，〔事実，問題などが〕持ち上がる，明らかになる）

| 0400 | A | eminent | 形 高名な，優れた（≒ renowned, noted） |
| | | [ˈɛmɪnənt] | ➤ an eminent scientist [artist]（著名な科学者［芸術家]）|

IELTS 類語クイズにチャレンジ！② 重要度★★★★

> **Choose a group of synonyms of the underlined part from the list below.**

1. There is an **analogy** between the heart and a pump.
2. The new worker is a powerful **asset** to our company.
3. George Washington had important **attributes** of a great leader.
4. There was a landmark **bilateral** trade agreement between the countries.
5. Please express your **candid** opinion about this sensitive issue.
6. That country has been suffering from a **chronic** labour shortage.
7. It is imperative for us to adopt **coherent** business strategies.
8. You need to acquire communicative **competence** in English to become successful in global business.
9. Oxygen is **crucial** for survival of all living creatures.
10. All I need is a **decent** job and income.
11. The blockbuster-hit movie was **denounced** as immoral.
12. Death with **dignity** is one of the most controversial issues in the world.
13. The railway transportation service was **disrupted** by a heavy snowfall.
14. Japan has a mild climate and four **distinct** seasons.
15. His **eccentric** character and honesty appeal to many people.

【選択肢】

A. persistent, continual	B. characteristic, quality
C. unconventional, strange	D. skill, proficiency
E. rational, consistent	F. different, clear-cut
G. self-respect, pride	H. suspend, interrupt
I. vital, critical	J. frank, outspoken
K. involving two countries, affecting both sides	
L. proper, satisfactory	M. benefit, plus
N. condemn, criticise	O. similarity, parallel

【解答欄】

1.	2.	3.	4.	5.	6.	7.	8.

9.	10.	11.	12.	13.	14.	15.

1.	(O. similarity, parallel)	心臓とポンプの間には<u>類似性</u>がある。
2.	(M. benefit, plus)	その新入社員は，我が社にとって力強い<u>財産</u>だ。
3.	(B. characteristic, quality)	ジョージ・ワシントンには，偉大な指導者にとって大切な<u>資質</u>があった。
4.	(K. involving two countries, affecting both sides)	その国家間には画期的な<u>二国間</u>貿易協定があった。
5.	(J. frank, outspoken)	このデリケートな問題について<u>率直</u>なご意見をお聞かせください。
6.	(A. persistent, continual)	あの国は<u>慢性</u>的な労働者不足にずっと苦しんでいる。
7.	(E. rational, consistent)	我々には<u>一貫性のある</u>事業戦略を採用することが不可欠だ。
8.	(D. skill, proficiency)	グローバルな仕事で成功するためには，会話<u>能力</u>を獲得する必要がある。
9.	(I. vital, critical)	酸素は全ての生き物の生存にとって<u>極めて重要</u>である。
10.	(L. proper, satisfactory)	私に必要なものは，<u>まともな</u>仕事と収入だけだ。
11.	(N. condemn, criticise)	その大ヒット映画は，不道徳と<u>非難された</u>。
12.	(G. self-respect, pride)	<u>尊厳</u>死は，世界中で議論の的になる問題のひとつだ。
13.	(H. suspend, interrupt)	鉄道は，大雪のために<u>運休した</u>。
14.	(F. different, clear-cut)	日本は温暖な気候で<u>はっきりとした</u>四季がある。
15.	(C. unconventional, strange)	彼の<u>風変わりな</u>人柄と誠実さは多くの人の心を引きつけている。

IELTS ライティング表現力 UP　マルティプル言い換え表現マスター！②

3．状況改善の言い換え表現をマスター

□ 経済を活性化させる	stimulate [vitalise / boost] the economy
□ その重要性について市民 [人々] の意識を高める	raise [promote / heighten / enhance] public awareness about the importance
□ ストレスを緩和する	relieve [ease / release / work off] stress [mental pressure / mental strain]
□ 生活の質を高める	improve [enhance / upgrade] the quality of life
□ 温暖化の影響を緩和する	mitigate [alleviate / relieve / ease] the impact of global warming ➤ minimise《英》／ minimize《米》the impact of ... なら「〜の影響を最小限に抑える」となる。
□ 状況 [事態] を改善する	improve [rectify / remedy / alleviate / ameliorate / correct] the situation
□ 伝染病の蔓延を止める	stop [contain / arrest / curb / halt / stem / put a brake on] the spread of infectious diseases
□ 二酸化炭素の排出を抑える	curb [control / regulate] carbon emissions
□ 貧困を撲滅する	eliminate [eradicate / get rid of / wipe out] poverty

4．重要性の言い換え表現をマスター

□ 社会で重要な役割を果たす	play an[a] essential [vital / key / pivotal / significant] role in society
□ その重要性がわかる	recognise [appreciate / realise / learn (about) / grasp / become aware of] the importance
□ 人生の絶対必要な要素	an integral [essential / indispensable] part of life
□ 環境保全を重視する	prioritise [attach importance to / focus on / place an emphasis on / place a high priority on] environmental protection ➤ stress [emphasise] the importance of ... （〜の重要性を強調する）とも言える。
□ 経済成長より環境保護を優先する	prioritise [value / give priority to / attach more importance to / place higher value on / place more emphasis on / place a high priority on] environmental protection ➤ prioritise [value] A over B《この2つは over，それ以外は than》

58

Unit 2
....
【0401】~【0600】

学習日	年　月　日	年　月　日	年　月　日

0401 A **emission**
[ɪˈmɪʃən]

名 放出（物），排出（物）（≒ **dis**charge, **release**）
➤ vehicle [greenhouse gas] emissions（自動車排ガス［温室効果ガス］の排出）
動 **emit**（放出［排出］する）; emit light（発光する）

0402 A **empower**
[ɪmˈpaʊə]

動 権利を与える，（弱者などに）～できるように手段や機会を与える
（≒ **au**thorise, **e**nable）
➤ Congress is empowered to levy taxes.（議会には課税する権限がある），
empower people to make a living（人々が自分で生計を立てられるようにする）
名 **empowerment** of women（女性の**社会的地位の向上**）

0403 A **endanger**
[ɪnˈdeɪndʒə]

動 危険にさらす，危うくする（≒ **i**mperil, **p**ut in **d**anger）
➤ endanger public health [safety]（国民の健康［安全］を危険にさらす）
形 an **endangered** species（絶滅危惧種［**危険**にさらされた**種**］）

0404 RLW **endemic**
[ɛnˈdɛmɪk]

形 （病気が）地域特有の，（動植物が）固有種の（≒ **native,
indigenous**）
➤ an endemic disease [species]（その土地固有の病気［固有種］）

0405 RLW **endorse**
[ɪnˈdɔːs]

動 承認する，裏書きする（≒ **ap**prove, **au**tograph）
➤ endorse the budget [a check]（予算を承認する［小切手の裏にサインをする］）
名 **endorsement**（承認，裏書き）

0406 A **enforce**
[ɪnˈfɔːs]

動 （法律や規則を）守らせる，施行する，強制する（≒ **i**mpose, **f**orce）
➤ The police enforce stay-at-home orders.（警察が外出禁止令
の取り締まりをする），enforce rules（規則を守らせる）
名 **enforcement**（実施，強制）

0407 A **enhance**
[ɪnˈhɑːns]

動 （価値・品質・意識を）向上させる（≒ **i**mprove, **r**aise）
➤ enhance the quality of life [work]（生活［仕事］の質を高める），
enhance public awareness（市民の意識を高める）
名 performance **enhancement**（パフォーマンス**強化**［**向上**］）

0408 A **enlighten**
[ɪnˈlaɪtⁿn]

動 啓蒙する，教える（≒ **make a**ware, **i**nform）
➤ enlighten the public about the importance of hygiene
[education]（衛生［教育］の重要性を国民に伝える）
名 spiritual **enlightenment**（精神的**悟り**）

0409 A **entrepreneur**
[ˌɒntrəprəˈnɜː]

名 起業家（≒ **f**ounder, **m**anager）
➤ a successful [an innovative] entrepreneur（成功している［革新的な］起業家）
名 promote **entrepreneurship**（**起業家精神**を養う）

0410 A **equivalent**
[ɪˈkwɪvələnt]

形 （価値や量，効果が）同等の（≒ **equal, comparable**）
名 同等のもの，（～に）相当するもの，相当語句
➤ equivalent value（同等の価値），
pay the equivalent of €20（20 ユーロに相当する額を支払う）

0411	RL	erosion [ɪˈrəʊʒən]	名（土壌や岩石の）侵食，（権威・価値などが）徐々に失われること，低下（≒ eating [wearing] away） ➤ soil erosion（土壌浸食），wind erosion（風食作用） 動 erode（蝕む，侵食［腐食］する）；erode the right（権利を蝕む）
0412	A	establishment [ɪˈstæblɪʃmənt]	名 機関，設立（≒ organisation, setting up） ➤ a research establishment（研究機関）， establishment of a new business（新規事業の設立） 動 establish（設立する，〔慣習，関係などを〕確立する）
0413	A	evacuate [ɪˈvækjʊˌeɪt]	動（危険な場所から／安全な場所へ）避難する［させる］（≒ leave, relocate） ➤ evacuate the building [town]（建物［街］から避難する） 名 evacuation drill（避難訓練）
0414	A	evade [ɪˈveɪd]	動（義務・責任などを）逃れる，（話題・質問などを）回避する（≒ avoid, escape） ➤ evade responsibility [taxes]（責任を逃れる［脱税する]） 名 evasion（〔義務・責任などを〕うまく逃げる［逃れる］こと）；tax evasion（脱税）
0415	A	evaluate [ɪˈvæljʊˌeɪt]	動 評価する（≒ assess, judge） ➤ evaluate the effectiveness [students' performance]（効果［生徒の成績］を評価する） 名 carry out a comprehensive evaluation（総合評価を行う）
0416	RL	evolution [ˌiːvəˈluːʃən]	名 進化（≒ development, advancement） ➤ the theory of evolution（進化論）， the evolution of the computer（コンピューターの進化） 動 evolve（進化する）　形 evolutionary（進化の）
0417	A	exceptional [ɪkˈsɛpʃənᵊl]	形 並みはずれた，例外的な（≒ outstanding, unusual） ➤ an exceptional ability [achievement]（並はずれた才能［業績]） 名 without exception（例外なく）
0418	A	exclusive [ɪkˈskluːsɪv]	形 独占的な，（場所・組織などが）排他的な，高級な（≒ monopolistic, high-class, select）　名 独占記事［報道］，スクープ ➤ an exclusive story [hotel]（独占記事［高級ホテル]） 動 exclude（除外［排除］する）；Employees are excluded from this contest.（従業員はこのコンテストから除外されている）
0419	A	exempt [ɪɡˈzɛmpt]	形 免除されて（≒ free）　動 免除する ➤ be exempt from tax [military service]（税金［兵役］を免除されている） 名 exemption（〔義務・支払いなどの〕免除，免責；控除）；grant an exemption to ...（～〔人〕に免除を与える）
0420	A	expertise [ˌɛkspɜːˈtiːz]	名 専門知識（≒ skill, specialised knowledge） ➤ medical [financial] expertise（医学［金融］の専門的知識） 名 expert（エキスパート，専門家）

学習日	年 月 日	年 月 日	年 月 日

0421 A **expire**
[ɪkˈspaɪə]

動 有効期限が切れる，亡くなる，（任期などが）満了する（≒ **end, die**）
➤ The contract [*My* passport] expired.（契約［パスポート］の期限が切れた），She expired.（彼女は亡くなりました）
名 at the **expiration** of the lease term（リース期間**満了**時に）

0422 A **explicit**
[ɪkˈsplɪsɪt]

形 明確な，露骨な（≒ **clear, exact**）
➤ explicit instructions [love scenes]（明確な指示［露骨なラブシーン］）
反 implicit（暗黙の）：give implicit approval to ...（～を黙認する）

0423 A **exploit**
[ɪkˈsplɔɪt]

動 （利益を得るために不当に）利用する，搾取する（≒ **utilise, make use of**）
➤ exploit workers [natural resources]（労働者［天然資源］を搾取する）
名 **exploitation** of workers（労働者〔からの〕**搾取**）

0424 A **expose**
[ɪkˈspəʊz]

動 （危険・風雨などに）さらす，暴露する（≒ **show, reveal**）
➤ expose the truth [secret]（真実［秘密］を暴露する）
名 by too much exposure to the sun（多量の日光に**さらされる**ことによって）

0425 A **exquisite**
[ɪkˈskwɪzɪt, ˈɛkskwɪzɪt]

形 （美しさ・技量・能力などが）絶妙な，上品な（≒ **extremely beautiful [elegant]**）
➤ exquisite beauty [craftsmanship]（えも言われぬ美しさ［絶妙の職人芸］）
副 **exquisitely** beautiful（この上なく美しい）

0426 RL **extract**
[ɪkˈstrækt]

動 抽出する，抜粋する（≒ **take out, squeeze**）
➤ extract oil from the plants（植物からオイルを抽出する），extract a poem from his book（彼の本から詩を抜粋する）
名 **extraction**（抽出，採取）

0427 A **extracurricular**
[ˌɛkstrəkəˈrɪkjʊlə]

形 カリキュラム外の，課外の（≒ **after-school**）
➤ extracurricular activities [experiences]（課外活動，部活［課外の体験］）
反 curricular（〔学校の〕カリキュラムの）

0428 A **extraordinary**
[ɪkˈstrɔːdᵊnrɪ, -dᵊnərɪ]

形 並はずれた，途方もない（≒ **remarkable, incredible**）
➤ extraordinary ability（非凡な才能），an extraordinary amount of work（膨大な仕事量）

0429 RL **fabricate**
[ˈfæbrɪˌkeɪt]

動 でっち上げる，組み立てて作る（≒ **make up, manufacture**）
➤ fabricate a story（話をでっち上げる），fabricate evidence（証拠を捏造する），fabricate computer chips（コンピューターチップを製造する）
形 fabricated evidence（捏造された証拠）

0430 A **facilitate**
[fəˈsɪlɪˌteɪt]

動 容易にする，促進する（≒ **make easy, promote**）
➤ facilitate learning [economic growth]（学習［経済成長］を促進する）
名 a trained facilitator（熟練した**進行役**［司会者］）

Part 2
達成度　50%　　　　　　　　　　100%
40%

0431	A	**faculty** [ˈfækəltɪ]	名 教授陣，能力，（大学の）学部（≒ **a**bility, **d**epartment） ➤ faculty members（教授陣），mental faculties（知的能力，思考力），the Faculty of Law（法学部）
0432	A	**famine** [ˈfæmɪn]	名 飢饉，飢餓（≒ **h**unger, **s**carcity） ➤ die of famine（飢餓で死ぬ），famine relief（飢餓救済），severe famine（大飢餓），prevent famine（飢餓を防ぐ）
0433	A	**fascinate** [ˈfæsɪˌneɪt]	動 魅了する（≒ **a**ttract, **e**nchant） ➤ be fascinated by natural beauty [the music]（自然の美しさ[その音楽]に魅せられる） 形 fascinating（心を奪われる）
0434	A	**fatal** [ˈfeɪtᵊl]	形 致命的な，重大な（≒ **d**eadly, **d**isastrous） ➤ a fatal disease [error]（致命的な病気[誤り]） 名 fatality rate（死亡率）
0435	A	**fatigue** [fəˈtiːg]	名 疲労，骨折り，戦闘服（≒ **e**xhaustion, **t**iredness） ➤ chronic [metal] fatigue（慢性疲労[金属疲労]），soldier in combat fatigues（戦闘服を着た兵士）
0436	A	**feasible** [ˈfiːzəbᵊl]	形 実行可能な（≒ **v**iable, **p**racticable） ➤ a feasible plan [approach]（実行可能な計画[やり方]） 名 assess the feasibility of the plan（計画の**実行可能性**を評価する）
0437	A	**federal** [ˈfɛdərəl]	形 連邦制の（≒ **c**ombined, **u**nited） ➤ a federal republic（連邦共和国），federal government（連邦政府） 名 federalism（連邦主義）
0438	RL	**feeble** [ˈfiːbᵊl]	形 （体力や音などが）弱い，お粗末な（≒ **w**eak, **i**nadequate） ➤ a feeble excuse [old man]（説得力のない言い訳[弱々しい高齢者]） 副 He protested feebly, but was ignored.（彼は**弱々しく抵抗し**たが，無視された）
0439	A	**fine** [faɪn]	形 高品質の，細かい（≒ **s**uperb, **s**ubtle） ➤ fine wine（高級ワイン），a fine line between life and death（生と死の紙一重の差） 名 動 fine（罰金[を科す]）
0440	A	**first-hand** [ˌfɜːstˈhænd]	形 じかに得られた（≒ **d**irect）　副 じかに（≒ **d**irectly） ➤ first-hand knowledge [experience of poverty]（経験から得た知識[じかに経験した貧困]） 関 a second-hand book（**中古本**）

| 学習日 | 年 月 日 | 年 月 日 | 年 月 日 |

0441 A **flat**
[flæt]

形 均一の，きっぱりとした，薄い，平たい（≒ **level**, **absolute**） 名 アパート
➤ a flat rate （均一の料金），give a flat denial （きっぱりと断る，全面否定する），
a flat-screen TV （薄型テレビ），a furnished flat （家具付きのアパート）
副 **flat** （平らに，きっぱりと）：lie **flat** （寝そべる）

0442 A **flourish**
[ˈflʌrɪʃ]

動 繁栄する，（動植物が）よく育つ（≒ **prosper**, **thrive**）
➤ Small businesses are flourishing. （小企業が繁盛している），
Wild plants flourish on the mountain.（野生植物は山でよく育つ）
名 with a **flourish** （大げさな身振りで，これ見よがしに）
形 a **flourishing** business （景気のよい企業）

0443 A **foreseeable**
[fɔːˈsiːəbᵊl]

形 予測できる（≒ **predictable**, **expected**）
➤ the foreseeable future [risk] （予測可能な未来 [リスク]）
動 **foresee** （〔将来の出来事を〕予見 [予測] する）

0444 RL **forge**
[fɔːdʒ]

動 （努力して）築く，偽造する，（金属を）鍛造（たんぞう）する（≒ **create**, **counterfeit**, **hammer out**）
➤ forge an alliance [a passport] （同盟関係を築く [パスポートを偽造する]）
名 **forge** （鍛冶場，〔金属の〕加熱炉），**forgery** （偽造品，贋作）

0445 RL **formidable**
[ˈfɔːmɪdəbᵊl]

形 恐るべき，並外れた（≒ **powerful**, **impressive**）
➤ a formidable opponent [challenge] （手強い敵 [恐るべき難題]）
副 **formidably** difficult （計り知れないほど困難な）

0446 LS **fortnight**
[ˈfɔːtˌnaɪt]

名 2 週間（≒ **two weeks**）
➤ a fortnight ago （2 週間前に），once a fortnight （2 週間に 1 回）
【参考】イギリス的な表現です。

0447 A **foster**
[ˈfɒstə]

動 （里子として）育てる，育成 [促進] する（≒ **bring up**, **encourage**）
形 育ての〈親など〉，里親 [里子] の
➤ foster creativity （創造性を育てる），foster parents （里親，育ての親）

0448 A **fragrant**
[ˈfreɪɡrənt]

形 香りのいい（≒ **sweet-scented**, **aromatic**）
➤ fragrant flowers [roses] （いい香りの花 [バラ]）
名 the **fragrance** of fresh ground coffee （コーヒーの挽きたての香り）
注意 綴りの似ている flagrant （言語道断な）に注意！

0449 A **framework**
[ˈfreɪmˌwɜːk]

名 （社会・政治などの）構造，（理論・思想などの）枠組み（≒ **frame**, **structure**）
➤ a social framework （社会の枠組み），
a framework for international cooperation （国際協力の枠組み）

0450 RL **frugal**
[ˈfruːɡᵊl]

形 倹約な，質素な（≒ **economical**, **thrifty**）
➤ a frugal life [homemaker] （質素な生活 [倹約家の主婦，主夫]）
名 practise **frugality** （倹約する）

0451	RL	fury [ˈfjʊərɪ]	名 激怒，（悪天候の）猛威，激しさ（≒ anger, rage） ➤ uncontrollable fury（抑えられない激しい怒り）， 　the fury of the storm（嵐の猛威） 形 a furious debate [pace]（激しい論争 [猛スピード]）
0452	A	fuzzy [ˈfʌzɪ]	形 ぼんやりとした（≒ unclear, vague） ➤ a fuzzy photo（ぼけた写真），fuzzy memories（おぼろげな記憶） 名 fuzziness（あいまいさ）
0453	A	gathering [ˈgæðərɪŋ]	名 （人や物を）集めること，集まり（≒ meeting, assembly） ➤ a family [social] gathering（家族の集まり [懇親会]）， 　information gathering（情報収集）
0454	A	generalise 〈英〉/ generalize 〈米〉 [ˈdʒenrəˌlaɪz]	動 一般論を述べる，一般化する（≒ conclude, popularise） ➤ generalise about youth [the poor]（若者 [貧困層] を十把一絡 　げにする） 名 sweeping generalisation（大雑把な一般論）
0455	A	genetic [dʒɪˈnɛtɪk]	形 遺伝の [による]（≒ hereditary） ➤ a genetic test [mutation]（遺伝子検査 [突然変異]） 副 genetically（遺伝的に）
0456	A	genuine [ˈdʒenjʊɪn]	形 本物の，心からの（≒ true, sincere） ➤ genuine diamond [love]（本物のダイヤ [愛]） 副 genuinely（心から，純粋に）
0457	A	geographical [ˌdʒɪˈgrəfɪkəl]	形 地理的な（≒ topographical） ➤ geographical features [locations]（地理的な特徴 [立地]） 副 geographically（地理的に）
0458	A	gloomy [ˈgluːmɪ]	形 （薄）暗い，憂鬱な（≒ dark, depressing） ➤ a gloomy atmosphere [room]（陰鬱な雰囲気 [部屋]） 名 economic gloom（経済の沈滞）
0459	A	grace [greɪs]	名 優雅さ，礼儀正しさ，《複数形で》行儀作法（≒ elegance, courtesy） ➤ grace of a ballerina（バレリーナの優雅さ）， 　social graces（社交上のたしなみ [礼儀]） 形 graceful（優雅な） 反 disgrace（不名誉）
0460	A	gratitude [ˈgrætɪˌtjuːd]	名 感謝の気持ち（≒ appreciation, thanks） ➤ speechless with gratitude（感謝のあまり言葉も出ない）， 　heartfelt gratitude（心からの感謝） 形 I'm grateful for your help.（ご助力に感謝します）

学習日	年 月 日	年 月 日	年 月 日

0461 RL **grim**
[grɪm]

形 （状況などが）厳しい，（人・様子などが）険しい（≒ **h**arsh, **s**evere）
➤ a grim reality [look]（厳しい現実 [険しい顔つき]）
副 grimly（厳しい [険しい] 様子で）

0462 RLS **gross**
[grəʊs]

形 言語道断の，総計の（≒ **u**nacceptable, **t**otal）
➤ gross negligence（重大な過失），a gross profit（売上総利益）
副 grossly（ものすごく）

0463 A **halfway**
[ˌhɑːfˈweɪ]

副 中間（点）の [で]，《through を伴って》〜の途中で（≒ **m**idway, **p**artway）
➤ halfway between Tokyo and Osaka（東京と大阪の中間で），halfway through dinner（夕食の半ばで）

0464 A **hands-on**
[ˈhændzˈɒn]

形 実地体験ができる，実践的な，人任せにしない（≒ **f**irsthand, **p**ractical）
➤ hands-on training（実地訓練），a hands-on experience（実務体験），a hands-on manager（人任せにしない [現場に出る] マネジャー）

0465 A **heighten**
[ˈhaɪtˀn]

動 （感情や効果を）高める（≒ **r**aise, **e**nhance）
➤ heighten public awareness（国民の意識を高める），heighten the risk of death（死亡リスクを高める）
形 heightened expectations（高まる期待）

0466 RL **hemisphere**
[ˈhemɪˌsfɪə]

名 半球，大脳半球（≒ **h**alf-**s**phere, **b**isection）
➤ the northern [right] hemisphere（北半球 [脳の右半球]）
形 hemispherical（半球の）：a hemispherical dome（半球体ドーム）

0467 A **herbal**
[ˈhɜːbˀl]

形 ハーブ [薬草，香草] の（≒ **g**rassy, **v**egetal）
➤ herbal medicine [tea]（薬草から作った薬 [ハーブティー]）
名 herb（ハーブ，薬草，香草）

0468 A **hereditary**
[hɪˈredɪtərɪ, -trɪ]

形 遺伝性の，世襲の（≒ **g**enetic, **i**nherited）
➤ a hereditary disease [disorder]（遺伝病）
名 be determined by heredity（遺伝によって決まる）

0469 A **hinder**
[ˈhɪndə]

動 （発展・進行を）妨げる，遅らせる（≒ **b**lock, **h**amper）
➤ hinder the economic development [growth]（経済発展の妨げになる）
名 a major hindrance to economic recovery（経済回復の大きな障害）

0470 A **holistic**
[həʊˈlɪstɪk]

形 全体的な，総体的な（≒ **c**omprehensive）
➤ a holistic approach to life（人生への総合的なアプローチ），take a holistic view of education（教育を全体的な視点でとらえる）
副 holistically（総合的に）

0471	A	**humidity** [hjuːˈmɪdɪtɪ]	名 湿度，湿気（≒ **m**oisture, **d**ampness） ➤ heat and humidity（蒸し暑さ）， high temperature and humidity（高温多湿） 形 **humid** weather（ジメジメした天気）
0472	RL	**hypocrisy** [hɪˈpɒkrəsɪ]	名 偽善（行為）（≒ **i**nsincerity, **f**ake） ➤ condemn the hypocrisy of politicians（政治家の偽善を非難する） 名 **hypocrite**（偽善者）
0473	A	**hypothesis** [haɪˈpɒθɪsɪs]	名 仮説（≒ **a**ssumption, **s**upposition） ➤ a research [scientific] hypothesis（研究の［科学的］仮説） 形 This is a **hypothetical** question.（これは**例えば**の質問です）
0474	A	**illegible** [ɪˈlɛdʒɪbᵊl]	形 読みにくい（≒ **u**nreadable, **i**ndecipherable） ➤ an illegible signature（判読できないサイン）， illegible handwriting（読みにくい筆跡）
0475	A	**illicit** [ɪˈlɪsɪt]	形 不正の，不法の，道徳的に許されない（≒ **i**llegal, **i**llegitimate, **i**mmoral） ➤ illicit drugs（違法薬物），an illicit love affair（不倫） 副 **illicitly**（不正に）
0476	A	**illuminate** [ɪˈluːmɪˌneɪt]	動 照らす，明らかにする（≒ **c**larify, **s**hed **l**ight **o**n） ➤ illuminate the issues [differences]（問題［相違点］を明らかにする） 名 **illumination**（照明，イルミネーション） 形 a very **illuminating** example（とても**わかりやすい**例）
0477	A	**immense** [ɪˈmɛns]	形 巨大な，（程度・量などが）膨大な（≒ **h**uge, **m**assive） ➤ immense potential [pressure]（無限の可能性［とてつもないプレッシャー]） 副 **immensely**（非常に）
0478	A	**immune** [ɪˈmjuːn]	形 免疫の，影響を受けない（≒ **r**esistant, **u**naffected） ➤ immune deficiency（免疫不全），immune to criticism（批判に免疫がある［動じない]） 動 **immunise**（免疫を与える）
0479	RLW	**impartial** [ɪmˈpɑːʃəl]	形 公平な（≒ **f**air, **n**eutral） ➤ impartial advice [judgement]（公平なアドバイス［判断]） 副 **impartially**（公平に） 反 **partial**（不公平な）
0480	A	**imperative** [ɪmˈpɛrətɪv]	名 必須事項，命令（≒ **v**ital [**c**ritical] **i**mportance, **m**ust） 形 必須の，命令的な（≒ **v**itally **i**mportant, **c**ommanding） ➤ an economic imperative（経済的に必須のもの）， an imperative need [tone, sentence]（緊急の必要性［命令口調，命令文]）副 **imperatively**（命令的に）

学習日	年 月 日	年 月 日	年 月 日

0481 A **implement**
['ɪmplɪˌmɛnt] 動
['ɪmplɪmənt] 名

動 実行する (≒ **execute, carry out**) **名** 道具 (≒ **tool**)
➤ implement tax reforms (税制改革を実行する),
an agricultural implement (農業機械)
名 the **implementation** of a plan (計画の**実行**)

0482 A **impose**
[ɪmˈpəʊz]

動 課す，強制する (≒ **charge, force**)
➤ impose a ban on the imports (輸入禁止令を課す)
名 **imposition** (〔税を〕課すこと，賦課)：the imposition of taxes (課税)

0483 A **impulsive**
[ɪmˈpʌlsɪv]

形 衝動的な (≒ **rash, hasty**)
➤ an impulsive decision (衝動的な決断),
impulsive behaviour (衝動的な振る舞い)
名 **impulse** (はずみ，衝動)：impulse buying (衝動買い)

0484 A **incentive**
[ɪnˈsɛntɪv]

名 動機付けになるもの，報奨 [奨励] 金 (≒ **stimulus, inducement**)
➤ an incentive program [pay] (報奨制度 [報奨金])
動 **incentivise** people to switch to green cars (エコカーに切り替えるよう人々に**奨励する**)

0485 A **incidentally**
[ˌɪnsɪˈdɛntəli]

副 ちなみに，偶然に (≒ **by the way, accidentally**)
➤ Incidentally, where are you from? (ところで，出身はどちらですか？),
incidentally discovered infections (偶然発見された感染症)
形 **incidental** expenses (臨時費用)

0486 A **inclined**
[ɪnˈklaɪnd]

形 《be inclined to do で》 〜したいと思っている [してもいいかなと思っている]，〜する傾向がある (≒ **minded, apt**)
➤ be inclined to trust you (あなたを信じたいと思っている),
be inclined to be lazy (なまける傾向がある)

0487 A **increasingly**
[ɪnˈkriːsɪŋli]

副 ますます，どんどん (≒ **more and more, progressively**)
➤ become increasingly difficult [popular] (ますます難しくなる [人気になる])
動 **名** **increase** (増える，増加)

0488 A **incredible**
[ɪnˈkrɛdəb°l]

形 信じられない (ほどの)，途方もない，素晴らしい
(≒ **unbelievable, amazing**)
➤ incredible power [strength] (驚異的な力 [とてつもない強さ])

0489 A **indifference**
[ɪnˈdɪfrəns, -fərəns]

名 無関心，重要でないこと (≒ **lack of interest, apathy**)
➤ a matter of indifference (どうでもよいこと),
total indifference (全くの無関心)
形 **indifferent** to fashion (ファッションに**無関心な**)

0490 A **induce**
[ɪnˈdjuːs]

動 誘発する，(病気・不安などを) 引き起こす，〜するよう仕向ける (≒ **cause, generate, persuade**)
➤ induce vomiting [labour] (吐き気 [陣痛] を引き起こす)
名 offer financial **inducements** (金銭的**優遇措置**を提示する)

Part 2
達成度

	50%	100%

50%

0491	A	**indulge** [ɪnˈdʌldʒ]	**動**《～ in A》A〈趣味・欲望など〉にふける，A を楽しむ，甘やかす（≒ be **a**bsorbed **i**n, **p**amper）
			➤ indulge in gambling（ギャンブルにふける），indulge *my* child（子どもを甘やかす）**形** indulgent parents（子どもに甘い親）
0492	A	**industrialised**〈英〉/ **industrialized**〈米〉 [ɪnˈdʌstrɪəˌlaɪzd]	**形**工業［産業］化した（≒ **m**echanised, **m**odern）
			➤ an industrialised country [society]（先進国［工業化社会］）**形** an industrial complex（コンビナート［工業の複合施設］）
0493	A	**inevitable** [ɪnˈɛvɪtəbˀl]	**形**避けられない，当然の（≒ **u**navoidable, **i**nescapable）
			➤ an inevitable accident [death]（避けられない事故［死］）**名** the inevitability of ageing（老化という避けられない事実）
0494	A	**infectious** [ɪnˈfɛkʃəs]	**形**伝染［感染］する，（感情・考えなどが）（人に）うつりやすい（≒ **c**ontagious, **s**preading）
			➤ infectious diseases（感染症），an infectious smile（つられて笑うような笑顔）**名** in-hospital infection（院内感染）
0495	A	**inference** [ˈɪnfərəns, -frəns]	**名**推論，推定（≒ **r**easoning, **d**eduction）
			➤ make [draw] inferences from the evidence（証拠から推測する）**動** infer the meaning（意味を推測する）
0496	A	**infrastructure** [ˈɪnfrəˌstrʌktʃə]	**名**インフラ，（社会の）基盤（≒ **f**ramework, **g**roundwork）
			➤ digital [economic] infrastructure（デジタルインフラ［経済基盤］）**形** infrastructural development（生活の基盤となる設備の開発）
0497	A	**ingenious** [ɪnˈdʒiːnjəs, -nɪəs]	**形**巧妙な，独創的な（≒ **i**nventive, **c**reative）
			➤ an ingenious device [invention]（創意工夫に富んだ装置［発明品］）**名** have the ingenuity to *do*（～する発明の才がある）
0498	A	**ingredient** [ɪnˈgriːdɪənt]	**名**（成功などの）要素，（主に料理の）材料（≒ **e**lement, **c**omponent, **f**oodstuffs）
			➤ key ingredients for success（成功の鍵となる要素），fresh local ingredients（新鮮な地元の食材）
0499	A	**inherent** [ɪnˈhɪərənt, -ˈhɛr-]	**形**固有の，生まれつきの，（～に）内在する（≒ **i**ntrinsic, **i**nnate）
			➤ the inherent right [ability]（固有の権利［持って生まれた能力］）**副** inherently（本質的に，もともと）
0500	A	**inherit** [ɪnˈhɛrɪt]	**動**（財産，遺伝によって特徴などを）受け継ぐ（≒ **b**ecome **h**eir **t**o, **s**ucceed **t**o）
			➤ inherit a fortune [disease]（財産［病気］を受け継ぐ）**名** inheritance（遺産，相続財産，遺伝的形質）

必須語彙 200 語 最重要語レベル① 600 語 最重要語レベル② 600 語 重要語 600 語

IELTS 総合力 UP　「道具・設備」の類語の使い分けをマスター！

　一般的なものは，**machine**「動力で動く部品のついた機械」，**tool**「用途がはっきりしている手に持って使う道具，手段」，**device**「何かの目的のために考案された装置，道具」，**instrument**「計測や医療で用いられる精密な装置，機器」，**equipment**「装置や機器の集合名詞」，**unit**「ある特定の目的のための道具一式」などがある。ワンランク UP すると，**hardware**「金物類やコンピュータの機械装置」，**appliance**「主に家庭用電気機器」，**utensil**「家庭用品や台所用品」，**apparatus**「医療や科学技術用，及びスポーツ用の装置」，**gear**「スポーツやレジャーのための道具，用具一式，服装」，**gadget**「小さな凝った仕掛け」，**contrivance**「ある目的のために作られた巧みな考案品」，**fixture**「固定具，取り付け備品」，**contraption**「特別な仕掛け，珍妙な考案物」などがある。

　一般的なものは，**difference** (in opinion)「相違点」，a (generation) **gap**「悪い意味での違い」，a **contrast** (between Japan and the US)「著しい違い」，a **distinction** (between right and wrong)「類似したり関連したものの明確な違い」などがある。ワンランク UP すると，(income) **disparity**「不公平で大きな相違」，**discrepancies** (in the two reports)「計算・報告における食い違い」，a **contradiction** (in terms)「矛盾」，**imbalance** (between supply and demand)「不均衡」，**inconsistency** (between words and actions)「不一致」，**deviation** (from the standard)「逸脱」，**incongruity** (between expectations and reality)「つじつまが合わず不調和なこと」，**variation** (between classes)「ある範囲での状況やレベルにおける若干の違い」，a (pay) **differential**「量の差」などがある。

必須語彙 200 語　最重要語レベル① 600 語　最重要語レベル② 600 語　重要語 600 語

学習日	年 月 日	年 月 日	年 月 日

0501 A initiative
[ɪˈnɪʃɪətɪv, -ˈnɪʃətɪv]

名 戦略，主導権，自発性（≒ **strategy, leadership**）
➤ a business initiative（事業戦略），a policy initiative（政策の主導権），show initiative（自主性を発揮する）
動 initiate a debate（ディベートを始める）

0502 A innovative
[ˈɪnəˌveɪtɪv, -vətɪv]

形 （考え・方法などが）革新的な（≒ **progressive, revolutionary**）
➤ an innovative idea [design]（革新的なアイデア［デザイン］）
名 technological innovation（技術革新）

0503 A instinct
[ˈɪnstɪŋkt]

名 本能，直観（≒ **intuition, hunch**）
➤ a maternal [survival] instinct（母性本能［生存本能］）
形 instinctive reactions to protect oneself（身を守ろうとする本能的な反応）

0504 A institute
[ˈɪnstɪŋkt]

動 （制度・規則・手続きなどを）制定する，（調査などを）始める（≒ **establish, start**）
名 機関，学会，協会（≒ **organisation**）
➤ institute an investigation（調査を開始する），
a research institute（研究所）
形 institutional（制度の，組織の，組織化された）

0505 A instruction
[ɪnˈstrʌkʃən]

名 指示，指示書（≒ **order, directions**）
➤ an instruction booklet [manual]（取扱説明書）
形 instructive（ためになる，役に立つ，教育的な）；an instructive life lesson（役立つ人生の教訓）

0506 RL insulation
[ˌɪnsjʊˈleɪʃən]

名 断熱，防音，絶縁体（≒ **protection, shelter**）
➤ home [sound] insulation（家の断熱［防音］），
glass fibre insulation（ガラス繊維断熱材）
動 insulate a house（家を断熱［防音］にする）

0507 A intact
[ɪnˈtækt]

形 損なわれていない，完全なままの（≒ **undamaged, unspoiled**）
➤ remain intact（無傷のままである），
an intact forest（手付かずの森林）

0508 A integral
[ˈɪntɪɡrəl, ɪnˈtɛɡrəl]

形 不可欠な，完全にそろった（≒ **essential**）
➤ an integral part of my life [our society]（人生［社会］に絶対必要なもの）
副 integrally（完全に）

0509 A integrate
[ˈɪntɪˌɡreɪt]

動 統合する，融合する（≒ **combine, blend**）
➤ integrate technology [business]（科学技術［事業］を統合する）
名 data integration（データの統合）

0510 A integrity
[ɪnˈtɛɡrɪtɪ]

名 高潔，完全（な状態），統合（≒ **honesty, unity**）
➤ professional [personal] integrity（プロとしての誇り［個人の誠実さ］），defend the territorial integrity（領土の保全を守る）

0511	A	**intended** [ɪnˈtɛndɪd]	形 対象となる，（結果・目的などが）意図された，（目的地などが）予定の（≒ **designed, planned**） ➤ the intended audience（対象となる聴衆），the intended target（標的） 動 **intend** to *do*（～するつもりである）
0512	A	**intermediate** [ˌɪntəˈmiːdɪɪt]	形 中間の，中級の（≒ **middle, halfway**）　名 中級者，中間段階のもの ➤ an intermediate stage [class]（中間段階 [中級クラス]）
0513	A	**interpersonal** [ˌɪntəˈpɜːsən³l]	形 対人関係の，個人間の（≒ **social, relational**） ➤ interpersonal skills [communication]（対人能力 [対人コミュニケーション]）
0514	A	**intricate** [ˈɪntrɪkɪt]	形 入り組んだ，複雑な（≒ **complex, complicated**） ➤ an intricate design [mechanism]（複雑なデザイン [構造]） 副 **intricately**（複雑に）
0515	A	**intuition** [ˌɪntjʊˈɪʃən]	名 直観，勘（≒ **instinct, the sixth sense**） ➤ a flash of intuition（直感のひらめき），women's intuition（女の勘） 形 an **intuitive** understanding（直感的な理解）
0516	A	**invaluable** [ɪnˈvæljʊəb³l]	形 （値段が付けられないほど）価値がある（≒ **priceless, precious**） ➤ invaluable experience [resources]（かけがいのない経験 [資源]） 形 a **valuable** diamond（金銭的な価値が高いダイヤモンド）
0517	A	**ironic** [aɪˈrɒnɪk]	形 皮肉な（≒ **sarcastic, cynical**） ➤ an ironic humour（皮肉っぽいユーモア），an ironic twist（皮肉な展開） 副 **ironically**（皮肉にも）
0518	A	**juvenile** [ˈdʒuːvɪˌnaɪl]	形 青少年の [による]，子供っぽい（≒ **young, childish**） 名 青少年，未成年者（≒ **adolescent, teenager**） ➤ juvenile delinquency（青少年の非行），a juvenile bird（ひな鳥），The suspects were juveniles under the age of 17.（容疑者らは 17 歳未満の未成年者だった）
0519	RL	**lament** [ləˈmɛnt]	動 嘆き悲しむ，悔いる（≒ **mourn, grieve**） ➤ lament the death [loss] of *his* son（息子の死を嘆く） 形 a **lamentable** situation（嘆かわしい状況）
0520	A	**landmark** [ˈlændˌmɑːk]	名 画期的な出来事，史跡（≒ **turning point, monument**） ➤ a landmark event（画期的な事件），a historic landmark（歴史的建造物） 【参考】しばしば形容詞的に「画期的な，歴史に残るような」の意。「目印となる建物」という意味もある。

学習日	年 月 日	年 月 日	年 月 日

0521 RL **latent**
[ˈleɪtʰnt]

形 （才能や病気が）潜在［潜伏］している（≒ **dormant, undiscovered**）
➤ a latent musical talent（隠れた音楽的才能），latent fingerprints [resources]（潜在指紋［資源］） 名 a period of latency（潜伏期間）

0522 A **legitimate**
[lɪˈdʒɪtɪmɪt]

形 合法的な，筋の通った（≒ **legal, reasonable**）
➤ a legitimate business [question]（合法的なビジネス［妥当な疑問］）
名 legitimacy（合法性，正当性）；the legitimacy of the data processing（データ処理の正当性）

0523 A **liberal**
[ˈlɪbərəl, ˈlɪbrəl]

形 寛大な，自由主義の，豊富な（≒ **tolerant, generous**）
➤ a liberal attitude（寛容な態度），a liberal democracy（自由民主主義）
名 liberal（自由主義者），liberalism（自由主義）

0524 A **linguistic**
[lɪŋˈɡwɪstɪk]

形 言語（学）の（≒ **verbal**）
➤ a linguistic barrier [ability]（言葉の壁［語学力］）
名 linguistics students（言語学の学生）

0525 A **literacy**
[ˈlɪtərəsi]

名 読み書きの能力（≒ **ability to read and write**），（ある分野の）知識，能力
➤ the literacy rate（識字率），computer literacy（コンピューター操作能力）
反 the illiteracy rate（非識字率）

0526 A **literally**
[ˈlɪtərəli]

副 文字どおりに，本当に（≒ **word for word, exactly**）
➤ take his word literally（文字どおり解釈する），
literally translated（直訳されている）
形 a literal interpretation（文字どおりの解釈）

0527 A **lure**
[lʊə]

動 （客などを）引きつける，誘惑する（≒ **tempt, entice**）
➤ lure customers into stores（客を店舗に引き込む）
名 the lure of money（お金の魅力）

0528 A **luxury**
[ˈlʌkʃəri]

名 形 ぜいたく（な），豪華（な）（≒ **opulence, sumptuous**）
➤ a luxury hotel [wedding]（豪華なホテル［結婚式］）
形 a luxurious hotel（豪華なホテル）

0529 A **magnitude**
[ˈmæɡnɪˌtjuːd]

名 （物事の）巨大さ，重大さ；規模，程度；（地震の）マグニチュード；（星の）等級（≒ **great importance, gravity**）
➤ the magnitude of risk（危険の大きさ），
the magnitude of the problem（問題の重大さ）
動 magnify（拡大［増大，誇張］する）

0530 A **majestic**
[məˈdʒɛstɪk]

形 雄大な，堂々とした（≒ **magnificent, grand**）
➤ majestic scenery [mountains]（雄大な景色［山々］）
副 majestically（雄大に，堂々と）

0531	A	**mandatory** [ˈmændətərɪ, -trɪ]	形 義務的な，強制的な（≒ **compulsory, obligatory**） ➤ mandatory retirement [education]（定年退職［義務教育］）
0532	A	**manipulate** [məˈnɪpjʊˌleɪt]	動（巧みな技術で）操作する，（不誠実に人や状況を）操作する（≒ **handle, control**） ➤ manipulate the market（市場を操作する），The pilot expertly manipulated the control.（パイロットは上手に操縦した） 名 genetic manipulation（遺伝子**操作**）
0533	A	**manual** [ˈmænjʊəl]	形 手作業の，手動の（≒ **hand-operated**）　名 取扱説明書（≒ **handbook**） ➤ manual labour（手作業，力仕事），a manual operation（手動操作） 副 **manually**（手動で）
0534	A	**manuscript** [ˈmænjʊˌskrɪpt]	形（出版前の手書き・タイプによる）原稿，草稿（≒ **draft, copy**） ➤ an unpublished manuscript（未発表の原稿），revise the manuscript（原稿を修正する）
0535	A	**marine** [məˈriːn]	形 海の，海洋［海産］の，海事の（≒ **sea, maritime**） ➤ marine life（海洋生物），a marine mammal（海洋哺乳類），a marine officer（海兵隊士官）
0536	A	**massive** [ˈmæsɪv]	形（量などが）膨大な，大量の，（重量があり）巨大な（≒ **huge, tremendous**） ➤ massive unemployment [lay-offs]（大量の失業［大規模な一時解雇］） 副 **massively**（大量に，大規模に）
0537	A	**maximise**〈英〉／ **maximize**〈米〉 [ˈmæksɪˌmaɪz]	動 最大限まで増やす，最大限に生かす（≒ **enlarge, fully utilise**） ➤ maximise the potential [opportunity]（潜在力を最大限に高める［チャンスを最大限に生かす］） 名 a maximum effect（最大の効果）
0538	A	**meagre**〈英〉／ **meager**〈米〉 [ˈmiːgə]	形（金額・食事などが）わずかな，乏しい；（人や動物が）やせ細った（≒ **paltry, scanty; thin**） ➤ a meagre income [salary]（わずかな収入），a tall, meagre man（背の高い痩せこけた男性）
0539	A	**mechanism** [ˈmɛkəˌnɪzəm]	名（機械）装置，仕組み，構造（≒ **system, the workings**） ➤ a clock mechanism（時計の構造），a mechanism for earthquakes（地震の仕組み）　形 a mechanical failure（機械の故障）
0540	A	**mediate** [ˈmiːdɪˌeɪt]	動 調停する，仲裁する（≒ **arbitrate, reconcile**） ➤ mediate a conflict [dispute]（紛争［論争］を仲裁する） 名 **mediation** efforts（調停努力）

| 学習日 | 年　月　日 | 年　月　日 | 年　月　日 |

0541 RL merchant
[ˈmɜːtʃənt]

名 （大量の商品を扱う）売買業者，商人（≒ **trader**, **dealer**）
➤ a timber merchant（材木業者），a wealthy merchant（豪商）
動 名 **merchandise**（《集合的に》商品〔を売買する〕，〈商品・サービス〉の販売を促進する）

0542 A merge
[mɜːdʒ]

動 合併する [させる]，溶け合う（≒ **amalgamate**, **join** (together), **combine**, **blend in**）
➤ merge two companies（2 つの会社を合併させる）
名 **mergers** and acquisitions [M&A]（〔企業の〕合併吸収）

0543 A meticulous
[mɪˈtɪkjʊləs]

形 細部に気を使った，極めて注意深い（≒ **very careful**, **precise**）
➤ meticulous planning [research]（綿密な計画 [調査]）
副 **meticulously**（細心の注意を払って）

0544 A minimise《英》/ minimize《米》
[ˈmɪnɪˌmaɪz]

動 最小限にする（≒ **reduce to the smallest degree**）
➤ minimise the damage [risk]（被害 [リスク] を最小限に抑える）
形 a **minimum** wage（最低賃金）

0545 A mobility
[məʊˈbɪlɪti]

名 移動性，可動性（≒ **movability**, **flexibility**）
➤ labour mobility（労働力の流動性），
upward mobility（〔社会的地位が〕上がること）
形 **mobile**（可動性の）．a **mobile** phone（携帯電話）

0546 A monarchy
[ˈmɒnəki]

名 君主国，君主政治（≒ **kingdom**, **kingship**）
➤ absolute [constitutional] monarchy（絶対 [立憲] 君主制）
名 the constitutional **monarch**（立憲君主国の王）

0547 A monopoly
[məˈnɒpəli]

名 独占，独占事業（≒ **exclusive control**, **dominance**）
➤ enjoy a virtual monopoly（事実上独占する），
monopoly power（独占力）
動 **monopolise** the conversation（会話を独占する）

0548 A morale
[mɒˈrɑːl]

名 意欲，やる気（≒ **confidence**, **self-esteem**）
➤ boost the morale of employees（従業員の士気を高める），
a high morale（高いやる気）

0549 A mortality
[mɔːˈtælɪti]

名 （病気による）死亡数（≒ **death**, **loss of life**）
➤ infant [child] mortality rate（乳児 [子供の] 死亡率）
形 名 **mortal**（死ぬ運命の，致命的な，ひどい；〔神と対比して〕人間）

0550 RL navigate
[ˈnævɪˌɡeɪt]

動 操縦 [案内] する，困難に対処する（≒ **guide**, **deal with**）
➤ navigate the process of business（会社の舵取りをする），
navigate by the stars（星を頼りに航海する）
名 **navigation**（航海術，飛行術，運行指示）

Part 2
達成度

50%　　　　　　　　　　100%

60%

0551	A	**negligible** [ˈnɛɡlɪdʒəbᵊl]	形 取るに足りない，ごくわずか（≒ **t**rivial, **s**light） ➤ a negligible effect [impact]（ごくわずかな影響） 副 **negligibly**（〔数量・程度が〕無視してもいいくらいに）
0552	A	**neighbouring** [ˈneɪbərɪŋ]	形 隣接した（≒ **n**earby, **a**djacent） ➤ neighbouring countries [prefectures]（隣接〔している〕国［都道府県］） 名 **neighbour**（隣人，近所の人）
0553	A	**neutral** [ˈnjuːtrəl]	形 中立の，あいまいな（≒ **i**mpartial, **u**nallied） ➤ neutral countries [colours]（中立国［中間色］） 動 **neutralise**（中和する，中立にする，無効にする）
0554	A	**noble** [ˈnəʊbᵊl]	形 高潔な，貴族の（≒ **a**ristocratic, **r**espectable） ➤ noble ideals（崇高な理想），a noble family related to the queen（女王に関係のある貴族）
0555	A	**nourish** [ˈnʌrɪʃ]	動 栄養分を与える，養う，（感情を）抱く（≒ **f**eed, **c**herish） ➤ nourish a baby with milk（赤ん坊をミルクで育てる），nourish hopes and dreams（夢や希望を抱く） 名 **nourishment**（栄養，育成）
0556	A	**nurture** [ˈnɜːtʃə]	動 （才能などを）育む（≒ **c**ultivate, **f**oster）　名 育ち（≒ **u**pbringing） ➤ Reading nurtures a love of books.（読書は本への愛を育む），nature or nurture（氏か育ちか）
0557	A	**nutrition** [njuːˈtrɪʃən]	名 栄養（≒ **n**ourishment, **f**ood） ➤ a nutrition expert（栄養の専門家），nutrition education（食育） 形 **nutritious** diet（栄養のある食事）
0558	A	**obesity** [oʊˈbiːsətɪ]	名 肥満（≒ **o**verweight, **f**atness） ➤ childhood obesity（小児肥満症），obesity rates（肥満率，肥満者の割合） 形 an **obese** patient（肥満患者）
0559	A	**objective** [əbˈdʒɛktɪv]	名 目的，目標（≒ **g**oal, **p**urpose）　形 客観的な（≒ **i**mpartial） ➤ business objectives（経営目標），an objective evaluation（客観的な評価） 副 **objectively** analysed（客観的に解析された）
0560	A	**obligation** [ˌɒblɪˈɡeɪʃən]	名 義務，責任（≒ **d**uty, **c**ontract） ➤ a legal [moral] obligation（法的義務［道義的責任]） 形 **obligatory**（義務的な，必修の）；an obligatory subject（必修科目）

必須語彙 200 語　最重要語レベル① 600 語　最重要語レベル② 600 語　重要語 600 語

| 学習日 | 年　月　日 | 年　月　日 | 年　月　日 |

0561 | **A** | **observation**
[ˌɒbzəˈveɪʃən]

名 観察，意見，所見（≒ **w**atching, **i**mpression）
➤ powers of observation（観察力），
make some observations（意見を述べる）
形 **observational** studies（観測に基づく研究）

0562 | **A** | **odour** 〈英〉/ **odor** 〈米〉
[ˈəʊdə]

名（特に嫌な）臭い，《the ～ of A で》A の雰囲気，気配（≒ **s**mell, **a**tmosphere）
➤ an unpleasant odour（不快な臭い），a body odour（体臭），
the odour of suspicion [hypocrisy]（疑惑 [偽善] の気配）

0563 | **A** | **offensive**
[əˈfensɪv]

形 侮辱的な，不快な，攻撃の（≒ **r**ude, **u**npleasant）
➤ racially offensive language（人種差別的な発言），
an offensive smell [weapon]（不快な臭い [攻撃用兵器]）
動 **offend** a customer（客の機嫌を損ねる）

0564 | **RL** | **ominous**
[ˈɒmɪnəs]

形 不吉な，不気味な（≒ **f**oreboding, **s**inister）
➤ an ominous silence [dark cloud]（不気味な静けさ [暗い雲]）
名 a good [bad] omen（吉兆 [凶兆]）

0565 | **A** | **optimum**
[ˈɒptɪməm]

形 最適の，最上の（≒ **i**deal, **b**est）
➤ the optimum condition for growth（成長するための最適条件），
an optimum size（最適なサイズ）
動 **optimise**（～を最大限に利用する，最適にする）

0566 | **A** | **originate**
[əˈrɪdʒɪˌneɪt]

動 由来する，（物事を）創出する（≒ **d**erive, **c**reate）
➤ Jazz originated in the U.S.（ジャズはアメリカ発祥だ）
副 **originally**（元々は，最初は）

0567 | **A** | **ornament**
[ˈɔːnəmənt] 名
[ˈɔːnəˌment] 動

名 装飾品（≒ **d**ecoration, **a**dornment）　動 飾る（≒ **d**ecorate）
➤ a Christmas [gold] ornament（クリスマス [金] の飾り）
形 an ornamental design（装飾デザイン）

0568 | **A** | **orthodox**
[ˈɔːθəˌdɒks]

形 正統派の，受け入れられている（≒ **c**onventional, **c**onservative）
➤ orthodox methods [views]（正攻法 [正統的な見解]）
名 **orthodoxy**（正統性）; a prevailing orthodoxy（通説）

0569 | **A** | **outcome**
[ˈaʊtˌkʌm]

名（最終的な）結果，結末（≒ **r**esult, **c**onsequence）
➤ the outcome of the war [election]（戦争 [選挙] の結果），
await the outcome（結果を待つ）

0570 | **A** | **outlook**
[ˈaʊtˌlʊk]

名《常に単数形で》見通し，（～についての）見方 [考え方]（≒ **e**xpectation, **p**rospect）
➤ an economic outlook（経済の見通し [先行き／展望]），
a positive outlook on life（前向きな人生観）

0571	A	**outperform** [ˌaʊtpəˈfɔːm]	動 ～をしのぐ，～より優る（≒ **surpass, exceed**）
			➤ outperform rival companies（競合会社をしのぐ），outperform the novice（初心者より優る）
			反 **underperform**（～に及ばない，劣る）

0572	A	**outrageous** [aʊtˈreɪdʒəs]	形 （程度の点で）法外な，あきれるほどひどい（≒ **exorbitant, shocking, terrible**）
			➤ outrageous prices [violation]（法外な値段 [許しがたい違反（行為）]）
			名 動 **outrage**（激怒，非道；激怒させる）

0573	A	**outright** [ˈaʊtˌraɪt] 形 [ˌaʊtˈraɪt] 副	形 完全な（≒ **complete, clear**） 副 完全に，即座に
			➤ an outright ban [victory]（全面禁止 [完全勝利]），be killed outright（即死する）

0574	SW	**outweigh** [ˌaʊtˈweɪ]	動 （重要度や価値が～より）上回る，勝る（≒ **exceed, be greater than**）
			➤ The benefits outweigh the risks.（利益のほうがリスクより大きい），The advantages outweigh the disadvantages.（長所が短所に勝る）

0575	A	**overall** [ˌəʊvərˈɔːl] 副 [ˈəʊvərˌɔːl] 形	副 全体として（≒ **on the whole, generally**）
			➤ Overall, prices are still rising.（全体的には，価格はまだ上昇中だ）
			形 overall benefits（総合的な利益）

0576	A	**overlook** [ˌəʊvəˈlʊk]	動 見逃す，見落とす，見渡す（≒ **miss, command**）
			➤ overlook the failure（失敗を見逃す），a location overlooking the ocean（海を見渡せる場所）

0577	A	**overtake** [ˌəʊvəˈteɪk]	動 追い越す，上回る；（疲労・感情・不幸などが）（突然～を）襲う（≒ **catch up with, surpass; befall**）
			➤ overtake a car（車を追い越す），Panic overtook her.（パニックが彼女を襲った）

0578	A	**overview** [ˈəʊvəˌvjuː]	名 《通例，単数形で》概観，全体像（≒ **outline, summary**）
			➤ a brief overview of the course [change]（その講座 [変更点]の概要）

0579	RL	**passing** [ˈpɑːsɪŋ]	形 一時的な（≒ **brief**） 名 経過，消滅，死（≒ **passage, death**）
			➤ a passing interest [thought]（一時的な興味 [ふとした考え]），with the passing of time（時が経つにつれて）

0580	RL	**pedestrian** [pɪˈdɛstrɪən]	形 歩行者専用の，徒歩の 名 歩行者（≒ **walker, hiker**）
			➤ walk on a pedestrian crossing（横断歩道を歩いて渡る），pedestrian safety（歩行者の安全性）

必須語彙 200 語　最重要語レベル① 600 語　最重要語レベル② 600 語　重要語 600 語

0581　A　penetrate
[ˈpenɪˌtreɪt]
- 動 進出する，突き抜く，浸透する（≒ **enter, permeate**）
- ➤ penetrate the global market（世界市場に進出する），
  Bullets penetrate a door.（弾丸がドアを貫通する）
- 名 smartphone **penetration**（スマホの**普及**〔率〕）

0582　A　perceive
[pəˈsiːv]
- 動（主に視覚により）気づく，見抜く，（特に視覚により）理解［把握］する（≒ **recognise, notice**）
- ➤ perceive a difference [change]（違い［変化］に気づく）
- 名 **perception**（知覚，認知）　形 **perceptive**（知覚（力）の，鋭い）

0583　RL　perish
[ˈperɪʃ]
- 動（災害・事故・戦争などで）死ぬ，消滅する，朽ちる（≒ **die, collapse, decay**）
- ➤ perish in the war（戦争で死ぬ）．Some plants perish in winter.
  （冬に枯れる植物もある）　形 **perishable** food（傷みやすい食品）

0584　A　persistent
[pəˈsɪstənt]
- 形 しつこい，（通常より長く）継続している（≒ **continuous, tenacious**）
- ➤ a persistent pain [rain]（しつこい痛み［なかなかやまない雨］），
  a persistent offender（累犯者，常習者）
- 動 **persist**（固執［主張］する，貫く，持続する）

0585　A　persuasive
[pəˈsweɪsɪv]
- 形 説得力のある（≒ **convincing, cogent**）
- ➤ a persuasive speech [argument]（説得力のある演説［意見］）
- 名 **persuasion**（説得する［される］こと，説得（力），信念）

0586　A　pervasive
[pɜːˈveɪsɪv]
- 形（至るところに）広がる，蔓延する（≒ **prevalent, widespread**）
- ➤ the pervasive influence of television（テレビの広範囲に渡る影響），
  a pervasive smell of damp（広がるゴミの臭い）
- 名 **pervasiveness** of violence（暴力の蔓延）　動 **pervade**（広がる，充満する）

0587　A　pharmaceutical
[ˌfɑːməˈsjuːtɪkəl]
- 形 製薬の（≒ **medicinal**）　名《通例，複数形で》薬（≒ **medication**）
- ➤ a pharmaceutical company [industry]（製薬会社［業界］）
- 名 **pharmacy**（薬学，薬局）

0588　A　phobia
[ˈfəʊbɪə]
- 名 恐怖症（≒ **abnormal fear, terror**）
- ➤ a school [dental] phobia（学校［歯科］恐怖症）

0589　A　plague
[pleɪg]
- 動 苦しめる，悩ます（≒ **torment, afflict**）　名 疫病，災難，（害獣・害虫などの）大量発生（≒ **epidemic**）
- ➤ be plagued by poverty（貧困に悩まされる），
  a plague of locusts（イナゴの異常発生）

0590　A　plausible
[ˈplɔːzəbəl]
- 形 もっともらしい，まことしやかな（≒ **believable, credible**）
- ➤ a plausible explanation [reason]（もっともらしい説明［理由］）
- 名 **plausibility**（もっともらしさ）

0591	A	pledge [plɛdʒ]	名 誓約，（約束・信義などの）しるし，担保（≒ promise, pawn） ➤ make a pledge（誓約［公約］をする），as a pledge of friendship（友情のしるしとして），as a pledge for borrowed money（借金の担保として）　動 pledge（誓約する，保証する，〔寄付などを与えると〕約束する）；pledge allegiance（忠誠を誓う）
0592	A	plot [plɒt]	名 （物語・映画などの話の）筋，陰謀，（土地の）区画（≒ storyline, conspiracy, a piece of ground） ➤ a twist in the plot（予期せぬ話の展開，どんでん返し），a murder plot（殺人計画）　動 plot（企てる，描く，構想を練る）
0593	RW	plunge [plʌndʒ]	動 急落する，飛び込む（≒ plummet, dive）　名 急落 ➤ Profits plunged by 40%.（利益が 40% 激減した），take the plunge and get married（思い切って結婚する）
0594	RL	poaching [pəʊtʃɪŋ]	名 密猟（≒ illegal hunting, stealing） ➤ elephant poaching for ivory（象牙狙いの象の密猟），poaching and smuggling（密猟と密輸） 動 poach skilled workers（熟練社員を引き抜く）
0595	A	ponder ['pɒndə]	動 じっくり考える（≒ consider, contemplate） ➤ ponder the meaning of life（人生の意味を熟考する），ponder whether to retire or not（退職するか否か熟考する）
0596	A	portion ['pɔːʃən]	名 部分，割り当て（≒ part, share） ➤ a significant portion of the population（人口の大部分），a generous portion of meat（たっぷりの［気前のよい量の］肉）
0597	A	portray [pɔːˈtreɪ]	動 描く，表現する，（～の役を）演じる（≒ paint, depict, play） ➤ portray an image（イメージを描く），portray social trends（社会的風潮を描く）　名 portrait（肖像画）
0598	A	pose [pəʊz]	動 （脅威・危険・問題など）もたらす，（慎重に考慮すべき疑問などを）提起する（≒ cause, raise） ➤ pose a threat [hazard] to society（社会に脅威［危害］をもたらす） 動 pose for photographs（写真用にポーズをとる）
0599	A	possess [pəˈzɛs]	動 所有している，持っている（≒ own, have） ➤ possess many talents [deep knowledge]（多才である［深い知識がある]） 名 possession（所有，財産）
0600	A	pragmatic [præɡˈmætɪk]	形 現実的な，実用的な（≒ realistic, practical） ➤ a pragmatic approach to the problem（問題への現実的な手法） 副 pragmatically（実際的に，実利的に）

必須語彙 200 語　最重要語レベル① 600 語　最重要語レベル② 600 語　重要語 600 語

IELTS 類語クイズにチャレンジ！③　重要度★★★★

> **Choose a group of synonyms of the underlined part from the list below.**

1. It is an urgent task for us to curb CO₂ **emissions**.
2. Beverly Hills is one of the most **exclusive** residential districts.
3. E-learning will greatly **facilitate** the acquisition of foreign languages.
4. You made a **fatal** mistake in the important stage of the relationship.
5. The gangster organisation **forged** a passport for the criminal.
6. My supervisor is well-known for giving **impartial** advice.
7. It is an environmental **imperative** to control CO₂ emissions.
8. We need to **implement** educational reform programs.
9. You should know the risks **inherent** in conducting this business.
10. The police **instituted** an investigation into the murder case.
11. Some people argue that the **mandatory** retirement system should be abolished.
12. It is urgent to **mediate** the conflict between the two countries.
13. This country has a high infant **mortality** rate.
14. **Overall**, commodity prices are still rising.
15. That is the most **plausible** explanation for this situation.

【選択肢】

A. on the whole, generally	B. high-class, select
C. arbitrate, reconcile	D. discharge, release
E. start, launch	F. must, exigency
G. deadly, very serious	H. counterfeit, fake
I. make easy, promote	J. death, loss of life
K. execute, carry out	L. fair, neutral
M. intrinsic, innate	N. compulsory, obligatory
O. credible, reasonable	

【解答欄】

1.	2.	3.	4.	5.	6.	7.	8.

9.	10.	11.	12.	13.	14.	15.

1.	(D. discharge, release)	二酸化炭素の排出抑制は緊急課題だ。
2.	(B. high-class, select)	ビバリー・ヒルズは最高級住宅地のひとつだ。
3.	(I. make easy, promote)	Ｅラーニングは外国語の習得を著しくはかどらせるだろう。
4.	(G. deadly, very serious)	あなたは付き合いの重要な段階で致命的なミスをした。
5.	(H. counterfeit, fake)	その暴力団組織は犯罪者のパスポートを偽造した。
6.	(L. fair, neutral)	私の上司は公平なアドバイスをすることで有名だ。
7.	(F. must, exigency)	二酸化炭素の排出抑制は環境上必要不可欠だ。
8.	(K. execute, carry out)	教育改革プログラムを実施する必要がある。
9.	(M. intrinsic, innate)	このビジネスにつきもののリスクを知るべきだ。
10.	(E. start, launch)	警察はその殺人事件の調査を開始した。
11.	(N. compulsory, obligatory)	定年制を廃止すべきと主張する人もいる。
12.	(C. arbitrate, reconcile)	その二国間の紛争を調停することは急務だ。
13.	(J. death, loss of life)	この国の乳児死亡率は高い。
14.	(A. on the whole, generally)	全体的に，物価はまだ上昇を続けている。
15.	(O. credible, reasonable)	それがこの状況の最も納得できる説明だ。

IELTS ライティング表現力 UP　マルティプル言い換え表現マスター！③

5. 問題解決の言いかえ表現マスター

□ 問題に対処する	deal with [address / tackle / handle / cope with / grapple with] the problem ➤ address, tackle, handle は with 不要！
□ 難局を乗り越える	overcome [get over / tide over / ride out / weather] the difficulty
□ ～しようと協力する	work [pull] together [help each other / cooperate with each other / collaborate with each other / join hands [forces] / combine *their* efforts / make concerted efforts] to *do*
□ 問題の原因を突き止める	identify [find out / discover / pinpoint / track down / pin down] the cause of the problem

6. その他の言い換え表現マスター

□ 技術の進歩	technological advancement [development / progress]
□ 技術革新	technological innovation [breakthrough / revolution]
□ 社会を変革する	revolutionise [transform / drastically change] our society
□ 先端技術	advanced [cutting-edge / state-of-the-art / leading-edge] technologies
□ 政府支出	government [public] spending [expenditure / budget]
□ 都市の住民	urban residents [dwellers / inhabitants]
□ 貧富の差	an income [a wealth] gap, income disparity, polarisation of rich and poor
□ 貴重な体験	a [an] valuable [rewarding / invaluable / worthwhile / priceless] experience
□ 途上国に経済援助をする	provide financial assistance [aid / help] to developing countries
□ 普及する	become widespread [*be* popularised / come into widespread use]
□ その国と関係を築く	build [establish / deepen] relationships with the country
□ （～は）国によって異なる	(~) differ [vary] from country to country [according to the country / depending on the country] ／ There are national differences (in ~)
□ ～と密接な関係がある	*be* closely related to [linked to / connected to / associated with] ~

Unit 3

【0601】~【0800】

0601 ☐☐☐ **A** **precaution**
[prɪˈkɔːʃən]

名 予防措置，事前注意（≒ **safeguard, preventive measure**）
➤ take precautions against earthquakes [flooding]（地震 [洪水] に備える）
形 **precautionary** measures（予防策）

0602 ☐☐☐ **A** **presume**
[prɪˈzjuːm]

動 推定 [仮定] する，《通例，否定文で》差し出がましく〜する（≒ **assume, dare**）
➤ She is presumed dead.（彼女は死亡したと見られる），
I presume her to be innocent.（彼女は無実だと思う）
副 **presumably**（おそらく）

0603 ☐☐☐ **A** **prevalent**
[ˈprɛvələnt]

形 広まっている，流行している（≒ **widespread, common**）
➤ a prevalent view [disease]（一般的な見方 [流行っている病気]）
動 **prevail**（広がる）

0604 ☐☐☐ **RLS** **pricey**
[ˈpraɪsɪ]

形 《口語で》値段の高い（≒ **expensive, costly**）
➤ pricey jewellery [wine]（値の張る宝石 [ワイン]）
関 **priceless**（値段が付けられないほど高価な，すごく面白い）

0605 ☐☐☐ **A** **primary**
[ˈpraɪmərɪ]

形 第一の，主要な（≒ **basic, principal**）
➤ primary education（初等教育），the primary goal（主要目的）
【参考】tertiary [higher] education（高等教育 [大学や専門学校] 《英》[《米》]）も重要！

0606 ☐☐☐ **A** **prime**
[praɪm]

形 最も重要な，最高品質の（≒ **main, excellent**）　名 全盛期（≒ **heyday**）
➤ a prime suspect [concern]（第一容疑者 [最大の関心事]），
a prime time [land]（ゴールデンタイム [一等地]）

0607 ☐☐☐ **A** **primitive**
[ˈprɪmɪtɪv]

形 原始の，旧式の（≒ **ancient, old-fashioned**）
➤ primitive tribes [men]（原始部族 [原始人]）

0608 ☐☐☐ **A** **principal**
[ˈprɪnsɪpəl]

形 主要な（≒ **main, primary**）　名 主役
➤ the principal reason（主な理由），
my principal source of income（主な収入源）
副 **principally**（主に，大抵）

0609 ☐☐☐ **A** **privilege**
[ˈprɪvɪlɪdʒ]

名 特権，特典，〜する名誉なこと（≒ **advantage, honour**）
➤ diplomatic [membership] privileges（外交特権 [会員特典]），
have the privilege of doing（〜する機会に恵まれる）
形 **privileged**（特権を持つ）: the privileged class（特権階級）

0610 ☐☐☐ **A** **procedure**
[prəˈsiːdʒə]

名 手順，手続き，（医療の）処置（≒ **process, course of action**）
➤ follow the emergency procedures（緊急時の手順に従う），
a legal [surgical] procedure（裁判手続き [外科的処置]）

Part 2 達成度 50% 70% 100%

0611	RL	proclaim [prəˈkleɪm]	動 布告する，宣言する（≒ declare, announce） ➤ proclaim war [*their* independence]（宣戦布告する [独立を宣言する]） 名 the proclamation of independence（独立宣言）
0612	A	proficiency [prəˈfɪʃənsi]	名 熟練，習熟（≒ skill, competence） ➤ language [oral] proficiency（言語運用能力 [会話能力]） 形 proficient in English（英語に熟達した）
0613	A	profound [prəˈfaʊnd]	形 （感情・学識などが）深い，（影響などが）深刻 [多大] な（≒ deep, serious） ➤ profound knowledge（深い知識），profound effects（大きな影響） 副 profoundly（深く）
0614	A	prominent [ˈprɒmɪnənt]	形 著名な，人目を引く（≒ famous, noticeable） ➤ a prominent scientist [feature]（有名な科学者 [目立った特徴]） 名 prominence（卓越，有名，〔太陽の〕紅炎，プロミネンス）
0615	A	promising [ˈprɒmɪsɪŋ]	形 将来有望な（≒ up-and-coming, prospective） ➤ a promising future [player]（有望な未来 [選手]） 動名 promise（約束 [する]，気配 [がある]，有望さ）
0616	A	prompt [prɒmpt]	形 即座の，時間に正確な（≒ immediate, punctual） 動 促す，（発言・論争などを）引き起こす ➤ a prompt payment [delivery]（即時払い [迅速な配送]），The decision prompted an outcry.（その決定に抗議が起こった） 名副 prompt（促すもの，支払い期限，《時間について》きっかり，ちょうど）
0617	A	proper [ˈprɒpə]	形 適切な，きちんとした（≒ right, appropriate） ➤ a proper diet [care]（適切な食事 [世話]），a proper job（まともな仕事） 副 properly（適切に）
0618	A	proponent [prəˈpəʊnənt]	名 提案者，支持者（≒ advocate, supporter） ➤ proponents of democracy [women's rights]（民主主義 [女性の権利] の提唱者） 反 opponent（反対者）
0619	A	prospect [ˈprɒspekt]	名 見通し，可能性（≒ likelihood, possibility） ➤ career [growth] prospects（出世 [成長] の見込み） 形 prospective（見込みのある）：prospective buyers（見込み客）
0620	A	prosperity [prɒˈsperɪti]	名 繁栄（≒ wealth, success） ➤ economic [national] prosperity（経済 [国家] の繁栄） 動 prosper（繁栄 [成功] する）：His business prospered.（彼の事業は成功した）

学習日	年 月 日	年 月 日	年 月 日

0621 A **provoke**
[prəˈvəʊk]

動 （感情・反応などを）引き起こす；（言葉・態度で故意に）怒らせる（≒ **arouse, induce; annoy**）
➤ provoke a protest [riot]（抗議行動 [暴動] を引き起こす），provoke her to anger（彼女を怒らせる）
形 **provocative** behaviour（挑発的な行為）

0622 A **prudent**
[ˈpru:dˀnt]

形 慎重な，賢明な（≒ **cautious, careful**）
➤ a prudent decision（慎重な決定），prudent management（賢明な経営）
副 **prudently**（慎重に，賢明に）

0623 A **psychological**
[ˌsaɪkəˈlɒdʒɪkˀl]

形 心理的な，精神的な（≒ **mental, emotional**）
➤ psychological problems [distress]（精神的な問題 [苦痛]）
名 **psychology**（心理学）

0624 A **publicise** 〈英〉／
publicize 〈米〉
[ˈpʌblɪˌsaɪz]

動 公表する，宣伝する（≒ **announce, advertise**）
➤ publicise information [a new film]（情報公表する [新しい映画の宣伝をする]）
副 **publicly**（公然と，公的に）

0625 A **publicity**
[pʌˈblɪsɪti]

名 評判，宣伝（≒ **public attention, promotion**）
➤ good [bad] publicity about side-effects（副作用についてのよい [悪い] 評判），a publicity campaign（宣伝活動）
形 名 **public**（公衆〔の〕，大衆）

0626 A **punctual**
[ˈpʌŋktjʊəl]

形 時間どおりの（≒ **on time, timely**）
➤ a punctual delivery [attendance]（時間どおりの納品 [出席]）
副 **punctually**（時間どおりに）

0627 A **purify**
[ˈpjʊərɪˌfaɪ]

動 浄化する，〜から汚れを取り除く（≒ **clean, refine**）
➤ purify the water [air]（水を浄化する [空気をきれいにする]）
名 a **purification** plant [ritual]（浄水場 [清めの儀式]）

0628 A **pursue**
[pəˈsju:]

動 追う，追求する，（人に）つきまとう（≒ **chase, seek**）
➤ pursue a criminal [career]（犯罪者を追跡する [キャリアを追求する]）
名 **pursuit**（追求，追跡）

0629 A **puzzle**
[ˈpʌzˀl]

動 当惑する，悩ませる（≒ **perplex**）
名 難題，パズル（≒ **mystery**）
➤ be puzzled by a question [the result]（質問 [結果] に当惑する）
形 a **puzzling** fact（困惑させるような事実）

0630 RLS **quaint**
[kweɪnt]

形 古風な趣のある，風変わりな（≒ **charming, picturesque**）
➤ a quaint atmosphere of the old temple（古い寺の趣のある雰囲気），quaint old customs（風変わりな古い習慣）

0631	A	**qualification** [ˌkwɒlɪfɪˈkeɪʃən]	名《通例，複数形で》資格（証明書），必要条件《不可算名詞》 （≒ **certificate, eligibility**） ➤ academic qualifications（学歴），qualification for application（申込資格）　動 **qualify**（資格を与える［得る］）
0632	RLS	**queue** [kjuː]	名 列（≒ **line**）　動 列をつくる，列に並ぶ（≒ **line up**） ➤ stand in a queue（列になって並ぶ），a queue for the bus（バスを待つ列），queue for taxis（タクシー待ちの列に並ぶ）
0633	A	**radical** [ˈrædɪkəl]	形 根本的な，過激な（≒ **fundamental, revolutionary**） ➤ radical changes（根本的な変化）， a radical right-wing（急進右翼） 名 **radical**（急進，過激派，《化学》ラジカル，基）
0634	A	**ratio** [ˈreɪʃɪˌəʊ]	名 割合，比率（≒ **proportion, rate**） ➤ in the ratio of 5 to 3（5対3の割合で）， the ratio of men to women（女性に対する男性の比率）
0635	A	**rational** [ˈræʃənəl]	形 合理的な，理性的な（≒ **reasonable, logical**） ➤ a rational choice [decision]（合理的な選択［意志決定］） 動 **rationalise** one's actions（行動の**理由付けをする**）
0636	A	**rationale** [ˌræʃəˈnɑːl]	名 論理的根拠（≒ **reason, grounds**） ➤ the rationale behind the new exams（新試験の根拠）， a theoretical rationale（理論的根拠）
0637	A	**readily** [ˈrɛdɪlɪ]	副 たやすく，快く（≒ **easily, willingly**） ➤ readily available（たやすく手に入る），readily agree（快く賛成する） 名 **readiness**（用意ができていること，素早さ）
0638	RLW	**rebel** [rɪˈbɛl] 動 [ˈrɛbəl] 名	動 反逆［反抗］する（≒ **revolt, defy**）　名《通例，複数形で》（政府への）反逆者 ➤ rebel against the government（政府に反逆する）， rebel against my parents（親に反抗する） 名 an armed **rebellion**（武装**反乱**）
0639	A	**reckless** [ˈrɛklɪs]	形 無謀な，向こう見ずな（≒ **careless, rash**） ➤ reckless driving [abandon]（無謀な運転［危険を顧みない奔放さ］） 副 **recklessly**（無謀にも，向こう見ずに）
0640	A	**reference** [ˈrɛfərəns, ˈrɛfrəns]	名 言及，参照（≒ **mention, allusion**） ➤ make a brief reference to the tragedy（その惨事に関して大まかに言及する），works [a letter] of reference（参考文献［推薦状]） 動 **refer**（言及する，参照する，〔人を〕差し向ける，〔～を…と〕呼ぶ）；refer to the map（地図を参照する），English is referred to as a global language.（英語は国際語と言われている）

必須語彙 200 語

最重要語レベル① 600 語

最重要語レベル② 600 語

重要語 600 語

学習日	年 月 日	年 月 日	年 月 日

0641 | A | refine
[rɪˈfaɪn]

動 精製［精錬］する，（物・方法・技術などを）洗練［改良］する（≒ **p**urify, **i**mprove）
➤ refine oil（石油を精製する），refine *my* idea [skills]（アイデア［技能］を磨く） **形** refined（精製された） **名** refinery（精製所）

0642 | A | refuge
[ˈrɛfjuːdʒ]

名 避難（所），隠れ家（≒ **s**helter, **s**anctuary）
➤ a refuge camp（難民収容所），a wildlife refuge（野生生物保護区）
名 refugee（難民，避難民）

0643 | A | regeneration
[rɪˌdʒɛnəˈreɪʃən]

名 再生，復活（≒ **r**ebirth, **r**evival）
➤ urban [tissue] regeneration（都市再生［《生物》組織再生］）
動 regenerate the town（町を**再生する**）

0644 | A | regulation
[ˌrɛgjʊˈleɪʃən]

名 《通例，複数形で》規則，《不可算名詞で》規制，（機械・温度などの）調整（≒ **r**ule, **r**estriction, **a**djustment）
➤ strict [school] regulations（厳しい［学校の］規則）
形 regulatory（規制の） **動** regulate（規制［規定，調整］する）

0645 | A | rehabilitate
[ˌriːəˈbɪlɪˌteɪt]

動 回復させる，元に戻す，（犯罪者などを）更生させる（≒ **r**estore, **h**eal, **r**eform）
➤ rehabilitate the body（身体を回復させる），rehabilitate her reputation（彼女の名誉を回復させる），rehabilitate the criminal（犯罪者を社会復帰させる）
名 injury rehabilitation（けがからの**社会復帰**〔の**過程**〕［けがの**リハビリ**］）

0646 | A | reinforce
[ˌriːɪnˈfɔːs]

動 強化する，補強する（≒ **s**trengthen, **f**ortify）
➤ reinforce the idea [a building]（その考えを強める［建物を補強する］）
名 reinforcement（〔物・考え・記憶などの〕補強；補強材［物］；《複数形で》増援部隊）

0647 | A | relevant
[ˈrɛlɪvənt]

形 （当面の問題などに）関連がある，適切な（≒ **r**elated, **p**ertinent）
➤ relevant information [experience]（関連性がある情報［経験］）
名 relevance, relevancy（関連性，妥当性）

0648 | A | remainder
[rɪˈmeɪndə]

名 残り，余り（≒ **r**est, a **r**emaining **p**art）
➤ the remainder of the payment [property]（支払い［財産］の残り）
動 remain（〜のままである，残る） **形** the remaining battery level（電池**残量**）

0649 | A | remedy
[ˈrɛmɪdɪ]

名 治療（薬），改善策（≒ **t**reatment, **c**ure）
➤ a home [herbal] remedy（家庭薬［漢方薬］）
動 remedy（改善［治療］する）；remedy the problem（その問題を改善する）

0650 | A | reminder
[rɪˈmaɪndə]

名 思い出させてくれる物［事，人］，督促状（≒ **c**ue, **p**rompt）
➤ a reminder of payment [the past]（督促状［過去を思い出させる物］）

0651	RLS	**remodel** [riːˈmɒdˀl]	動（建物などの外観や構造を）改装する（≒ **renovate, refurbish**） ➤ remodel the old building [school facility]（古いビル［学校施設］を改装する） 名 **remodelling** of the airport（空港の**改装**［**改造**]）
0652	A	**renew** [rɪˈnjuː]	動 再開する，更新する（≒ **resume, extend**） ➤ renew the attack（攻撃を再開する）， renew a licence（免許を更新する） 形 **renewable** energy（**再生可能**エネルギー）
0653	A	**renovate** [ˈrɛnəˌveɪt]	動（特に古い建物を）修繕［改装］する（≒ **modernise, overhaul**） ➤ renovate the home [room]（家［部屋］を改装する） 名 **renovation**（改装，刷新）; complete renovation（全面改装）
0654	A	**renowned** [rɪˈnaʊnd]	形 有名な，高名な（≒ **eminent, prestigious**） ➤ a renowned author [scholar]（著名な作家［学者］） 名 won **renown** as a pianist（ピアニストとしての**名声**を博した）
0655	A	**reproduction** [ˌriːprəˈdʌkʃən]	名 複製，生殖（≒ **copy, bleeding**） ➤ a reproduction of an artwork（芸術作品の複製）， animal reproduction（動物の繁殖） 動 **reproduce**（複製する，繁殖させる［する］）
0656	A	**resolve** [rɪˈzɒlv]	動 解決する，決意［決議］する（≒ **settle, determine**）名 決意 ➤ resolve an issue（問題を解決する）， my resolve to make a career change（転職する決心） 名 New Year's **resolutions**（新年の**決意**），conflict **resolution**（紛争**解決**）
0657	A	**resort** [rɪˈzɔːt]	名 行楽地，頼みの綱（≒ **retreat, recourse**） ➤ Strike action is a last resort.（ストライキは最後の手段だ） 句動 **resort to** arms（武力に**訴える**）
0658	RLW	**respectively** [rɪˈspɛktɪvlɪ]	副 それぞれに，各自に（≒ **each, individually**） ➤ Kitty and Tom are 17 and 18 respectively.（キティとトムはそれぞれ17歳と18歳だ） 形 one's **respective** homes（**各自の**家）
0659	A	**restrain** [rɪˈstreɪn]	動（人の体を）動かないように押さえる，抑制する（≒ **curb, control**） ➤ restrain inflation [his anger]（インフレ［怒り］を抑える） 名 **restraint**（抑制，禁止，自制，遠慮）; without restraint（遠慮なく，思う存分）
0660	A	**restriction** [rɪˈstrɪkʃən]	名 制限，規制（≒ **limitation, control**） ➤ import [export] restrictions（輸入［輸出］規制） 動 **restrict**（制限する，制止［禁止］する）

学習日	年 月 日	年 月 日	年 月 日

0661 **A** **resume**
[rɪˈzjuːm]

動 （中断していた話・活動などを）再開する，再び始まる（≒ **restart, return to**）
➤ resume negotiations（交渉を再開する），resume work after the baby is born（出産後に仕事を再開する）
名 seek early resumption of peace talks（和平交渉の早期**再開**を求める）
【参考】résumé [ˈrɛzjʊˌmeɪ]（履歴書《発音が変わるので注意！》）

0662 **A** **retain**
[rɪˈteɪn]

動 保有する，維持する（≒ **maintain, keep**）
➤ retain moisture [control]（水分を保つ [コントロールし続ける]）
名 customer retention rate（顧客定着率）

0663 **A** **reunion**
[riːˈjuːnjən]

名 同窓会，再会（≒ **alumni meeting, meeting after a long time**）
➤ a family [class] reunion（家族の親睦会 [同窓会]）
動 reunite（再会する，再結成する）

0664 **A** **revenue**
[ˈrɛvɪˌnjuː]

名 （国・地方自治体の）（税）収入，歳入，（企業などの）（総）収入（≒ **income, profit**）
➤ tax revenues（税収），advertising revenue（広告収入）
反 expenditure（支出〔額〕，出費，経費；〔時間・エネルギーなどの〕消費）

0665 **A** **revise**
[rɪˈvaɪz]

動 改訂 [修正] する，見直す（≒ **correct, change**）
➤ a revised edition（改訂版），revise the plans（計画を見直す）
名 revision（改正，改訂 [版]，試験勉強《英》）

0666 **A** **revitalise** 《英》／
revitalize 《米》
[riːˈvaɪtəˌlaɪz]

動 活性化する，再生する（≒ **regenerate, reinvigorate**）
➤ revitalise the economy [immune system]（経済 [免疫システム] を活性化させる）
名 economic revitalisation（経済回復）

0667 **RL** **revoke**
[rɪˈvəʊk]

動 （免許・法律などを）無効にする，廃止する（≒ **cancel, repeal**）
➤ revoke the contract [licence]（契約 [免許] を無効にする）
名 revocation of an order（注文の取り消し）

0668 **A** **rewarding**
[rɪˈwɔːdɪŋ]

形 満足感が得られる，利益をもたらす（≒ **satisfying, beneficial**）
➤ a rewarding experience [career]（やりがいのある経験 [職業]）
名 financial rewards（経済的報酬）

0669 **RLW** **rite**
[raɪt]

名 儀式，儀礼，慣習，しきたり（≒ **ceremony, ritual**）
➤ a rite of passage（通過儀礼，人生の節目に行う儀式），
funeral rites（葬儀）

0670 **A** **ritual**
[ˈrɪtjʊəl]

名 （宗教の）儀式，（日常の決まった）習慣（≒ **ceremony, rite, routine**）形 儀式の
➤ a marriage ritual（婚姻儀礼），religious rituals（宗教儀式），ritual suicide（切腹），a ritual of rising early（早起きの習慣）

Part 2
達成度 | 50% | 80% | 100%

0671 A rotate
[rəʊˈteɪt]
- 動 回転する［させる］，交代［交替］（で）する［させる］（≒ **revolve, take turns**）
- ➤ The Earth rotates.（地球は回転している），rotate a job（仕事を交替する）　名 in **rotation**（交代で）

0672 A routine
[ruːˈtiːn]
- 形 日常［日々］の，決まりきった（≒ **everyday, usual**）
- 名 型にはまった行動，日課，日常業務
- ➤ routine work（決まりきった仕事），an evening routine（夜の日課）
- 副 **routinely**（規定どおりに，日常的に，いつものように）

0673 A sacrifice
[ˈsækrɪˌfaɪs]
- 動 犠牲にする，断念する（≒ **give up, abandon**）　名 犠牲，生贄
- ➤ sacrifice quality for cost（コストのために品質を犠牲にする），make sacrifices（犠牲を払う）
- 形 a **sacrificial** lamb（《宗教》生贄の子羊，《比喩》犠牲）

0674 A sanitary
[ˈsænɪtəri, -tri]
- 形 （公衆）衛生の，衛生的な（≒ **hygienic, clean**）
- ➤ sanitary conditions [facilities]（衛生状態，トイレ施設）
- 名 place with poor **sanitation**（衛生状態の悪い場所）

0675 A satisfactory
[ˌsætɪsˈfæktəri, -tri]
- 形 満足［納得］のいく，申し分ない（≒ **adequate, acceptable**）
- ➤ a satisfactory answer [result]（満足のいく回答［結果］）
- 名 customer **satisfaction**（顧客満足度）

0676 RL savage
[ˈsævɪdʒ]
- 形 どう猛な，厳しい［激しい］，未開の（≒ **fierce, violent, severe**）　名 残酷［残忍］な人，未開人
- ➤ a savage dog（どう猛な犬），savage public spending cuts（公費の厳しい支出削減），savage tribes（未開部族）
- 動 be savaged to death by a bear（熊に襲われて死ぬ）

0677 A savvy
[ˈsævi]
- 形 （実用的な）知識や経験がある（≒ **intellectual, intelligent**）
- 名 （実用的な）判断力，知識
- ➤ a tech-savvy engineer（テクノロジーに精通した技術者），a political savvy（政治的手腕）

0678 A scanty
[ˈskænti]
- 形 （知識・情報などが）不十分な，乏しい，（女性用衣類などが）露出度が高い（≒ **meagre, tiny**）
- ➤ scanty sales [pension]（乏しい売り上げ［年金］）
- 副 **scantily**（不十分に，乏しく）

0679 A scenic
[ˈsiːnɪk, ˈsɛn-]
- 形 景色の（≒ **picturesque, beautiful**）
- ➤ scenic spots [beauty]（観光地［風光明媚な所］）
- 名 **scene**（場，シーン），**scenery**（風景，背景）

0680 A sceptical 《英》／ **skeptical** 《米》
[ˈskɛptɪkᵊl]
- 形 懐疑的な，疑い深い（≒ **doubtful, suspicious**）
- ➤ a sceptical look（疑うような表情），highly sceptical of the data（そのデータに非常に懐疑的である）　副 **sceptically**（疑いの目で）

学習日	年 月 日	年 月 日	年 月 日

0681 **RL** **secular**
[ˈsɛkjʊlə]

形 非宗教的な，世俗的な（≒ **non-religious, worldly**）
➤ secular education [music]（〔宗教を切り離した〕普通教育 [世俗音楽]）
動 secularise（宗教的要素を取り除く）

0682 **A** **segment**
[ˈsɛgmənt] **名**
[sɛgˈmɛnt] **動**

名 部分，区分，断片（≒ **division, classification**）
動 分割 [区分け] する（≒ **divide, classify**）
➤ the productive segment of the population（生産年齢人口），
segments of DNA（DNA の断片）

0683 **A** **seize**
[siːz]

動 占拠する，（機会などを）とらえる，差し押さえる，捕まえる（≒ **capture, grab**）
➤ seize power [the chance]（権力を奪取する [チャンスをつかむ]）
名 seizure of assets（資産の差し押さえ）

0684 **A** **self-sufficient**
[ˈsɛlfsəˈfiʃənt]

形 自給自足の，自立した（≒ **self-supporting, independent**）
➤ self-sufficient in food production [energy]（食糧 [エネルギー] を自給している）**名** food self-sufficiency ratio（食料自給率）

0685 **A** **sensible**
[ˈsɛnsɪbəl]

形 良識ある，賢明な（≒ **wise, discerning**）
➤ a sensible strategy [diet]（賢明な戦略 [理にかなった食事]）
副 sensibly（分別よく，賢く）

0686 **A** **sensitive**
[ˈsɛnsɪtɪv]

形 敏感な，傷つきやすい（≒ **responsive, delicate**）
➤ be sensitive to pain（痛みに敏感な），be sensitive to [about] criticism（批判をとても気にする）
名 sensitivity（感受性，気配り，〔アレルギーなどの〕過敏症，感度）

0687 **A** **serene**
[sɪˈriːn]

形 （表情・海・生活が）穏やかな，（空・天候などが）のどかな（≒ **calm, peaceful**）
➤ serene lake waters（穏やかな湖面），
the serene beauty of nature（自然の澄み渡った美しさ）
名 serenity of mind（心の平穏）

0688 **A** **setback**
[ˈsɛtbæk]

名 （進歩・発展の）障害，挫折（≒ **problem, difficulty**）
➤ suffer a political setback（政治的後退に陥る），
suffer a serious setback（大きな痛手を負う）

0689 **RLS** **shatter**
[ˈʃætə]

動 （夢・希望・信念などを）打ち砕く，粉々に割る（≒ **destroy, smash, crush**）
➤ shatter my dream [confidence]（夢を打ち砕く [自信をくじく]）
形 earth-shattering news（あっと驚くようなニュース）

0690 **A** **shipment**
[ˈʃɪpmənt]

名 積み荷，出荷，発送（≒ **load, freight, shipping**）
➤ a shipment of grain（穀物の積み荷），
be ready for shipment（出荷の準備ができている）

0691	A	**shortcoming** [ˈʃɔːtˌkʌmɪŋ]	名《通例，複数形で》欠点，欠陥（≒ **defect, drawback, weakness**） ➤ analyse the shortcomings of the current system（現行システムの欠点を分析する），identify the shortcomings of the design（設計上の欠点を特定する）
0692	A	**shrewd** [ʃruːd]	形 抜け目のない，洞察力のある，鋭い（≒ **canny, astute**） ➤ a shrewd businessperson（やり手の実業家），have a shrewd judge of character（人を見る目がある）副 **shrewdly**（抜け目なく）
0693	A	**signal** [ˈsɪɡnəl]	動（～を）示す，～の兆しである，合図する［となる］（≒ **indicate, gesture**）名 合図，兆候，信号 ➤ signal the end of winter（〔～は〕冬が終わる兆しである），a warning signal（警報）名 動 **sign**（兆し；署名する）
0694	A	**significant** [sɪɡˈnɪfɪkənt]	形 重要な，重大な，著しい（≒ **considerable, marked**） ➤ significant achievements（重要な成果），show a significant increase [difference]（著しい増加［違い］を示す） 名 historical significance（歴史的意義）副 **significantly**（著しく，重要なことは）
0695	A	**simplify** [ˈsɪmplɪˌfaɪ]	動（手続き・問題・仕事などを）簡略化［単純化］する（≒ **streamline**） ➤ simplify the law [process]（法律［処理過程］を簡素化する） 名 tax **simplification**（租税の簡素化）
0696	A	**site** [saɪt]	名 場所，用地，（インターネット上の）サイト（≒ **location, area**） ➤ a crash site（衝突現場），an online music site（ネット上の音楽サイト） 動 **site**（〔建物などを〕位置させる，置く，《通例，受け身で》位置する）；a hotel sited by a lake（湖畔のホテル）
0697	LS	**sloppy** [ˈslɒpɪ]	形 ずさんな，（服が）ゆったりした（≒ **careless, loose**） ➤ sloppy work [thinking, clothes]（ずさんな仕事［いい加減な考え，だぼだぼの服］） 副 **sloppily**（ずさんに，だらしなく）
0698	A	**sluggish** [ˈslʌɡɪʃ]	形（景気などが）停滞した，不振の，のろい，鈍い，（≒ **inactive, slow, dull**） ➤ a sluggish economy [market]（停滞した経済［不振の市場］） 名 mental **sluggishness**（精神的不活発）
0699	A	**soar** [sɔː]	動 舞い上がる，（価格が）急騰する，急上昇する，そびえ立つ，（≒ **rise sharply, skyrocket**） ➤ Her spirits soared.（彼女はうれしくて舞い上がった） 形 **soaring**（〔価格が〕急騰する，急上昇する，そびえ立つ）；soaring costs [skyscrapers]（高騰するコスト［そびえ立つ摩天楼］）
0700	A	**sole** [səʊl]	形 唯一の，独占的な（≒ **only, single**） ➤ the sole survivor（唯一の生存者），my sole reason for coming here（ここに来た唯一の理由）副 **solely**（唯一，単独で）

IELTS 総合力 UP　「傾向」の類語の使い分けをマスター!

　一般的なものは，a **trend** (toward conservation)「事態や世論などの傾向」，a **tendency** (toward violence)「ある行動を取る傾向」，(religious, sexual) **orientations**「個人の感情的傾向」，a **leaning** (toward the left)「ある考え方を信じる傾向」，an **inclination** (toward violence)「生まれながらに振舞ったり感じたりする傾向」などがある。ワンランク UP すると，**susceptibility** (to infection)「何かに影響や打撃を受けたりしやすいこと」，a **propensity** (for saving)「性癖・生まれつきの傾向」，a **penchant** (for drinking)「強く習慣的な嗜好」，a **predisposition** (to cancer)「ある病気にかかりやすい素因」，a **bent** (for music)「才能と好む傾向」，a **predilection** (for gossip)「《堅い語》特に何か変わったものを非常に好む傾向」，a **proclivity** (to steal)「大体悪い何かをいつも選んだりしたりする傾向」などがある。

IELTS 総合力 UP　「道」の類語の使い分けをマスター！

　way がアスファルトなどで舗装されたら **road**，周りに建物が立ち並べば **street**，木が並べば **avenue**，もっと大きくなれば **boulevard**（両側に木がある広い通り）になる。この他，**artery**「交通路の主幹となる幹線道路」，**route**「道筋・ルート」，**trail**「戸外や森の中を抜ける自然のままの道」，**alley**「建物に挟まれた車が入れないような細い通路」，**path**「動物が通行することで自然にできた道」，**lane**「カントリーサイドで見られる細い道路」，**track**「細長い道路や小道」，**passage**「両側にフェンスがある長くて狭い通路」がある。また，**crossroad(s)**「交差点，比喩的に人生の岐路」，**driveway**「道路から個人の家へとつながっている道」，**course**「車や船，飛行機の進路」，**drag**「町の中心地にある一番大きくて長い道」，**pavement**「《英》（舗装した）歩道」，**detour**「回り道，遠回り」などがある。

学習日	年 月 日	年 月 日	年 月 日

0701 **A** **solitary**
[ˈsɒlɪtəri, -tri]

形 孤独な，単独の（≒ **l**onely, **s**ingle）
名 世捨て人（≒ **r**ecluse）
➤ a solitary life [activity]（孤独な生活 [ひとりでする活動]）
名 long for solitude（独りになりたいと強く思う）

0702 **A** **soothe**
[suːð]

動 （苦痛などを）和らげる，なだめる，落ち着かせる（≒ **e**ase, **r**elieve）
➤ soothe the pain [anxiety]（痛み [不安] を和らげる）
形 soothing music（癒しの音楽）

0703 **A** **sophisticated**
[səˈfɪstɪˌkeɪtɪd]

形 洗練された，（機器・装置・技術などが）精巧 [高度] な（≒ **r**efined, **a**dvanced）
➤ sophisticated manners（洗練された物腰），a sophisticated machine（高性能の機械）名 **sophistication**（洗練さ，精巧さ，知的素養）

0704 **LS** **souvenir**
[ˌsuːvəˈnɪə]

名 （旅などの）土産，記念品（≒ **m**emento, **m**emorial）
➤ souvenirs of the trip（旅行の土産），a souvenir shop（土産物店）

0705 **RLW** **sovereignty**
[ˈsɒvrənti]

名 主権，統治 （権）（≒ **d**ominion, **a**uthority）
➤ sovereignty of the people [territory]（国民 [領域] 主権）
名 形 **sovereign**（統治者，君主，元首；独立の，最高権力を有する）

0706 **A** **spacious**
[ˈspeɪʃəs]

形 （空間が）広々とした，（場所が）広い（≒ **r**oomy, **l**arge）
➤ a spacious room [campus]（広々とした部屋 [キャンパス]）
副 **spaciously**（広々と〔して〕）

0707 **A** **specify**
[ˈspɛsɪˌfaɪ]

動 明記 [規定] する，明確 [具体的] に記す [述べる]（≒ **d**efine, **d**escribe）
➤ specify the size [due date for payment]（サイズ [支払い期日] を明記する）名 **specification**（仕様書，明細書）

0708 **A** **spectacular**
[spɛkˈtækjʊlə]

形 目覚ましい，目を見張るような（≒ **s**tunning, **i**mpressive）
➤ a spectacular success（目覚ましい成功），
a spectacular view（目を見張るような眺め）
名 **spectacular**（豪華ショー [番組]，超大作）

0709 **A** **speculation**
[ˌspɛkjʊˈleɪʃən]

名 憶測，投機（≒ **g**uess, **v**enture）
➤ a housing speculation（住宅投機），
a property speculation（不動産投機）
動 **speculate**（推測する，投機する）
形 a **speculative** investment（投機的投資）

0710 **A** **sphere**
[sfɪə]

名 範囲，活動 [勢力] 範囲，球 （体）（≒ **a**rea, **g**lobe）
➤ an economic [a cultural] sphere（経済 [文化] 圏）
形 **spherical**（球の，天体の）

0711	A	spontaneous [spɒnˈteɪnɪəs]	形 （ふるまい・行動などが）無意識的な，（現象などが）自然（発生）の（≒ involuntary, natural） ➤ a spontaneous applause（自然に沸き起こる拍手）， a spontaneous recovery（自然回復 [治癒]） 名 the spontaneity of children（子どもの**行為の自然さ** [奔放さ]）
0712	A	stability [stəˈbɪlɪtɪ]	名 安定（性）（≒ solidity, steadiness） ➤ political [emotional] stability（政治的 [精神的] 安定）， peace and stability（平和と安定） 形 stable（安定した）：remain relatively stable（比較的安定している）
0713	A	staple [ˈsteɪpᵊl]	形 主要な（≒ main, principal）　動 ホチキスで留める [とじる] 名 ホチキスの針，必需食料品，主要産物 [商品]，主要部分 ➤ staple food（主食），a staple industry（主要産業）
0714	A	statistics [stəˈtɪstɪks]	名 統計資料《複数扱い》（≒ figures, stats），統計学《単数扱い》 ➤ crime [employment] statistics（犯罪統計 [雇用統計]） 形 a statistical analysis（統計的分析）
0715	A	stem [stɛm]	動 《stem from A で》A から生じる，A に起因 [由来] する（≒ derive from, come from, originate from） ➤ Its problems stem from the financial difficulty.（その問題は財政難から生じている）　名 stem（〔植物の〕茎，《文法》語幹）
0716	A	straightforward [ˌstreɪtˈfɔːwəd]	形 （説明・指示などが）明快な，わかりやすい，（態度・姿勢などが）率直な（≒ simple, honest） ➤ a straightforward question [attitude]（単刀直入な質問 [率直な態度]）
0717	RLS	strain [streɪn]	名 重圧，（筋肉などを）痛めること（≒ stress, pressure） 動 （筋肉・体の部分を）痛める，酷使する ➤ an eye strain（眼精疲労），strain a muscle（筋肉を痛める）
0718	A	strategy [ˈstrætɪdʒɪ]	名 戦略（≒ master plan, scheme） ➤ economic [business] strategy（経済戦略 [事業戦略]） 形 strategic（戦略的な，戦略的に重要な）：strategic planning（戦略的計画）
0719	A	strengthen [ˈstrɛŋθən]	動 （構造物・身体・立場・関係・決意などを）強化 [強固に] する（≒ reinforce, solidify） ➤ strengthen my muscle（筋肉を強化する），strengthen my resolve（決意を固める），strengthen family ties（家族の絆を深める） 名 strength（力，強度，強さ，強み）
0720	A	strive [straɪv]	動 （懸命に）努力する，闘う（≒ make an effort, struggle） ➤ strive for success（成功を目指して努力する）， strive to accomplish the goals（目標達成のために懸命に努力する）， strive against adversity（逆境に立ち向かう）

0721	RLS	**stunning**	形 見事な，ものすごく美しい（≒ **fabulous**, **spectacular**）
		[ˈstʌnɪŋ]	➤ a stunning view [beauty]（素晴らしい眺め［絶世の美人］）
			動 **stun**（仰天させる，〔一時的に〕気絶［失神］させる）

0722	A	**subjective**	形 主観的な（≒ **personal**, **intuitive**）
		[səbˈdʒɛktɪv]	➤ subjective opinions [assessments]（主観的な意見［評価］）
			反 **objective**（客観的な）

0723	A	**subscribe**	動 《通例，to を伴って》定期購読する，加入する，〜に賛同する，寄付する（≒ **read [take] regularly**, **agree with**, **donate**）
		[səbˈskraɪb]	➤ subscribe to two magazines（雑誌を 2 冊定期購読する），subscribe to the view（その見解に賛成する）
			名 **subscription**（定期購読［料］，加入契約，寄付金）

| 0724 | A | **subsidiary** | 形 補助的な，従属する（≒ **secondary**, **subordinate**）　名 子会社 |
| | | [səbˈsɪdɪəri] | ➤ a subsidiary role（補助的な役割），a foreign subsidiary（海外の子会社） |

| 0725 | A | **subsidy** | 名 補助［助成，奨励］金（≒ **grant**, **aid**） |
| | | [ˈsʌbsɪdi] | ➤ agricultural [child care] subsidies（農業補助金［子育て助成金］），動 **subsidise**（補助［助成］金を出す）；A government subsidises the housing project.（政府が〔低所得者対象の〕公営住宅に補助金を出す） |

0726	A	**substitute**	名 代用品，代わりの人［物］（≒ **replacement**）
		[ˈsʌbstɪˌtjuːt]	動 （〜を）代わりに使う，（〜に）代える（≒ **replace with**）
			➤ a substitute for a diet（食事の代用），substitute yoghurt for the sour cream（サワークリームの代わりにヨーグルトを使う）
			名 **substitution**（代用，代理）

0727	A	**subtle**	形 （違い・変化などが）微妙な，（香り・色などが）かすかな（≒ **fine**, **delicate**）
		[ˈsʌtᵊl]	➤ subtle changes [differences]（微妙な変化［違い］）
			名 the subtlety of human psychology（人間心理の機微）

0728	A	**subtract**	動 （…から数・量などを）引く，減じる（≒ **take**, **withdraw**）
		[səbˈtrækt]	➤ 6 subtracted from 9 is 3.（9 から 6 を引くと 3 だ）
			名 **subtraction**（削減，引き算）

0729	A	**superficial**	形 うわべだけの，表面的な（≒ **shallow**, **flimsy**）
		[ˌsuːpəˈfɪʃəl]	➤ superficial knowledge [similarities]（うわべだけの知識［表面的な類似性］）
			副 **superficially**（表面的には）

| 0730 | A | **superstition** | 名 迷信（≒ **myth**） |
| | | [ˌsuːpəˈstɪʃən] | ➤ the superstition that 7 is a lucky number（7 は縁起のいい数字という迷信）　形 **superstitious**（迷信深い，迷信に基づく） |

Part 2
達成度

50%　　　　　　　　　100%
90%

0731	A	supervision [ˌsuːpəˈvɪʒən]	名 （人・作業などの）監督（をすること），管理（≒ **o**verseeing, **a**dministration） ➤ under adult [parental] supervision （大人［親］の監督の下で） 動 supervise building work （建設工事を監督する）
0732	A	supplement [ˈsʌplɪmənt] 名 [ˈsʌplɪˌmɛnt] 動	名 補足，追加料金（≒ **a**ddition, **s**urcharge）　動 補う ➤ a vitamin [single] supplement （ビタミン補給剤［1人部屋の追加料金］），supplement *my* income （収入を補う） 形 supplementary （補足の）；supplementary information （補足情報）
0733	A	suppress [səˈprɛs]	動 （作用・働きなどを）抑制する，（感情・笑いなどを）抑える，（情報などを）規制する［隠す］（≒ **i**nhibit, **r**estrain, **r**epress） ➤ suppress the immune system [the rebellion] （免疫機能を低下させる［暴動を鎮圧する］）　名 the suppression of emotions （感情の抑制）
0734	RL	supreme [sʊˈpriːm, sjʊ-]	形 （権力・権威・地位が）最高位の，最高の（≒ **h**ighest, **l**eading） ➤ the Supreme Court （最高裁判所），a matter of supreme importance （最重要課題）　名 male supremacy （男性優位）
0735	A	surpass [sɜːˈpɑːs]	動 （能力・性質・程度などで）〜よりまさる，優れている，（期待・理解などを）越える（≒ **e**xcel, **e**xceed） ➤ surpass the world record （世界記録を上回る），surpass *our* expectations （期待［予想］を上回る）
0736	A	surplus [ˈsɜːpləs]	名 余剰，黒字（≒ **e**xcess, **l**eftover） ➤ surplus food （余剰食料），a trade surplus （貿易黒字） 反 food shortage （食糧不足）
0737	A	surrounding [səˈraʊndɪŋ]	形 周辺の（≒ **n**eighbouring, **n**earby） ➤ surrounding communities [areas] （周辺の地域社会［地域］） 名 surroundings （《常に複数形で》〔人・物を取り囲む〕環境，状況） 動 surround （取り囲む，包囲する）
0738	A	suspend [səˈspɛnd]	動 一時停止［中止］する，延期する，停学［停職］にする（≒ **i**nterrupt, **p**ostpone, **e**xclude） ➤ suspend the operation [service] （営業［サービス］を一時停止する） 名 suspension （一時停止［中止］，延期，停学・休職）
0739	A	sustain [səˈsteɪn]	動 維持する，支える（≒ **m**aintain, **s**upport） ➤ sustain the quality of life （生活の質を保つ），sustain economic growth （経済成長を維持する） 形 sustainable development goals （SDGs, 持続可能な開発目標）
0740	A	swallow [ˈswɒləʊ]	動 飲み込む，（話などを）鵜呑みにする（≒ **g**ulp, **b**elieve） ➤ swallow a capsule [*my* pride] （カプセルを飲む［プライドを飲み込む［捨てる］］），swallow a lie （嘘を信じ込む）

必須語彙 200 語　最重要語レベル① 600 語　最重要語レベル② 600 語　重要語 600 語

学習日	年 月 日	年 月 日	年 月 日

0741 A **symbolise** 《英》／ **symbolize** 《米》
[ˈsɪmbəˌlaɪz]

動 象徴する，記号で表す（≒ **represent**, **stand for**）
➤ Cars symbolise a social status.（車は社会的地位の象徴である）
名 **symbol**（象徴，記号）

0742 A **tackle**
[ˈtæk°l]

動（問題解決に）取り組む，立ち向かう（≒ **address**, **deal with**）
➤ tackle environmental problems（環境問題に取り組む），
tackle the blaze（消火活動にあたる）
名 **tackle**（〔アメフトの〕タックル，滑車装置，〔釣り〕道具）

0743 RL **tangible**
[ˈtændʒəb°l]

形 有形の，明白な（≒ **solid**, **perceptible**）　名 触知できるもの
➤ tangible assets [evidence]（有形資産 [明白な証拠]）
反 an **intangible** cultural heritage（無形文化財）

0744 A **tempting**
[ˈtɛmptɪŋ]

形（申し出などが）魅力的な，心をそそる（≒ **attractive**, **enticing**, **appealing**）
➤ a tempting offer [dessert]（魅力的な申し出 [とてもおいしそうなデザート]）
動 **tempt**（誘惑する，する気にさせる）　名 **temptation**（誘惑）

0745 A **testimony**
[ˈtɛstɪmənɪ]

名 証言，証し（≒ **proof**, **evidence**）
➤ the testimony of a witness（目撃者の証言），a sworn testimony（宣誓証言）　動 **testify**（証言する，証明する）

0746 A **thermal**
[ˈθɜːməl]

形 熱の，（衣類などが）保温性の高い，温泉の（≒ **hot**, **heat**）
➤ thermal energy [power generation]（熱エネルギー [火力発電]），
thermal underwear（保温性の高い下着），thermal springs（温泉）

0747 A **thorough**
[ˈθʌrə]

形 徹底的な，完璧な（≒ **precise**, **meticulous**）
➤ a thorough investigation [analysis]（徹底的な調査 [分析]）
副 **thoroughly**（徹底的に）

0748 A **tighten**
[ˈtaɪt°n]

動 きつく締める，厳しくする（≒ **secure**, **make stricter**）
➤ tighten the rules [screws]（規則を厳しくする [ネジをきつく締める]）
形 a **tight** budget（厳しい予算）

0749 A **tolerance**
[ˈtɒlərəns]

名 寛容さ，忍耐（力）（≒ **open-mindedness**, **forbearance**）
➤ have a tolerance for other people（他人に寛容である），
have a high tolerance for pain（痛みに強い）
動 **tolerate** pain（痛みを我慢する）

0750 A **trace**
[treɪs]

動 探し出す，（起源・原因などを）たどる，描く（≒ **track down**）
名 痕跡，《a 〜 / 〜 s of A》わずかな A（≒ **vestige**, **bit**）
➤ trace a missing person（行方不明者を捜索する），
disappear without a trace（跡形なく消える），
a trace of poison（微量の毒）

0751	A	**trait** [treɪt, treɪ]	🟥 特徴，特性（≒ **c**haracteristic, **a**ttribute） ➤ personality traits（性格上の特徴，個性）， a genetic [an inherent] trait（遺伝的特徴）
0752	A	**transaction** [trænˈzækʃən]	🟥 取引，（業務の）遂行 [処理]，（学会などの）議事（録）[紀要]（≒ **d**eal, **p**roceedings） ➤ financial [commercial] transactions（金融取引 [商取引]） 🟦 **transact** business（取引をする [行う]）
0753	A	**transcend** [trænˈsɛnd]	🟦 超える，超越する（≒ **s**urpass, **e**xceed） ➤ transcend culture [time and space]（文化 [時空] を超える） 🟩 the **transcendental** nature of God（超越的な神の本質 [神の超越性]）
0754	A	**transformation** [ˌtrænsfəˈmeɪʃən]	🟥 大変化，変貌，変容（≒ a **c**omplete **c**hange, **r**evolutionising） ➤ transformation from dictatorship to democracy（独裁政治から民主政治への転換） 🟦 **transform**（変貌 [変容] する [させる]，一変する [させる]）； transform *your* life（人生を変容させる）
0755	A	**transition** [trænˈzɪʃən]	🟥 移行，変遷，移り変わり（≒ **c**hange, **s**hift） ➤ the transition to democracy（民主主義への移行）， a period of transition（過渡期） 🟩 a **transitional** stage（過渡期の段階）
0756	A	**transparent** [trænsˈpærənt, -ˈpɛər-]	🟩 透明な，（言葉・情報などが）わかりやすい，（言い訳などが）見え透いた，明白な（≒ **c**lear, **o**bvious） ➤ a transparent government [lie]（透明性の高い政府 [見え透いた嘘]） 🟥 corporate **transparency**（企業の透明性）
0757	A	**tremendous** [trɪˈmɛndəs]	🟩 （数量・程度・強さなどが）驚くほど大きい，素晴らしい（≒ **h**uge, **r**emarkable） ➤ a tremendous explosion [experience]（すさまじい爆発 [素晴らしい経験]） 🟪 **tremendously**（甚だしく）
0758	RL	**trespass** [ˈtrɛspəs]	🟦 不法侵入する（≒ **i**ntrude, **i**nvade）　🟥 不法侵入，《聖》罪 ➤ trespass on private land（私有地に侵入する）， *be* prosecuted for trespassing（不法侵入で起訴される） 🟥 a sign to deter **trespassers**（不法侵入者抑止の標識）
0759	A	**trigger** [ˈtrɪɡə]	🟦 〜の引き金になる，引き起こす（≒ **c**ause, **g**enerate）　🟥 引き金 ➤ trigger a war [an allergic reaction]（戦争 [アレルギー反応] を引き起こす）， pull [squeeze] the trigger（引き金を引く，最終決断を下す《比喩》）
0760	RL	**trim** [trɪm]	🟦 削減する，刈り取る（≒ **r**educe, **c**ut） ➤ trim staff costs [the lawn]（人件費を削減する [芝を刈る]） 🟥 **trimmer**（刈り込み用道具，トリマー）

必須語彙 200 語　最重要語レベル① 600 語　最重要語レベル② 600 語　重要語 600 語

| 学習日 | 年　月　日 | 年　月　日 | 年　月　日 |

0761　A　triumph
[ˈtraɪəmf]

- 名 勝利，大成功，勝ち誇ること（≒ victory, success）
- 動 （苦労・努力などの末に）勝利 [成功] を収める
- ➤ with a cry of triumph（勝利の歓声を上げて），
  return home in triumph（意気揚々と帰宅 [帰国] する）
- 形 a triumphant smile（勝ち誇った笑顔）

0762　A　trivial
[ˈtrɪviəl]

- 形 取るに足らない，ささいな（≒ trifling, minor）
- ➤ a trivial detail [matter]（つまらない細かいこと [ささいなこと]）
- 名 trivia（〔歴史・有名人などの〕詳細な事実，トリビア，取るに足らないこと）

0763　A　ultimate
[ˈʌltɪmɪt]

- 形 最終的な，究極 [最高] の，根本的な（≒ final, greatest）
- ➤ my ultimate goal（私の最終目標），the ultimate luxury（究極の贅沢）
- 副 ultimately（最終的に [は]，結局は）

0764　RLW　unanimous
[juːˈnænɪməs]

- 形 満場一致の（≒ uniform, united）
- ➤ unanimous support [agreement]（全会一致の支持 [合意]）
- 副 unanimously（満場一致で）

0765　A　unconventional
[ˌʌnkənˈvɛnʃənəl]

- 形 慣例にとらわれない，型破りの（≒ unusual, novel）
- ➤ an unconventional approach to teaching（教え方に対する型破りな取り組み）
- 反 conventional（従来型の，慣習の）

0766　A　undermine
[ˌʌndəˈmaɪn]

- 動 （権威・自信などを）徐々に弱らせる [害する, 傷つける]，（健康などを）徐々に損なう，むしばむ，（努力・機会などを）阻む（≒ weaken, damage）
- ➤ undermine the value of the property（物件の価値を下げる），undermine her confidence（自信を失わせる），undermine the economy（経済をむしばむ）

0767　A　undertake
[ˌʌndəˈteɪk]

- 動 （責任・任務などを）引き受ける，《undertake to do で》〜すると約束する（≒ take on, promise）
- ➤ undertake a project（プロジェクトの責任を負う），undertake to finish the job by Friday（金曜日までに仕事を終える約束をする）
- 名 undertaking（〔引き受けた〕仕事，プロジェクト，約束），undertaker（葬儀屋）

0768　A　unforgettable
[ˌʌnfəˈgɛtəbˀl]

- 形 忘れられない（≒ memorable, haunting）
- ➤ an unforgettable memory [adventure]（忘れられない思い出 [冒険]）

0769　A　unify
[ˈjuːnɪˌfaɪ]

- 動 統一する，ひとつにする（≒ unite, merge）
- ➤ unify the country [standards]（国 [基準] を統一する）
- 名 the unification of Germany（ドイツの統合）

0770　A　unprecedented
[ʌnˈprɛsɪˌdɛntɪd]

- 形 前例のない，異例の（≒ unheard-of, extraordinary）
- ➤ an unprecedented opportunity [success]（前代未聞のチャンス [成功]）
- 副 unprecedentedly（前例なく）

0771	A	**upbringing** [ˈʌpˌbrɪŋɪŋ]	名 養育，しつけ（≒ **rearing, fostering**） ➤ a child's upbringing（子どものしつけ）， a sheltered upbringing（温室［過保護な］育ち）
0772	A	**utility** [juːˈtɪlɪtɪ]	名 有用（性），《通例，複数形で》役に立つもの［こと］，《通例，複数形で》（ガス・電気などの）公益事業（≒ **usefulness, service**） ➤ be of little utility（ほとんど役に立たない），utility companies（公益事業会社） 動 **utilise**《英》／ **utilize**《米》（利用する）
0773	A	**utmost** [ˈʌtˌməʊst]	形 最大限の（≒ **maximum, greatest**） 名 最大限度 ➤ a matter of the utmost importance（最重要事項）， do [try] your utmost to do（～するために最善を尽くす）
0774	A	**vacant** [ˈveɪkənt]	形 （部屋・建物・席などが）空いている，（職・地位などが）空席の，（表情・心などが）ぼんやりとした（≒ **empty, blank**） ➤ a vacant seat [look]（空席［うつろな表情］） 名 **vacancy**（空室，空き地，欠員，空虚さ）
0775	A	**valid** [ˈvælɪd]	形 有効な，合法的な，（理由・議論・批判などが）妥当な（≒ **effective, legally acceptable, reasonable**） ➤ a valid passport（有効なパスポート），be eminently valid（極めて妥当である） 名 **validity**（有効性，妥当性）
0776	A	**vary** [ˈveərɪ]	動 （同類の物の間で）異なる［さまざまである］，（性質・数量などの点で）変わる（≒ **differ, change**） ➤ vary in size [value]（サイズ［価値］が異なる），vary widely with the season（季節によって大きく変動する） 形 **varied**（多種多様な），**variable**（変わりやすい）
0777	A	**ventilation** [ˌventɪˈleɪʃən]	名 換気，風通し（≒ **airing, freshening**） ➤ proper ventilation in a building（建物の適切な換気）， a place with poor ventilation（換気の悪い場所） 動 **ventilate**（換気する，〔感情や意見を〕公にする［表明する］）
0778	A	**verbal** [ˈvɜːbəl]	形 言葉による，口頭の（≒ **oral, spoken**） ➤ non-verbal communication（言葉を使わないコミュニケーション）， give him verbal warning（彼に口頭で注意［警告］する）
0779	RLW	**verify** [ˈverɪˌfaɪ]	動 （証拠・証言などによって）証明する，（調査・比較などによって）確かめる（≒ **prove, confirm**） ➤ verify her statement（彼女の話が確かなことを証明する）， verify figures [the source]（計算［情報］が正しいか確かめる） 名 the **verification** of hypothesis（仮説の**検証**［**立証**]）
0780	A	**vertical** [ˈvɜːtɪkəl]	形 垂直の，縦断的な（≒ **upright, perpendicular**） ➤ a vertical line [cliff]（垂直線［切り立った崖］），vertical farming（垂直農法） 名 **vertical**（垂直線，縦材，〔スキー場の〕垂直距離）

必須語彙 200 語　最重要語レベル① 600 語　最重要語レベル② 600 語　重要語 600 語

学習日	年 月 日	年 月 日	年 月 日

0781 A **viable**
['vaɪəbʰl]

形 実行 [実現] 可能な，生存 [生育] 可能な（≒ **w**orkable, **p**ossible）
➤ a viable alternative [solution]（実行可能な代替案 [解決策]）
名 commercial [cell] **viability**（商業利用の**可能性** [細胞の**生存能力**]）

0782 A **vibrant**
['vaɪbrənt]

形 活気のある，鮮やかな（≒ **l**ively, **e**nergetic, **v**ivid）
➤ vibrant cities [colours]（活気のある都市，鮮やかな色）
名 the **vibrancy** of colour [Caribbean culture]（色の鮮やかさ [カリブ海文化の**活気**]）

0783 A **vicious**
['vɪʃəs]

形 獰猛な，残虐な，悪意ある（≒ **s**avage, **m**alicious）
➤ vicious creatures（凶暴な生き物），vicious rumours（悪意のあるうわさ）
名 **vice**（悪徳，不道徳な犯罪，悪い習慣） 関 a **vicious** cycle [circle]（悪循環）：a vicious cycle [circle] of poverty（貧困の悪循環）

0784 A **vigorous**
['vɪgərəs]

形 精力的な，（運動などが）激しい，（言葉が）力強い，（人・動物が）丈夫な，（植物が）生育のよい（≒ **r**obust, **d**ynamic）
➤ vigorous activities（精力的な活動），a vigorous debate（活発な討論），do vigorous exercise（激しい運動をする）
名 **vigour**（活力，精力，元気，活気）：with vigour（元気よく）

0785 A **violate**
['vaɪə‚leɪt]

動 （法律などに）違反する，（約束などを）破る（≒ **d**isobey, **b**reach）
➤ violate the law [rules]（法律 [規則] に違反する）
名 **violation**（違反，妨害）

0786 A **virtually**
['vɜːtʃʊəlɪ]

副 ほぼ，ほとんど，事実上，仮想空間で（≒ **a**lmost, **n**early, **p**ractically）
➤ virtually all students（ほぼ全ての生徒），meet people virtually（仮想空間で人に会う） 形 a **virtual** classroom（仮想の教室）

0787 A **virtue**
['vɜːtjuː, -tʃuː]

名 美徳，長所（≒ **m**oral **g**oodness, **a**dvantage）
➤ a moral virtue（道徳的美徳），extol the virtues of my children（自分の子どもの長所を称賛する） 形 live a **virtuous** life（徳の高い [高潔な] 生活を送る）

0788 A **visible**
['vɪzɪbʰl]

形 目に見える，明らかな（≒ **p**erceptible, **n**oticeable）
➤ visible to the naked eye（肉眼で見える），visible light（可視光）
名 poor **visibility**（視界の悪さ）

0789 A **vital**
['vaɪtʰl]

形 重要な，生き生きした（≒ **e**ssential, **e**nergetic）
➤ vital for survival（生き抜くのに重要な），play a vital role（重要な役割を果たす），a vital girl（元気な少女）
名 **vitality**（生命力，活力，バイタリティー）

0790 A **vivid**
['vɪvɪd]

形 （記憶・描写・表現などが）鮮明な，生き生きとした，（色・光などが）鮮やかな，（想像力・感覚などが）豊かな（≒ **b**right, **c**lear）
➤ a vivid memory [image]（鮮明な記憶 [画像]）
副 **vividly**（鮮明に，はっきりと [ありありと]）

	Part 2 達成度		50%		100%

0791 A vocational [vəʊˈkeɪʃənʰl]
- 形 職業（上）の，職業訓練の（≒ occupational, job-training）
- ➤ vocational school [training]（職業〔訓練〕学校［職業訓練］）
- 名 vocation（適職，職業）

0792 A voluntary [ˈvɒləntəri, -tri]
- 形 （行為などが）自由意志による，（仕事など）無償の［ボランティアの］（≒ optional, unpaid）
- ➤ voluntary retirement（希望退職），voluntary work（ボランティア活動）
- 反 compulsory（義務的な，強制的な）　副 voluntarily（自発的に，無償で）

0793 A vulnerable [ˈvʌlnərəbˀl]
- 形 （精神的・肉体的に）傷つきやすい［もろい］，（病気などに）かかりやすい，（場所などが）攻撃を受けやすい，（考えなどが）非難されやすい（≒ easily hurt [wounded / damaged]）
- ➤ vulnerable people in society（社会の弱者），be vulnerable to disease（病気にかかりやすい）　名 vulnerability（もろさ，脆弱性）

0794 A weaken [ˈwiːkˀn]
- 動 （影響力・重要度・体力等を）弱める，弱まる（≒ diminish, sap）
- ➤ weaken the economy（経済を弱体化させる），weaken a close relationship（密接な関係を弱める）

0795 RL wholesale [ˈhəʊlˌseɪl]
- 形 卸売りの，大規模［全面的］な（≒ extensive, large-scale）
- ➤ a wholesale market（卸売市場），a wholesale price（卸売価格），wholesale reform（全面改革）

0796 A widespread [ˈwaɪdˌsprɛd]
- 動 （広い範囲に）広がった，広範囲にわたる（≒ extensive, general）
- ➤ widespread damage [support]（広範囲に及ぶ被害［幅広い支持］）

0797 A withdraw [wɪðˈdrɔː]
- 動 （預金を）引き出す，撤回する，引っ込める，退却［撤退］する（≒ take out, take back, pull back, pull out）
- ➤ withdraw the money [offer]（お金を引き出す［申し出を撤回する］）
- 名 withdrawal（脱退，撤退，〔預金の〕引き出し）；withdrawal from membership（脱会）

0798 A witness [ˈwɪtnɪs]
- 名 目撃者，証拠（≒ observer, evidence）
- 動 目撃する，証言する（≒ see, testify）
- ➤ a witness account（目撃者の証言），witness a murder（殺人を目撃する）

0799 A worthwhile [ˌwɜːθˈwaɪl]
- 形 （お金・時間・労力をかける）価値のある，やりがいのある（≒ valuable, worthy, rewarding）
- ➤ a worthwhile experience（貴重な経験），a worthwhile career（やりがいのある職業）

0800 A yield [jiːld]
- 動 （利益，作物，結果などを）生み出す［もたらす］，屈する（≒ produce, give in）
- ➤ yield positive results（よい結果をもたらす），yield to pressure（プレッシャーに負ける）
- 名 yield（収穫高，収益）；a high crop yield（高い作物収穫高）

必須語彙 200 語　最重要語レベル① 600 語　最重要語レベル② 600 語　重要語 600 語

IELTS 類語クイズにチャレンジ！④　重要度★★★★

> **Choose a group of synonyms of the underlined part from the list below.**

1. The bombing incident is attributed to the **radical** groups.
2. The **ratio** between males and females is 5 to 4.
3. You should provide only **relevant** information to the topic.
4. The book and the magazine cost $20 and $15 **respectively**.
5. We need to **resume** the rescue operations.
6. I had my driver's license **revoked** last month.
7. Don't be so **sensitive** to their criticism.
8. That country is suffering from a **sluggish** economy.
9. The problem **stems** from the financial difficulty.
10. He's **striving** to achieve his goal.
11. The government needs to **tackle** the inflation.
12. The bombing incident **triggered** a serious conflict in the area.
13. Rising healthcare costs will **undermine** the national economy.
14. Good education can help people break a **vicious** circle of poverty.
15. People with high blood pressure are **vulnerable** to diabetes.

【選択肢】

A. weaken, damage	B. related, pertinent
C. susceptible, weak	D. restart, return to
E. cancel, repeal	F. inactive, slow
G. revolutionary, extremist	H. derive, come
I. negative, malignant	J. cause, generate
K. address, deal with	L. make an effort, struggle
M. responsive, reactive	N. proportion, rate
O. each, individually	

【解答欄】

1.	2.	3.	4.	5.	6.	7.	8.

9.	10.	11.	12.	13.	14.	15.

1.	(G. revolutionary, extremist)	爆破事件は<u>過激派</u>グループによるものと思われる。
2.	(N. proportion, rate)	男女<u>比率</u>は 5 対 4 である。
3.	(B. related, pertinent)	トピックに<u>関連のある</u>情報のみを提示すべきである。
4.	(O. each, individually)	その本と雑誌は<u>それぞれ</u> 20 ドルと 15 ドルだ。
5.	(D. restart, return to)	我々は救助活動を<u>再開する</u>必要がある。
6.	(E. cancel, repeal)	私は先月，運転免許<u>取り消しになった</u>。
7.	(M. responsive, reactive)	彼らの批判にそれほど<u>敏感</u>にならないでください。
8.	(F. inactive, slow)	あの国は<u>低調</u>な経済に苦しんでいる。
9.	(H. derive, come)	その問題は財政難から<u>生じ</u>ている。
10.	(L. make an effort, struggle)	彼は目標を達成するために<u>努力をして</u>いる。
11.	(K. address, deal with)	政府はインフレに<u>立ち向かう</u>必要がある。
12.	(J. cause, generate)	爆破事件はその地域に深刻な紛争を<u>引き起こすき</u>っかけになった。
13.	(A. weaken, damage)	高騰する医療費が国家経済を<u>弱体化させる</u>だろう。
14.	(I. negative, malignant)	よい教育は，人々が貧困の<u>悪</u>循環を断ち切る助けになりうる。
15.	(C. susceptible, weak)	高血圧の人々は，糖尿病に<u>なりやすい</u>。

IELTS ライティング表現力 UP　マルティプル言い換え表現マスター！④

□ 表は〜の比率を示している	The table [graph / chart] shows [illustrates / describes / provides information on] the percentage [proportion / share / ratio] of ....
□ Aの比率はBの〜%である	*A* accounts for [makes up / covers / constitutes / comprises] 〜% of *B*.
□ 人口は3倍になった	The population increased three times [increased threefold / showed a threefold increase / tripled / increased by 200%].
□ 異なる年齢層の人たち	different age groups [categories / brackets]
□ 人口は〜で変わらずである	The population remains [stays] unchanged [the same / stable] at .... ／ The population levels off at ....
□ 人口は急増した	The population increased significantly [sharply / dramatically]. ／ The population showed a dramatic [significant / sharp] increase. ／ The population soared [surged / spiked]. ／ The world [1990s] saw a sharp increase in .... ➤ このように，具体的な年代も主語にもってこれる。
□ 売り上げは激減した	The sales dropped [plunged / plummeted]. / The sales showed a sharp [dramatic / sudden] decrease [decline].
□ 表は3つの国を〜の点で比較している	The table provides [shows / makes] a comparison between [among] the three countries in terms of ... ／ The table compares the three countries in terms of ...
□ 数は急増すると予測されている	The number is expected [predicted / estimated / set / forecast] to increase sharply.
□ 割合いは〜で最高値に達した	The rate peaked [reached a peak / reached the highest point] at ...
□ A（the area）はBに変わった	*A* (the area) was converted to [into] [was replaced by / gave way to] *B*.
□ （カナダへの）観光客[訪問客]の数	the number of tourists [visitors / travellers] (to Canada)
□ 電気の使用量	the amount of electricity use [consumption] / electricity consumption [use]
□ 売上高	the volume [size / level] of the sales

Part 3

最重要語レベル②600語:
6.5-7.0レベル

Unit 1

【0801】~【1000】

学習日	年　月　日	年　月　日	年　月　日

0801 A **abandon**
[əˈbændən]

動 （子・友人などを）（見）捨てる，断念する，（物や場所から）去る（≒ **desert, give up, leave**）
➤ abandon a child （子どもを捨てる），abandon work （仕事を断念する），Snow forced drivers to abandon their cars. （雪のため，ドライバーは車を乗り捨てざるを得なかった）　名 **abandonment** （放棄，遺棄，断念）

0802 A **abide**
[əˈbaɪd]

動 《abide by ... で》（規則・決定などに）従う，（約束などを）守る，我慢する，（場所に）とどまる（≒ **bear, observe**）
➤ abide by the rules [decision] （規則 [決定] に従う），I cannot abide people who jump the queue. （列に割り込む人には我慢できない）

0803 A **abundant**
[əˈbʌndənt]

形 豊富な（≒ **plentiful, ample**）
➤ an abundant harvest （豊作），abundant evidence （たくさんの証拠）
動 **abound** （豊富にある）　名 **abundance** （豊富さ）

0804 A **accredited**
[əˈkrɛdɪtɪd]

形 正式認可を受けた，公認の（≒ **officially recognised, authorised**）
➤ an accredited qualification （公認資格），an accredited school （認可を受けた学校）
動 **accredit** （認める，認証する）

0805 A **acumen**
[ˈækjʊˌmɛn, əˈkjuːmən]

名 洞察力，才覚（≒ **shrewdness, savvy**）
➤ business [political] acumen （ビジネスの [政治的] 才覚）

0806 A **adjacent**
[əˈdʒeɪsᵊnt]

形 隣接した，隣り合った（≒ **neighbouring, next to**）
➤ a building adjacent to the church [highway] （教会 [幹線道路] に隣接したビル）
関 **adjoining** （隣接 [接続] した）：the adjoining room （続き部屋）

0807 A **administer**
[ədˈmɪnɪstə]

動 管理する，執行する，施す（≒ **manage, provide**）
➤ administer a fund （資金を管理する），administer justice （裁判を執り行う），administer first aid （応急手当を施す）
名 **administration** （政権，行政，管理，執行，投薬）

0808 RLW **afflict**
[əˈflɪkt]

動 （問題や病気が）苦しめる，悩ませる（≒ **trouble, plague**）
➤ be afflicted with the disease [plague] （病気 [疫病] で苦しむ）
名 **affliction** （不幸，苦悩，災害）

0809 RLW **aftermath**
[ˈɑːftəˌmɑːθ, -ˌmæθ]

名 （戦争・災害などのあとの）状態，余波，直後の時期（≒ **repercussions, consequences**）
➤ the aftermath of the war [storm] （戦争 [嵐] の余波）

0810 A **aggravate**
[ˈægrəˌveɪt]

動 悪化させる，怒らせる（≒ **worsen, annoy**）
➤ aggravate the problem [pain] （問題 [痛み] を悪化させる），His questions aggravate me. （彼の質問が私をいらだたせる）
名 **aggravation** （悪化，深刻化，腹立たしさ）

0811	A	**agile** [ˈædʒaɪl]	形 機敏な，頭の回転の速い（≒ **sharp, nimble**） ➤ an agile dancer（機敏なダンサー），have an agile mind（頭の回転が速い） 名 **agility**（機敏〔さ〕，軽快〔さ〕，すばやさ）
0812	A	**ambivalent** [æmˈbɪvələnt]	形 相反する感情［考え］を持つ，（判断がつかなくて）はっきりしない（≒ **contradictory, conflicting, undecided**） ➤ be ambivalent about the issue [relationship]（その問題［関係］について態度を決めかねている） 名 **ambivalence**（両面性，ためらい）
0813	A	**anecdote** [ˈænɪkˌdəʊt]	名 逸話，エピソード（≒ **tale, episode**） ➤ an amusing anecdote from *my* childhood（子供時代の楽しいエピソード） 形 **anecdotal** evidence（個人の見解に基づく〔不確かな〕証拠，裏付けに乏しい証拠）
0814	A	**anonymous** [əˈnɒnɪməs]	形 匿名の（≒ **unidentified, unnamed**） ➤ an anonymous letter of complaint（匿名の苦情の手紙） 副 **anonymously**（匿名で）
0815	RLW	**antidote** [ˈæntɪˌdəʊt]	名 解毒剤，対抗手段（≒ **remedy, cure**） ➤ an antidote to the poison（その毒に対する解毒剤）， an antidote to stress（ストレスへの対処法）
0816	A	**apprehension** [ˌæprɪˈhɛnʃən]	名 不安，逮捕，理解（≒ **anxiety, arrest**） ➤ be full of apprehension（不安でいっぱいである）， apprehension of the killer（殺人犯の逮捕） 動 **apprehend** a murderer（殺人犯を逮捕する）
0817	LS	**apprentice** [əˈprɛntɪs]	名 見習い［実習生］（≒ **trainee, novice**）　動 見習いをする ➤ an apprentice chef [electrician]（見習いの料理人［電気技師］） 名 **apprenticeship**（見習い〔期間〕）
0818	A	**approach** [əˈprəʊtʃ]	動 話を持ちかける，接触する，近づく（≒ **speak to, come [go] closer to**）　名 手法，接近（≒ **strategy, method**） ➤ approach teachers for advice（教師にアドバイスを求める）， a different approach（異なるアプローチ） 形 an **approachable** personality（親しみやすい性格）
0819	RL	**ardent** [ˈɑːdᵊnt]	形 熱心な，熱烈な（≒ **enthusiastic, passionate**） ➤ ardent supporters [fans]（熱心な支持者［ファン］） 副 **ardently**（熱心に）
0820	RL	**aristocracy** [ˌærɪˈstɒkrəsɪ]	名 貴族階級（の人々），上流階級（の人々），一流の人々（≒ **nobility, the upper class**） ➤ a member of the aristocracy（貴族の一員），the landed aristocracy（土地所有貴族）　形 an **aristocratic** family（貴族家系）

学習日	年 月 日	年 月 日	年 月 日

0821 **A** **articulate**
[ɑːˈtɪkjʊlɪt]

動 はっきりと話す [発音する] (≒ **enunciate**) 形 明瞭な (≒ **lucid**)
➤ articulate a vision (見解をはっきり話す),
an articulate speech (明瞭なスピーチ)
名 **articulation** (明瞭な発音, 思考・感情の明瞭な表現, 関節)

0822 **A** **aspiring**
[əˈspaɪərɪŋ]

形 大志を抱いた, 向上心が高い (≒ **ambitious**, **striving**)
➤ an aspiring entrepreneur [artist] (大志を抱いた起業家 [芸術家])
名 **aspiration** (熱意) 動 **aspire** to freedom (自由を**熱望する**)

0823 **A** **assess**
[əˈsɛs]

動 評価する, 算定する (≒ **evaluate**, **estimate**)
➤ assess the impact [cost] (影響を評価する [総費用を算定する])
名 an environmental **assessment** (環境アセスメント)

0824 **A** **assimilate**
[əˈsɪmɪˌleɪt]

動 (知識やアイデアを) 吸収する, 同化する (≒ **absorb**, **integrate**)
➤ assimilate information (情報を吸収する),
assimilate into the community (地域に溶け込む)
名 **assimilation** (同化, 融合, 吸収)

0825 **A** **attire**
[əˈtaɪə]

名 (豪華な, 特別の) 服装, 正装 (≒ **formal clothes**)
➤ dressed in formal [wedding] attire (正装する [婚礼衣装を身に着ける])
動 **attire** (《be attired /~ oneself で》装う, 盛装する)：be attired in
an evening dress (イブニングドレスを身に着けている)

0826 **A** **auspicious**
[ɔːˈspɪʃəs]

形 幸先のよい, おめでたい (≒ **hopeful**, **fortunate**)
➤ get off to an auspicious start (幸先のよいスタートを切る),
an auspicious day for a wedding (結婚式に縁起のいい日),
an auspicious occasion (祝い事)
副 **auspiciously** (幸先 [縁起] よく)

0827 **A** **authoritative**
[ɔːˈθɒrɪtətɪv]

形 権威のある [信頼できる], 堂々とした, 高圧的な (≒ reliable, **commanding**)
➤ an authoritative book (権威のある [信頼できる] 本),
an authoritative tone (堂々たる口調)
形 an **authorised** user (認証されたユーザー)

0828 **RL** **autocratic**
[ˌɔːtəˈkrætɪk]

形 独裁的な, 横暴な (≒ **dictatorial**, **despotic**)
➤ an autocratic government [leader] (独裁政権 [独裁的なリーダー])
名 **autocracy** (独裁 [専制] 政治)

0829 **A** **avid**
[ˈævɪd]

形 熱狂的な, 《be ～で》渇望して (≒ **enthusiastic**, **keen**)
➤ an avid fan (熱狂的なファン), be avid for information (情報を
渇望している) 名 with **avidity** (貪欲に)

0830 **A** **backward**
[ˈbækwəd]

形 後方への, 発展の遅れた (≒ **reverse**, **underdeveloped**) 副 後方へ
➤ without a backward glance (振り向きもしないで),
a backward country (発展途上国)

0831	A	ballot [ˈbælət]	名 投票，投票用紙，投票総数（≒ **vote, poll**） ➤ a secret ballot（無記名投票），cast a ballot（投票する） 動 **ballot**（投票する）
0832	RL	banish [ˈbænɪʃ]	動 追放する，（心配・考えなどを）払いのける（≒ **exile, get rid of**） ➤ banish him from the country（彼を国から追放する）， banish worry [the idea]（心配［考え］を払いのける） 名 **banishment**（追放，放棄）
0833	LS	bargain [ˈbɑːɡɪn]	名 格安品，取引（≒ **a good buy, deal**）　動（値段などを）交渉する ➤ a real bargain（掘り出し物）， bargain for a car（車の値引き交渉をする） 名 wage **bargaining**（賃金交渉）
0834	A	barren [ˈbærən]	形 不毛の，（植物が）実を結ばない，非生産的な（≒ **sterile, unproductive**） ➤ a barren soil [effort]（不毛の土地［無益な努力］） 名 **barrenness**（不毛，無益，味気なさ）
0835	RL	bestow [bɪˈstəʊ]	動（栄誉などを）授ける，与える（≒ **give, grant**） ➤ bestow a prize [medal] on him（彼に賞［メダル］を授ける）
0836	A	bid [bɪd]	名 試み［努力］，入札，（役職・選挙などへの）立候補（≒ **attempt, effort**）　動 入札する，（～を得ようと［しようと］）努める ➤ make a bid for freedom（自由のために努力する），bid for the contract（契約に入札する），bid for popular support（国民の指 示を得ようと努める）
0837	A	bizarre [bɪˈzɑː]	形（行動・外見が）奇妙な，風変わりな（≒ **strange, weird**） ➤ bizarre behaviour（奇妙な行動），a bizarre outfit（奇妙な服） 副 **bizarrely**（奇妙〔なこと〕に，とっぴに）
0838	A	blaze [bleɪz]	名 火災，炎，きらめき（≒ **conflagration, flames**）　動 燃え立つ ➤ a forest blaze（森林火災），in a blaze of glory（栄光の輝きに包まれて） 動 eyes **blazing** with fury（怒りでギラギラした目）
0839	RLW	bleak [bliːk]	形（未来・見通しなどが）暗い［希望のない］，荒涼とした，寒々と した，（人・表情が）冷たい（≒ **unpromising, desolate**） ➤ a bleak future of the economy（経済の暗い見通し），a bleak landscape （わびしい風景）　名 the **bleakness** of winter（冬の寒々とした様子）
0840	A	bleed [bliːd]	動 出血する（≒ **lose blood**），《bleed *A* dry で》（A から）有 り金を全部搾り取る　名 出血 ➤ bleed to death（出血多量で死ぬ），bleed the country dry（そ の国からお金を巻き上げる）　名 a **blood** vessel（血管）

学習日	年 月 日	年 月 日	年 月 日

0841 **RL** **blink**
[blɪŋk]

動 まばたきをする，(光が) 明滅する (≒ **w**ink, **t**winkle)

名 まばたき，ためらい，きらめき

➤ blink in the bright sunlight (明るい陽射しにまばたきをする)，without a blink (ためらうことなく)，in [with] the blink of an eye (一瞬のうちに)，on the blink ([機械が] 壊れている，調子が悪い)

0842 **RL** **bliss**
[blɪs]

名 無常の喜び，至福 (≒ **j**oy, **h**appiness)

➤ Ignorance is bliss. (知らぬが仏)，wedded bliss (幸せな結婚生活)

形 a **blissful** smile (この上なく幸福な笑顔)

0843 **A** **blueprint**
[ˈbluːˌprɪnt]

名 青写真，計画 (≒ **p**lan, **s**cheme)

➤ a blueprint for the future [success] (将来 [成功] への青写真)

0844 **A** **blunder**
[ˈblʌndə]

名 大失敗，へま (≒ **m**istake, **e**rror)

➤ a political blunder (政治的失態)，an irreparable blunder (取り返しのつかない大失敗)

動 a **blunder** in handling of the affair (事態の対処を**やり損なう**)

0845 **A** **blur**
[blɜː]

動 ぼんやりさせる [ぼやける]，曖昧にする [なる] (≒ **o**bscure, **m**ake **v**ague)

名 《in a blur で》かすんで，目にも留まらぬ速さで

➤ This photo is blurred. (この写真はピンぼけだ)，blur the distinction (違いを曖昧にする)，go by in a blur ([時などが] あっと言う間に過ぎる)

形 a **blurry** photo (ぼやけた [**不鮮明な**] 写真)

0846 **RL** **boon**
[buːn]

名 有益な [役に立つ] もの，恩恵，利益 (≒ **h**elp, **b**lessing, **b**enefit)

➤ a real [great] boon (とても役立つもの)，a boon for the consumer [company] (消費者 [企業] 側の利益)

0847 **A** **boundary**
[ˈbaʊndərɪ, -drɪ]

名 境界 (線)，《通例 -ries で》限界 (≒ **b**order, **l**imitation)

➤ a national boundary (国境)，draw a boundary (境界線を引く)，the boundaries of journalism (ジャーナリズムの限界)

0848 **A** **bracket**
[ˈbrækɪt]

名 階層，グループ，丸かっこ《英》(≒ **g**roup, **c**ategory)

動 ひとくくり [まとまり] にする，同一視する (≒ **g**roup)

➤ the low-income bracket (低額所得 [者] 層)，by age bracket (年齢層別に見ると)

0849 **A** **breakdown**
[ˈbreɪkˌdaʊn]

名 故障 [崩壊，断絶]，分解，内訳 (≒ **f**ailure, **c**ollapse, **r**esolution, **the d**etails)

➤ a breakdown of law and order (法と秩序の崩壊)，the breakdown of glucose (ブドウ糖の分解)，a breakdown of the total expenditure (総支出額の内訳)

0850 **A** **brutal**
[ˈbruːt°l]

形 残酷 [悲惨] な，過酷な (≒ **c**ruel, **s**avage, **s**evere)

➤ a brutal reality (悲惨な現実)，brutal weather (厳しい天候)

副 **brutally** (残忍に)　**名** **brutality** (残虐性)

Part 3
達成度 10% 50% 100%

0851	A	bulk [bʌlk]	名《the ~ (of A) で》(A の) 大部分，大量，かさ (≒ majority, volume)
			➤ the bulk of the population (人口 [住民] の大部分)，a bulk order (大量注文)，in bulk (〔注文を〕まとめて [大量に]，ばらで [包装しないで])
			形 bulky clothes (かさばる服)

0852	A	bunch [bʌntʃ]	名 (同種で多く集まった) 束，房，たくさん (≒ cluster, mass)
			➤ a bunch of flowers [grapes, people] (花束 [一房のブドウ，大勢の人々])

0853	A	calamity [kəˈlæmɪti]	名 災害，災難 (≒ disaster, catastrophe)
			➤ natural [environmental] calamities (自然 [環境] 災害)，prevent [overcome] a calamity (災難を防ぐ [克服する])
			形 calamitous (悲惨な，破滅的な)

0854	RL	capsize [kæpˈsaɪz]	動 転覆する [させる] (≒ overturn, turn over)
			➤ The boat capsized and sank. (ボートは転覆し沈んだ)，A huge wave capsized a ship. (大波が船を転覆させた)

0855	RLW	cardinal [ˈkɑːdɪnəl]	形 (原則などが) 基本的な，非常に重要な (≒ basic, fundamental) 名 カトリックの枢機卿 (すうきけい)，基数
			➤ a cardinal rule [principle] (鉄則 [基本原則])，cardinal numbers (基数)

0856	A	cease [siːs]	動 (~を) やめる，中止 [停止] する，終わる (≒ stop, halt)
			➤ cease to function (機能がまひ [停止] する)，cease the production (生産を中止する)
			形 a ceaseless struggle (終わりなき戦い)

0857	A	celebrity [sɪˈlɛbrɪti]	名 著名人，名声 (≒ big name, fame)
			➤ a celebrity athlete (有名選手)，a celebrity endorsement (有名人のお墨付き)
			形 a celebrated painter (著名な画家)

0858	A	censure [ˈsɛnʃə]	動 (激しく) 非難する (≒ condemn, criticise) 名 (激しい) 非難，批判
			➤ censure the government (政府を激しく非難する)，public censure (世論の批判)

0859	A	channel [ˈtʃænəl]	動 (精力・関心などを~に) 向ける，(水などを) 送る (≒ direct, focus, send) 名 海峡，ルート
			➤ channel his energy into sports (スポーツにエネルギーを注ぐ)，water channel (水路)

0860	A	cherish [ˈtʃɛrɪʃ]	動 大切にする，(長い間，よい感情を) 心に抱く (≒ treasure, foster)
			➤ cherish our friendship (友情を大切にする)，cherish a hope (希望を胸に抱く)

必須語彙 200 語　最重要語レベル① 600 語　最重要語レベル② 600 語　重要語 600 語

学習日	年　月　日	年　月　日	年　月　日

0861 **A** **cite**
[saɪt]

動 (例などを) 挙げる [引き合いに出す]，引用する，《通例，受け身で》召喚する (≒ **quote**, **summon**)

➤ for the reasons cite above (上に挙げた理由により)，cite a favourite poem (お気に入りの詩を引用する)，be cited for a traffic violation (交通違反で出頭を命じられる) **名** **citation** (引用，表彰，〔裁判所への〕召喚状)

0862 **RL** **clamour** 《英》／
clamor 《米》
[ˈklæmə]

動 (声高に) 要求する，大声で叫ぶ (≒ **demand**, **yell**)
名 騒ぎ，要求 [抗議] の声

➤ clamour for help [higher wages] (助け [賃上げ] を強く要求する) **形** **clamorous** (騒々しい)

0863 **A** **classic**
[ˈklæsɪk]

形 傑作の，典型的な (≒ **excellent**, **typical**) **名** 古典，名作

➤ a classic film (名作映画)，a classic example of an error (誤りの典型例) **形** **classical** (古典 〔派〕 の)；classical music (クラシック音楽)

0864 **A** **cliché**
[ˈkliːʃeɪ]

名 (使い古された) 決まり文句 (≒ **commonplace**, **a trite phrase**)

➤ an old cliché (昔からある決まり文句)，
a tired cliché (古くさい常套句)

0865 **LS** **clutter**
[ˈklʌtə]

動 (場所などを) 散らかす，雑然とさせる (≒ **mess up**)
名 乱雑 (に散らかった物)，散らかった山 (≒ **chaos**, **disorder**, **mess**)

➤ clutter my desk (机を散らかす)，
reduce clutter (ゴチャゴチャ [散らかった山] を減らす)

0866 **RL** **coalition**
[ˌkəʊəˈlɪʃən]

名 連立，連合 (≒ **temporary alliance**, **partnership**)

➤ a coalition government (連立政権)，
coalition forces (多国籍軍)

0867 **A** **coarse**
[kɔːs]

形 (表面が) 粗い，下品な (≒ **rough**, **rude**)

➤ coarse sand [hands, linen] (粗砂 [ザラザラした手，粗目の麻])，
coarse language (下品な言葉) **副** **coarsely** (粗く，粗野に)

0868 **A** **code**
[kəʊd]

名 暗号，規則 (≒ **secret message**, **set of rules**)

➤ a code name (コードネーム，暗号名)，
a dress code (服装規定)

0869 **A** **cognitive**
[ˈkɒɡnɪtɪv]

形 認知 [認識] の [に関する] (≒ **related to the process of knowing and understanding**)

➤ cognitive functions (認識機能)，
cognitive development in children (子どもの認識力の発達)

0870 **A** **collaborative**
[kəˈlæbəˌreɪtɪv]

形 共同の，合作の，協力的な (≒ **cooperative**, **joint**)

➤ collaborative research (共同研究)，
make collaborative efforts (共同して取り組む) **名** **collaboration** (〔制作・研究などの〕 協力，共同研究 [制作])

0871	A	**combat** [ˈkɒmbæt, -bət, ˈkʌm-]	名 戦闘（≒ battle, fighting）動 戦う，（病気・犯罪などを）防止する（≒ fight） ➤ combat missions（戦闘任務），combat crime（犯罪を防止する） 形 in a **combative** mode（闘志満々の雰囲気で）
0872	A	**communal** [ˈkɒmjʊnºl]	形 共同（使用）の，共有の，公共の（≒ shared, public） ➤ a communal kitchen（共同キッチン），communal facilities（公共施設）動 名 **commune**（心を交わす；共同体）
0873	A	**comparable** [ˈkɒmpərəbºl]	形 比較できる，匹敵する（≒ equivalent, corresponding） ➤ comparable houses（比較物件）， comparable results（匹敵するほどの結果） 名 **comparison** data（比較データ）
0874	A	**compassion** [kəmˈpæʃən]	名 思いやり，慈悲（≒ sympathy, mercy） ➤ have [show] compassion for the poor（貧しい人たちに思いやりの気持ちを持つ［示す］） 形 **compassionate**（思いやりのある，包容力がある）
0875	A	**compile** [kəmˈpaɪl]	動 （辞書・リストなどを）編集する（≒ collect, assemble） ➤ compile a list（リストを作成する），compile information（情報をまとめる）名 a **compilation** of data（資料をまとめたもの）
0876	A	**complacent** [kəmˈpleɪsənt]	形 自己満足した，ひとりよがりの，のんきな（≒ self-satisfied, smug） ➤ be complacent about the future [security]（将来［安全］についてのんきに構える）名 **complacency**（自己満足，ひとりよがり）
0877	A	**complement** [ˈkɒmplɪˌment] 動 [ˈkɒmplɪmənt] 名	動 名 補完［補足］（する〔もの〕）（≒ supplement, add to） ➤ The team needs players who complement each other.（チームはお互い補い合う選手が必要だ） 形 **complementary**（補充［補足］する） 【参考】 **complimentary**（無料の）《綴り注意》
0878	A	**complex** [ˈkɒmpleks]	名 複合施設，コンプレックス（≒ a group of buildings, obsession） ➤ an industrial complex（コンビナート），an apartment complex（2棟以上の共同住宅）形 **complex**（複雑な，複合〔体〕の）
0879	A	**compound** [ˈkɒmpaʊnd] 形 名 [kəmˈpaʊnd] 動	形 合成の，複合の，名 混合物，構内（≒ mixture, composite） ➤ a compound fracture（複雑骨折），a chemical compound（化合物） 動 **compound**（混合する［させる］）
0880	A	**comprehensive** [ˌkɒmprɪˈhensɪv]	形 包括的な，総合的な（≒ overall, extensive） ➤ a comprehensive study [curriculum]（包括的研究［総合的なカリキュラム］） 動 **comprehend**（理解する，〔~を〕含む，包括する） 形 **comprehensible**（理解しやすい，わかりやすい）

| 学習日 | 年 月 日 | 年 月 日 | 年 月 日 |

0881 A **comprise**
[kəmˈpraɪz]

動 ～から成る [で構成される], 占める (≒ consist of, account for)
➤ The U.S. comprises 50 states.（米国は 50 州から成る），
Women comprise a high proportion of part-time workers.
（パート労働者の中で女性は高い割合を占める）

0882 A **conceal**
[kənˈsiːl]

動 隠す, 秘密にする (≒ hide, keep secret)
➤ conceal the evidence [truth]（証拠 [真実] を隠す），
conceal my feelings from others（自分の感情を他人に隠す）
名 the concealment of crime（犯罪の隠蔽）

0883 A **conceive**
[kənˈsiːv]

動 想像する, (考え・計画などを) 思いつく, 妊娠する (≒ imagine, come up with, become pregnant)
➤ I cannot conceive that she would lie to me.（彼女が私に嘘をつくとは想像できない），
conceive a plan（計画を思いつく [考え出す]），conceive a child（子を授かる）
形 in every conceivable way（考えられるありとあらゆる方法で）

0884 A **conditional**
[kənˈdɪʃənl]

形 条件付きの (≒ provisional, limited)
➤ a conditional offer（[大学・大学院などの] 条件付き合格），conditional approval（条件付き承認）副 conditionally（条件付きで）

0885 RL **confiscate**
[ˈkɒnfɪˌskeɪt]

動 没収する, 差し押さえる (≒ impound, seize)
➤ confiscate his passport [the property]（パスポート [財産] を没収する）
名 the confiscation of a driving licence（運転免許証の没収）

0886 A **confound**
[kənˈfaʊnd]

動 (予想外の事態・態度などが人を) 困惑 [当惑] させる, (期待などを) 裏切る (≒ confuse, baffle, betray)
➤ be confounded by the bad news（ひどいニュースに戸惑う [まごつく]），confound expectations（期待を裏切る）

0887 A **conscience**
[ˈkɒnʃəns]

名 善悪の判断力, 良心 (≒ a moral sense, morals)
➤ have a guilty [clear] conscience（罪悪感 [潔白な心] を持つ）
形 a conscientious student（真面目な [誠実な] 生徒）

0888 A **consecutive**
[kənˈsekjʊtɪv]

形 連続した (≒ successive, continuous)
➤ consecutive numbers（連番 [連続番号]），for three consecutive years（3 年連続で）副 consecutively（連続して）

0889 A **consistent**
[kənˈsɪstənt]

形 一貫性のある, 着実な, (～と) 一致する [矛盾しない] (≒ compatible, steady, harmonious)
➤ consistent evidence [growth]（一貫性のある証拠 [着実な成長]），
be consistent with consumers' needs（消費者のニーズと一致している）
副 consistently outstanding（常に最高の）

0890 A **conspicuous**
[kənˈspɪkjʊəs]

形 目立つ [人目をひく], 際立った [顕著な] (≒ noticeable, marked)
➤ a conspicuous place（目立つ場所），conspicuous bravery（際立った勇ましさ）
副 conspicuously（目立って, 著しく）

0891	A	conspiracy [kənˈspɪrəsi]	名 陰謀，共謀（≒ intrigue, collusion）
			➤ conspiracy to murder（殺人しようという陰謀），a conspiracy against the government（政府に対する陰謀）
			動 conspire（陰謀をたくらむ，共謀する）

0892	A	constrain [kənˈstreɪn]	動 強いる，（著しく範囲・程度・行動を）制約する（≒ limit, restrict）
			➤ be constrained by time [a budget]（時間［予算］に制約される）
			名 a time constraint（時間の制約）

0893	A	contemplate [ˈkɒntɛmˌpleɪt, -təm-]	動 熟慮する，じっくり考える（≒ consider, ponder）
			➤ contemplate the future [problem]（将来［問題］について真剣に考える）
			名 contemplation（熟慮，黙想）

0894	A	contend [kənˈtɛnd]	動 争う［競う］，主張する（≒ compete, assert）
			➤ contend for the title（タイトルをかけて競い合う），contend that he is innocent（彼が無実だと主張する）
			句動 contend with（〔困難などに〕対処する）；contend with a violent crime（凶悪犯罪に対処する）

0895	A	contentious [kənˈtɛnʃəs]	形 議論を引き起こす，異論のある（≒ controversial, debatable）
			➤ a contentious issue [topic]（論争を起こす問題［話題］）
			名 contention（〔論争の〕主張［論点］，争い［論争］）

0896	A	contradictory [ˌkɒntrəˈdɪktəri]	形 矛盾する（≒ inconsistent, conflicting）
			➤ contradictory statements [evidence]（矛盾した発言［相反する証拠］）
			動 contradict（～と矛盾する） 名 contradiction（矛盾）

0897	RLW	contrive [kənˈtraɪv]	動 考案［工夫］する，たくらむ（≒ devise, plot）
			➤ contrive a new system（新しいシステムを考案する），contrive a plot（話の筋を考え出す，陰謀を企てる）
			名 contrivance（考案，仕掛け，計略）

0898	A	coordination ／ co-ordination [kəʊˌɔːdɪˈneɪʃən]	名 調整，協調（≒ cooperation, collaboration）
			➤ the coordination between departments（部門間の協力），policy coordinations（政策協調）
			動 名 coordinate（調整〔する〕）

0899	A	cordial [ˈkɔːdɪəl]	形 心のこもった，誠心誠意の（≒ friendly, pleasant）
			➤ a cordial relationship [welcome]（友好関係［心からの歓迎］）
			副 cordially（心から，真心込めて）

0900	A	counterfeit [ˈkaʊntəfɪt]	形 （商品などが）偽造の（≒ fake, forged） 名 偽造品（≒ fake, forgery）
			動 偽造する（≒ forge）
			➤ a counterfeit banknote [bag]（偽札［偽造バッグ］），counterfeit a passport（パスポートを偽造する）

CHECK ▷ IELTS SW 対策　必須コロケーションをマスター！

☐	～に影響を与える	have an effect [influence] on ...	➤ 動詞は give ではない。
☐	～に損害を与える	cause [do] damage to ...	➤ 動詞は give ではない。「～に印象を与える」は，make an impression on ～。
☐	多くの人口	a large population	➤ many ではなく large。同様に，「大勢の聴衆」も a large audience で many ではない。
☐	状況を改善する	improve [correct, reform, remedy] the situation	
☐	問題を解決する	solve [work out, settle, resolve] a problem	
☐	子供を育てる	raise [bring up] children	➤ 「花」の場合は grow。
☐	高［低］所得	a high [low] income	
☐	事故に遭う	have [get involved in, meet] an accident	
☐	交通量が多い	a lot of [heavy] traffic	➤ many ではなく a lot of, heavy。
☐	ルールを守る	keep [follow, observe, abide by, stick to] the law	
☐	ストレスを解消する	reduce [release, relieve, ease] one's stress	
☐	重い病気	a serious illness	➤ heavy ではなく serious。「重傷」も a serious injury で heavy ではない。
☐	目標を達成する	achieve [fulfil, realise] one's goal	
☐	責任を果たす	carry out [live up to, meet, fulfil] one's responsibility / meet [carry out, live up to, fulfil] one's obligation	
☐	100 万ドルになる	reach [add up to, amount to, come to] $1 million	
☐	～について調査をする	conduct [do, perform, carry out] research on ...	➤ make 「～をする」を用いた表現は，make a decision [an effort, a choice, progress]（決心［努力／選択／進歩］する）などがある。
☐	人を説得して～をやめさせる	discourage ＋人＋ from ...ing	➤ encourage 人 to V と混同しないように。
☐	環境を守る	protect the environment	➤ 「治安を守る」は protect public safety。
☐	国民の意識を高める	promote [raise / enhance] public awareness	➤ promote（推進する）は health, industry, understanding, exchange などと結びつく。
☐	関係に影響を与える	affect the relationship	➤ effect ではなく affect。

次の語は，スペルを間違いやすい語で，1 語を 2 語で書いてしまったり，名詞形に代わるとスペリング要注意のものです。

1.	enviroment	→	**environment**（環境）
2.	goverment	→	**government**（政府）
3.	profesor	→	**professor**（教授）
4.	succesful	→	**successful**（成功している）
5.	reserch	→	**research**（研究，リサーチ）
6.	necesary	→	**necessary**（必要な）
7.	adress	→	**address**（〜〔課題など〕に取り組む）
8.	recomend	→	**recommend**（〜をすすめる）
9.	occured	→	**occurred**（occur「起こる」の過去，過去分詞）
10.	busines	→	**business**（仕事，ビジネス）
11.	analisis / analise / analize	→	**analysis / analyse**《英》**/ analyze**《米》（分析〔する〕）
12.	cricis	→	**crisis**（危険）
13.	psichology	→	**psychology**（心理学）
14.	acomodation	→	**accommodation**（住居，宿泊施設）
15.	forein	→	**foreign**（外国の）
16.	restrant	→	**restaurant**（レストラン）
17.	wild life	→	**wildlife**（野生動物）
20.	work place	→	**workplace**（職場）
21.	life style	→	**lifestyle**（生活様式）
22.	work force	→	**workforce**（労働力）
23.	**whether**（〜かどうか）と **weather**（天気）
24.	**beside 前**（〜の隣に）と **besides 副**（さらに）
25.	**through**（〜と通って）と **though**（〜だけれども）と **thorough**（徹底的な）
26.	pronounce（〜を発音する）	→	**pronunciation**（発音）
27.	maintain（〜を維持する）	→	**maintenance**（維持）

学習日	年　月　日	年　月　日	年　月　日

0901 A **courteous**
[ˈkɜːtɪəs]

形 礼儀正しい，丁寧な（≒ **polite, respectful**）
➤ a courteous staff [service]（礼儀正しいスタッフ［サービス］）
名 a courtesy call（表敬訪問）

0902 A **craft**
[krɑːft]

名 手工芸（品），技能，船（≒ **art, skill, ship**）動 （職人が手で）作る
➤ a traditional craft（伝統工芸品），learn the craft of writing（ライティングの技術を身につける）
名 craftsmanship（〔熟練した〕職人の技）

0903 A **craving**
[ˈkreɪvɪŋ]

名 切望，渇望（≒ **longing, hunger**）
➤ a craving for sweets [alcohol]（甘い物［アルコール］への渇望）
動 crave attention（人から注目されたがる，〔子どもが〕構ってもらいたがる）

0904 A **creep**
[kriːp]

動 《creep (up) to で》（数・量・割合などが）〜にまで徐々に達する，《creep into で》徐々に浸透する；忍び足で歩く，（虫などが）はう（≒ **increase gradually**）
➤ crept up to 6.8%（6.8%まで徐々に上がった），creep into our lives（我々の生活に入り込む）

0905 RLS **crooked**
[ˈkrʊkɪd]

形 曲がっている，不正な（≒ **curved, dishonest**）
➤ a crooked nose（曲がった鼻），a crooked deal（不正取引）
反 straight（真っ直ぐな，正当な）

0906 A **curb**
[kɜːb]

動 （増加・暴力・権限などを）抑制［制限］する，（感情・行動などを）抑える（≒ **control, check**）
➤ curb CO_2 [carbon dioxide] emissions（二酸化炭素排出量を抑制する），curb *his* temper（怒りを抑える）
名 curb（抑制，歩道の縁石《米》［kerb《英》]）

0907 A **custody**
[ˈkʌstədɪ]

名 保護［親権］，拘留［拘置］（≒ **care, guardianship, imprisonment**）
➤ child [joint] custody（子どもの親権［共同親権］），
be taken into police custody（警察に拘留される）
形 custodial（管理の，保護の）

0908 A **cutting-edge**
[ˌkʌtɪŋ ˈedʒ]

形 最先端の（≒ **advanced, leading-edge**）
➤ cutting-edge technology [science]（最先端の技術［科学］）
名 a cutting edge（最先端，刃先）

0909 A **cynical**
[ˈsɪnɪkl]

形 皮肉な，ひねくれた，冷笑的な（≒ **sceptical, sarcastic**）
➤ a cynical view of life（ひねくれた人生観），a cynical comment（皮肉なコメント）　副 cynically（皮肉なことに）

0910 A **dampen**
[ˈdæmpən]

動 湿らせる，（熱意・気持ち等を）くじく，そぐ（≒ **moisten, weaken**）
➤ dampen a washcloth（ハンドタオルを湿らせる），
dampen *my* enthusiasm [spirits]（熱意［気力］をくじく）
名 damper（水を差す言動［もの，人]）；put a damper on ...（〜に水を差す）

Part 3
達成度 �_____20%_____50%_____100%

0911 A deceased [dɪˈsiːst]
形 亡くなった（≒ **dead, departed**）　名《the ～》故人
➤ my deceased grandmother（亡き祖母），
the will of the deceased（故人の遺志），
名 動 decease（死亡［死去］（する））

0912 A deception [dɪˈsɛpʃən]
名 ごまかし，詐欺（行為）（≒ **deceit, fraud**）
➤ obtain money by deception（お金をだまし取る），
lies and deception（嘘とごまかし）
形 deceptive（人をだますような，見かけとは違う）　動 deceive（だます，欺く）

0913 A decisive [dɪˈsaɪsɪv]
形 決定的な，決断力のある（≒ **resolute, firm**）
➤ a decisive victory [leader]（決定的な勝利［決断力のあるリーダー]）
反 indecisive（優柔不断な）　動 decide（決める）

0914 RL deem [diːm]
動 ～だと考える，思う（≒ **consider, believe**）
➤ English is deemed essential.（英語は不可欠だと見なされている），
Organisers deem the meeting a success.（主催者は会議が成功したと見なしている）

0915 A deficiency [dɪˈfɪʃənsɪ]
名 欠乏［不足］，欠陥［不完全］（≒ **insufficiency, lack**）
➤ the immune deficiency（免疫不全症），vitamin deficiency（ビタミン不足）
形 a defective product（欠陥商品）

0916 A dehydration [ˌdiːhaɪˈdreɪʃən]
名 脱水（症状），乾燥（≒ **desiccation**）
➤ alcoholic dehydration（アルコールによる脱水症状），
suffer from dehydration（脱水症状で苦しむ）
動 dehydrate（脱水させる［する］，乾燥させる［する]）

0917 A delegate [ˈdɛlɪˌɡeɪt] 動 [ˈdɛlɪˌɡeɪt, -ɡɪt] 名
動 代表に立てる，委任する（≒ **assign, entrust**）　名 代表者（≒ **representative**）
➤ delegate authority（権限を委任する），
the Japanese delegate（〔会議などへの〕日本代表）
名 delegation（代表団，委任）

0918 RL demise [dɪˈmaɪz]
名 消滅［終焉］，死去（≒ **end, death**）
➤ the demise of the dinosaurs（恐竜の絶滅），
his sad demise（悲しい死）

0919 A demolish [dɪˈmɒlɪʃ]
動 （建物を完全に）取り壊す，（議論・理論などを）論破［粉砕］する（≒ **pull [take] down, destroy**）
➤ demolish an old building（古い建物を取り壊す），demolish his argument（彼の主張を論破する）　名 demolition（解体，破壊，打破，〔スポーツなどの〕圧勝）

0920 A dent [dɛnt]
名 へこみ，《make [put] a dent in ... で》（金額・問題などを）減らす（≒ **mark, reduction**）　動 へこませる，へこむ，傷つける
➤ make a dent in the deficit（借金を減らす），
The side of the car was dented.（車の側面がへこんだ）

学習日	年 月 日	年 月 日	年 月 日

0921 A **deplore**
[dɪˈplɔː]

動 厳しく非難する，遺憾［残念］に思う，（死などを）嘆き悲しむ（≒ **condemn, abhor, lament**）
➤ deplore the killing（殺害を厳しく非難する），deplore the violence（暴力に断固反対する） 形 **deplorable** conditions（悲惨な［きわめてひどい］状態）

0922 RL **derogatory**
[dɪˈrɒɡətərɪ]

形 軽蔑的な，（名誉を）傷つけるような（≒ **insulting, pejorative**）
➤ a derogatory term [insult]（軽蔑的な言葉，蔑称［名誉を傷つけるような侮辱］）

0923 A **desolate**
[ˈdesəlɪt]

形 荒れ果てた，孤独な（≒ **barren, lonely**）
➤ a desolate landscape（荒れ果てた風景），be utterly desolate after losing her baby（赤ん坊を亡くし孤独に打ちひしがれている）

0924 A **destiny**
[ˈdestɪnɪ]

名 運命，宿命（≒ **fate, fortune**）
➤ control [believe in] my destiny（運命をコントロールする［信じる］）
形 **destined**（運命づけられた，〔乗り物，貨物などが〕～行きの）

0925 A **destitute**
[ˈdestɪˌtjuːt]

形 極貧の，《destitute of ... で》～が全くない［欠乏した］（≒ **impoverished, lacking**）
➤ destitute children on the street（路上の極貧の子どもたち），be destitute of help（助けが全く得られない） 名 **destitution**（極貧，欠乏）

0926 A **detached**
[dɪˈtætʃt]

形 （家が）一戸建ての，分離した，（意見・態度などが）一歩距離をおいた（≒ **stand-alone, separate, dispassionate**）
➤ a detached house [observer]（一戸建ての家［冷静な立会人］）
名 **detachment**（分離，公平） 動 **detach**（引き離す，取りはずす，分離する）

0927 A **deteriorate**
[dɪˈtɪərɪəˌreɪt]

動 悪化する［させる］，（質・水準・重要性などが）低下する［させる］，（健康が）衰える（≒ **worsen, decline**）
➤ deteriorate a good relationship（良好な関係を損なう［悪化させる］）
名 **deterioration**（悪化，低下）

0928 A **deterrent**
[dɪˈterənt]

名 抑止［阻止］するもの，抑止力（≒ **discouragement, restraint**）
➤ serve as a deterrent to potential crime（起こりうる犯罪に対して抑止力となる），a nuclear deterrent（核抑止力），
動 **deter** people from stealing（人々が盗むのを阻止する）

0929 A **detour**
[ˈdiːtʊə]

名 遠回り，回り道（≒ **a roundabout way, an indirect course**） 動 迂回する
➤ take a detour to avoid traffic congestion（交通渋滞を避けるために回り道する），a detour sign（迂回表示）

0930 A **detrimental**
[ˌdetrɪˈmentəl]

形 有害な，不利益な（≒ **damaging, harmful**）
➤ detrimental to health（健康に有害な），have a detrimental effect on the environment（環境への悪影響をもたらす）
名 **detriment**（《to the detriment of ... で》～に害が及ぶまでに，～を損ねて）；to the detriment of his health（健康に害が及ぶほど）

0931	RL	deviate [ˈdiːvɪˌeɪt]	動 逸脱する［させる］（≒ diverge, branch off） ➤ deviate from the rules [the plan]（規則［計画］から逸脱する） 名 deviation（ずれ，逸脱）
0932	A	diagnosis [ˌdaɪəɡˈnəʊsɪs]	名 診断（結果），（問題の原因の）分析（≒ identification of an illness, discovery） ➤ a cancer [disease] diagnosis（がん［病気］の診断） 形 diagnostic（診断上の）　動 diagnose（診断する）
0933	A	dilute [daɪˈluːt]	動 （液体を）薄める，（性質・影響力などを）弱める（≒ weaken, reduce） ➤ dilute alcohol（酒を薄める），dilute the power（権力を弱める） 名 dilution（薄めること，弱体化）
0934	A	diminish [dɪˈmɪnɪʃ]	動 （規模・重要性が）減少する［させる］（≒ decrease, reduce） ➤ The threat of war has diminished.（戦争の脅威は減少してきた），diminish the resources（資源を減少させる） 形 diminished（減少した）
0935	RL	dinosaur [ˈdaɪnəˌsɔː]	名 恐竜，（大きくて）役に立たない時代遅れのもの［人］，無用の長物（≒ anachronism, ancient history） ➤ fossils [the extinction] of dinosaurs（恐竜の化石［絶滅］），He is a dinosaur.（彼は時代に取り残されている）
0936	A	dire [daɪə]	形 （状況・結果などが）悲惨な，（必要・危険などが）差し迫った，（貧困などが）極度の（≒ terrible, extreme） ➤ dire consequences [poverty]（ひどい結果［極度の貧困］），in dire need of food（緊急に［今すぐ］食糧を必要として）
0937	A	disabled [dɪˈseɪbʰld]	形 （身体・精神に）障害のある（≒ handicapped, impaired） ➤ a severely disabled patient（重度の障害を持った患者），a learning disabled child（学習障害の子ども） 名 disability（身体障害）
0938	A	disadvantaged [ˌdɪsədˈvɑːntɪdʒd]	形 恵まれない，《the ～》《名詞的に，集合的に》恵まれない人々（≒ deprived, underprivileged） ➤ disadvantaged children [areas]（恵まれない子どもたち［地域］） 名動 disadvantage（不利益〔を与える〕）
0939	A	discard [dɪsˈkɑːd] 動 [ˈdɪskɑːd] 名	動 捨てる，放棄する（≒ throw away, dispose of） 名 捨てられたもの［人］，放棄［処分］，《トランプ》捨て札 ➤ discard my prejudice [old shoes]（偏見［古い靴］を捨てる）
0940	A	discern [dɪˈsɜːn]	動 見分ける［見極める］，識別する（≒ distinguish, detect） ➤ discern the early signs of the disease（病気の初期症状を判別する） 形 a discerning customer（優れた判断力を持つ［目の肥えた］客）

学習日	年　月　日	年　月　日	年　月　日

0941 A **discord**
[ˈdɪskɔːd]

名 （意見などの）不一致，不和（≒ **d**isagreement, **d**isharmony）
➤ marital discord（夫婦間の不和），cause domestic discord（家庭不和を引き起こす）
形 **discordant** views [sound]（対立した意見［耳障りな音］）

0942 A **discretion**
[dɪˈskrɛʃən]

名 （自由）裁量，思慮分別（≒ **g**ood judgement, **p**rudence）
➤ use *your* discretion（自分で判断する），leave *it* to your discretion（あなたの判断［裁量］に任せる），practise discretion（分別を働かせる）
形 **discreet**（思慮深い，〔行動などに〕慎重な，口がかたい）

0943 A **dismal**
[ˈdɪzməl]

形 陰鬱な［うっとうしい］，（結果・記録・見込みなどが）みじめな［惨憺（さんたん）たる］（≒ **g**loomy, **t**errible）
➤ a dismal rainy day（うっとうしい雨の日），a dismal outcome（悲惨な結果［結末］）　副 **dismally**（陰気に，惨めに）

0944 RL **dismantle**
[dɪsˈmæntˌl]

動 （機械などを）分解［解体］する，（制度・組織などを徐々に）廃止［解体］する（≒ **d**isassemble, **a**bolish, **b**reak **up**）
➤ dismantle the machine [organisation]（機械［組織］を解体する）

0945 A **disorientated**
[dɪsˈɔːrɪənteɪtɪd]

形 方向感覚を失った，頭が混乱した（≒ **l**ost, **c**onfused）
➤ *be* completely disorientated in the fog（霧の中で完全に方向感覚を失う），feel disorientated（頭が混乱する）
名 **disorientation**（方向感覚の喪失，頭の混乱）

0946 A **disparity**
[dɪˈspærɪti]

名 格差，相違点（≒ **i**nequality, **g**ap）
➤ an income [economic] disparity（収入格差［経済格差］），address the disparity between the rich and the poor（貧富の格差に対処する）

0947 RL **dispel**
[dɪˈspɛl]

動 （考え・不安などを）払拭（ふっしょく）［一掃］する（≒ **d**ismiss, **e**liminate）
➤ dispel the sorrow [fear]（悲しみ［恐怖］を払いのける），dispel the myth（誤った通念を一掃する）

0948 A **dispense**
[dɪˈspɛns]

動 《with を伴って》（〜を）なしで済ます（≒ **d**o **w**ithout）
➤ dispense with formalities [ceremony]（堅苦しい［儀式ばった］ことは抜きにする）
形 **dispensable**（なくても済む，重要［必要］でない）

0949 A **disregard**
[ˌdɪsrɪˈgɑːd]

動 無視する，軽んじる（≒ **i**gnore, **n**eglect）　名 無視，軽視
➤ disregard the evidence（証拠を無視する），disregard for human rights（人権無視）

0950 A **disseminate**
[dɪˈsɛmɪˌneɪt]

動 （情報・知識などを）広める，普及させる（≒ **s**pread, **p**ropagate）
➤ disseminate the information [findings]（情報［発見内容］を広める）
名 **dissemination**（宣伝，普及，流布）

0951	A	**dissertation** [ˌdɪsəˈteɪʃən]	名（学位［学術］／博士）論文，形式の整った論述（≒ **thesis, essay**） ➤ a doctoral [an academic] dissertation（博士［学位］論文）
0952	A	**dissolve** [dɪˈzɒlv]	動 解散［解体］する，溶ける，溶かす（≒ **break up, melt**） ➤ dissolve Parliament（議会を解散する），Sugar dissolves in water.（砂糖は水に溶ける）　名 the Diet **dissolution**（国会解散）
0953	RL	**distil** 《英》／ **distill** 《米》 [dɪsˈtɪl]	動 蒸留する，抽出する（≒ **refine, extract**） ➤ Whisky is distilled from barley.（ウイスキーは大麦を蒸留して作られる），distil off impurities（蒸留して不純物を取り除く） 名 **distillation**（蒸留，抽出，蒸留液）
0954	A	**distinctive** [dɪˈstɪŋktɪv]	形 独特の，特有の（≒ **unique, peculiar**） ➤ natto's distinctive smell [texture]（納豆の独特な臭い［食感］） 形 **distinct**（別個の，まったく異なった）：four distinct seasons（はっきりとした四季）
0955	A	**distract** [dɪˈstræk]	動（人・気持ち・注意などを）そらす，紛らす，散らす（≒ **divert, disturb**） ➤ distract attention from his real aims（真の目的から注意をそらす），distract me from my work（〔私の〕仕事のじゃまをする）
0956	A	**distress** [dɪˈstrɛs]	名 苦悩［心痛］，苦境，遭難（≒ **suffering, hardship, peril**） 動 苦しめる，悩ます，悲しませる ➤ emotional distress（精神的苦痛），the financial distress（財政難），a distress call（救難連絡）　形 **distressed**（苦しんで，心を痛めて，悩んで）
0957	A	**diverge** [daɪˈvɜːdʒ]	動 分岐する，（意見・理論などが）異なる（≒ **separate, differ**） ➤ diverge from a common ancestor（共通の祖先から分かれる），Opinions diverge on this issue.（この問題では意見が異なる） 名 **divergence**（〔意見・関心の〕相違［不一致］，分岐）
0958	A	**divert** [daɪˈvɜːt]	動（方向・進路などを）変える，（資金・資源などを）転用する，（注意・批判などを）そらす（≒ **re-route, distract**） ➤ divert the course of a river（川の流れを変える），divert attention away from the financial issues（経済的な問題から注意をそらす） 形 **diverting**（気晴らしになる，楽しい）　名 **diversion**（変更，気晴らし）
0959	A	**divine** [dɪˈvaɪn]	形 神の，神々しい，人間を超越した（≒ **holy, heavenly**） ➤ divine inspiration [beauty]（天来の霊感［神々しい美しさ］） 名 **divinity**（神性，神々しさ，《the D～》神）
0960	A	**doom** [duːm]	動（悪く）運命づける（≒ **destine**） 名（不幸な）運命，破滅，死（≒ **fate**） ➤ be doomed to fail [extinction]（失敗する［絶滅する］運命にある）

学習日	年　月　日	年　月　日	年　月　日

0961 A **dose**
[dóʊs]

名（1 回分の）服用量，1 服分（≒ **a**mount, **d**osage）
動 投薬する，服用する
➤ the recommended dose of medicine（推奨投薬量），
a lethal dose（致死量）

0962 RL **drench**
[drɛntʃ]

動（～で人・動物・服などを）びしょぬれにする，（水［液（体）］に）
浸す（≒ **s**oak, **s**aturate）　名 水浸し
➤ be drenched to the skin（雨でびしょぬれになる），
be drenched in sweat（汗でびっしょりになる）

0963 A **dual**
[ˈdjuːəl]

形 二重の（≒ **d**ouble, **t**win）
➤ a dual nationality（二重国籍），
a dual income family（共働きの家庭）

0964 A **dwell**
[dwɛl]

形 住む（≒ **l**ive, **r**eside）
➤ dwell in the forest（森に生息する）
句動 dwell on the past（過去のことをくよくよ考える）

0965 A **dwindle**
[ˈdwɪndᵊl]

動（数・量・力などが）（…から / …に）だんだん減少［低下］す
る（≒ **d**iminish, **d**ecrease）
➤ dwindle from 100 to 20（100 から 20 に減少する）
形 dwindling natural resources [population]（減少しつつある天
然資源［人口］）

0966 A **earmark**
[ˈɪəˌmɑːk]

動（お金などを）取っておく，充てる（≒ **a**llocate, **a**ppropriate）
➤ earmark funds for educational purposes（教育目的の資金を
取っておく）

0967 RL **eclectic**
[ɪˈklɛktɪk]

形 多岐にわたる，折衷主義の［折衷的な］（≒ **d**iverse, **w**ide-ranging）
➤ eclectic tastes（多岐にわたる趣味），an eclectic cuisine（折衷
料理），eclectic styles of architecture（折衷的な建築様式）
名 eclecticism（折衷主義）

0968 RL **egalitarian**
[ɪˌgælɪˈtɛəriən]

形（社会・政治などが）平等な，平等主義の（≒ **f**air, **e**qual）
➤ an egalitarian society（平等主義の社会），
an egalitarian working environment（平等な職場環境）
名 egalitarianism（平等主義）

0969 A **eligible**
[ˈɛlɪdʒəbᵊl]

形 適格な，（結婚相手に）望ましい（≒ **e**ntitled, **d**esirable）
➤ eligible voters（有権者），
be eligible for promotion（昇進の資格がある）
名 eligibility（資格，適任）

0970 RL **emancipation**
[ɪˌmænsɪˈpeɪʃən]

名（さまざまな束縛からの）解放（≒ **l**iberation, **f**reeing）
➤ the emancipation of slaves [women]（奴隷解放［女性解放，男女同権］）
動 emancipate slaves（奴隷を**解放する**）

Part 3　達成度　30%　50%　100%

0971	RL	embed [ɪmˈbɛd]	動 組み込む，埋め込む（≒ **im**plant, **in**corporate） ➤ be embedded in the system（システムに組み込まれている）， be deeply embedded in our culture（我々の文化に深く根付いている） 形 software embedded in the computer（コンピューターに組み込まれたソフト）
0972	A	embody [ɪmˈbɒdɪ]	動 体現する，具体化［具現化］する（≒ **represent, exemplify**） ➤ embody the ideal（理想を体現する），be embodied in the novel（その小説に具現化されている）　名 embodiment（具体化）
0973	A	embrace [ɪmˈbreɪs]	動 抱きしめる，受け入れる（≒ **hug, accept**）　名 抱擁，容認 ➤ embrace a child（子を抱きしめる）， embrace the policy [principle]（政策［主義］を受け入れる）
0974	A	emigration [ˌɛmɪˈɡreɪʃən]	名（他国への）移住，移民（≒ **moving abroad, moving overseas**） ➤ forced emigration（強制移住），mass emigration（大量移民） 動 emigrate（〔他国に〕移住する），immigrate（〔海外から人が〕移住してくる）
0975	A	empathic [ɛmˈpæθɪk]	形 共感できる，親身になってくれる（≒ **compassionate, sympathetic**） ➤ empathic listening [understanding]（親身になって話を聞くこと［共感して理解すること］）　名 show empathy（共感を示す）
0976	A	enclosed [ɪnˈkləʊzd]	形 同封の，囲まれた（≒ **confined, contained**） ➤ enclosed documents [areas]（同封の書類［封鎖地域］） 動 enclose a cheque（小切手を同封する）
0977	A	encounter [ɪnˈkaʊntə]	動（問題・困難・反対などに）直面する［遭う］，（思いがけず）出くわす（≒ **face, come across**） ➤ encounter a difficulty [crisis]（困難［危機］に遭遇する）
0978	A	endeavour〈英〉/ endeavor〈米〉 [ɪnˈdɛvə]	名 努力，チャレンジ（≒ **effort, try, attempt**） ➤ academic endeavour（学業での挑戦），make every endeavour to pass the test（試験に合格するためのあらゆる努力をする） 動 endeavour（努力する）
0979	RL	endow [ɪnˈdaʊ]	動（多額の）寄付をする，《be endowed with ... で》（才能・特性・資源などに）恵まれている（≒ **donate**, be **blessed with**） ➤ endow a scholarship（奨学金に多額の寄付をする），be endowed with abundant natural resources（豊かな天然資源に恵まれている） 名 endowment（《通例，複数形で》寄付金，基金，才能）
0980	A	engender [ɪnˈdʒɛndə]	動（ある状況・気持ちなどを）生じさせる，（問題などを）引き起こす（≒ **generate, cause**） ➤ engender anxiety（不安を生む）， engender a number of problems（数多くの問題を引き起こす）

必須語彙 200 語　最重要語レベル① 600 語　最重要語レベル② 600 語　重要語 600 語

| 学習日 | 年 月 日 | 年 月 日 | 年 月 日 |

0981 **RL** **enigmatic**
[ˌɛnɪgˈmætɪk]

形 謎めいた，不可解な（≒ **m**ysterious, **i**nscrutable）
➤ the enigmatic smile [expression] of Mona Lisa（モナリザの謎めいた微笑［表情］）
名 **enigma**（謎）

0982 **RL** **enrage**
[ɪnˈreɪdʒ]

動 激怒させる（≒ **a**nger, **i**nfuriate）
➤ *be* enraged at his stupidity（彼の愚かさに激怒する）
形 the enraged crowd（ひどく怒った群衆）

0983 **A** **enrol** 〈英〉 **/ enroll** 〈米〉
[ɪnˈrəʊl]

動 入会［入学］する［させる］，登録する（≒ **r**egister, **a**dmit）
➤ enrol in a public school（パブリックスクールに入学する），enrol in a class（授業登録をする，クラスに入る）
名 **enrolment**（入学，登録）

0984 **A** **entitle**
[ɪnˈtaɪtᵊl]

動 権利［資格］を与える，表題をつける（≒ **g**ive the **r**ight **t**o, **n**ame）
➤ *be* entitled to a pension（年金の受給権利がある）
形 a book entitled "Flower"（『花』と題する本）
名 **entitlement**（権利［資格］の付与，〔特に給付金に関する〕権利）

0985 **A** **enviable**
[ˈɛnviəbᵊl]

形 うらやましい，ねたましい（≒ **d**esirable, **f**avoured）
➤ an enviable reputation [position]（人がうらやむほどの名声［地位］）
動 名 **envy**（うらやましがる；嫉妬）

0986 **A** **envision**
[ɪnˈvɪʒən]

動 （将来の出来事を）想像する，思いを巡らす（≒ **v**isualise, **i**magine）
➤ envision a bright future [an equal society]（明るい将来［平等な社会］を心に描く）

0987 **A** **epitome**
[ɪˈpɪtəmi]

名 典型（何かの一番よい例），縮図（≒ **a** **p**erfect **e**xample, **e**mbodiment, **p**aragon）
➤ the epitome of elegance [evil]（優雅さ［邪悪］の典型）
動 **epitomise**（～の典型となる）

0988 **A** **epoch-making**
[ˈiːpɒkˌmeɪkɪŋ]

形 画期的な，新時代を開く（≒ **e**arth-**s**hattering, **m**omentous）
➤ an epoch-making event（画期的な出来事）
名 **epoch**（〔歴史上重要な〕時代）

0989 **RL** **equilibrium**
[ˌiːkwɪˈlɪbriəm]

名 釣り合い［均衡］，（心の）平静（≒ **b**alance, **s**tability）
➤ maintain (an) equilibrium（均衡を保つ），in equilibrium（平衡状態にある），emotional equilibrium（心の平静）

0990 **RL** **equivocal**
[ɪˈkwɪvəkᵊl]

形 （語句などが）曖昧な，（態度・性質などが）はっきりしない（≒ **a**mbiguous, **u**nclear）
➤ an equivocal character [relation]（はっきりしない性格［関係］）
名 **equivocation**（曖昧な言葉）

0991	A	eradicate [ɪˈrædɪˌkeɪt]	動 撲滅する，根絶させる（≒ eliminate, get rid of） ➤ eradicate poverty [the disease]（貧困［その病気］を根絶させる） 名 eradication（撲滅，根絶）: the eradication of weeds（雑草の完全除去）
0992	RL	euphemism [ˈjuːfɪˌmɪzəm]	名 婉曲表現（≒ polite terms, indirect words） ➤ "Pass away" is a euphemism for "die."（「他界する」は「死ぬ」の婉曲表現だ） 形 a euphemistic way of saying ...（～の遠回しな言い方）
0993	A	exacerbate [ɪɡˈzæsəˌbeɪt, ɪkˈsæs-]	動 悪化させる（≒ aggravate, worsen） ➤ exacerbate the problem [situation]（問題［事態］を悪化させる） 名 the exacerbation of religious tensions（宗教対立の悪化）
0994	RL	excavate [ˈɛkskəˌveɪt]	動 掘る，発掘する（≒ dig, unearth） ➤ excavate a tunnel（トンネルを掘る）， excavate archaeological sites（古代遺跡を発掘する） 名 an excavation site（発掘場所）
0995	A	executive [ɪɡˈzɛkjʊtɪv]	形 方針決定権を持つ（≒ administrative, managerial） ➤ executive powers（行政執行権），an executive chairman（取締役会長） 名 a marketing executive（マーケティングの幹部） 動 execute（実行［遂行］する）
0996	A	exemplify [ɪɡˈzɛmplɪˌfaɪ]	動 体現する，～を例で示す，例証する（≒ embody, illustrate） ➤ exemplify the spirit [ideal] of the nation（国の精神［理想］を体現する） 名 exemplification（例証，例示）
0997	A	exert [ɪɡˈzɜːt]	動 （影響力や権力を）行使する，（自分自身を）奮起させる（≒ exercise, apply, make an effort） ➤ exert pressure [influence] on politics（政治に圧力をかける［影響を及ぼす]） 名 the exertion of force（力の行使）
0998	A	expedition [ˌɛkspɪˈdɪʃən]	名 遠征［探検］（隊），小旅行（≒ exploration, journey） ➤ an expedition to the moon（月旅行），the Everest expedition（エベレスト遠征隊），a shopping expedition（買い物旅行） 形 an expeditionary force（派遣軍）
0999	A	expel [ɪkˈspɛl]	動 追い出す，除名する，（空気・ガスなどを）排出する（≒ oust, throw out, discharge） ➤ be expelled from school [the party]（学校［政党］から除籍される），expel air（空気を吐き出す） 名 expulsion（除名，排除）
1000	A	expenditure [ɪkˈspɛndɪtʃə]	名 支出（額），出費，経費，消費（≒ spending, payments） ➤ public [health] expenditure（公共支出［医療費]） 動 expend（消費する） 名 expense（経費，出費）

必須語彙 200 語　最重要語レベル① 600 語　最重要語レベル② 600 語　重要語 600 語

IELTS 類語クイズにチャレンジ！⑤　重要度★★★

Choose a group of synonyms of the underlined part from the list below.

1. The government **abandoned** planned tax cuts.
2. The pension funds are **administered** by commercial banks.
3. We are both somewhat **ambivalent** about having a child.
4. The money has been donated by a local businessman who wishes to remain **anonymous**.
5. He is an **ardent** supporter of the local football team.
6. Major management **blunders** have led the company into bankruptcy.
7. People in the lower income **brackets** won't be able to afford this car.
8. The government was **censured** for its negligence.
9. The two parties have formed a **coalition**.
10. Here is a **comprehensive** list of the good hotels in the area.
11. Mary's red hair always made her **conspicuous** at school.
12. Police have warned stores to look out for **counterfeit** $50 bills.
13. His health **deteriorated** rapidly, and he died shortly afterwards.
14. The limits on nuclear weapons are **embodied** in two treaties.
15. He **exerted** all his authority to make them accept the plan.

【選択肢】

A. undecided, in two minds	B. group, category
C. unidentified, unnamed	D. fake, forged
E. condemn, criticise	F. represent, exemplify
G. enthusiastic, passionate	H. give up, forgo
I. apply, exercise	J. mistake, error
K. temporary alliance, partnership	L. noticeable, eye-catching
M. manage, handle	N. worsen, decline
O. overall, extensive	

【解答欄】

1.	2.	3.	4.	5.	6.	7.	8.

9.	10.	11.	12.	13.	14.	15.

1.	(H. give up, forgo)	政府は計画していた減税を<u>断念した</u>。
2.	(M. manage, handle)	年金は民間銀行によって<u>管理されて</u>いる。
3.	(A. undecided, in two minds)	我々は二人とも，子どもを持つかどうか少し<u>決めかねている</u>。
4.	(C. unidentified, unnamed)	そのお金は<u>匿名</u>を希望する地元の実業家から寄付された。
5.	(G. enthusiastic, passionate)	彼は地元のサッカーチームの<u>熱心な</u>サポーターだ。
6.	(J. mistake, error)	大きな経営上の<u>失敗</u>がその会社を倒産に追い込んだ。
7.	(B. group, category)	低所得<u>階層</u>の人々にはこの車を買う余裕はない。
8.	(E. condemn, criticise)	政府は怠慢を<u>非難された</u>。
9.	(K. temporary alliance, partnership)	その2つの政党は<u>連立</u>政権を組織した。
10.	(O. overall, extensive)	こちらがその地域にある優良ホテルの<u>総合的な</u>リストだ。
11.	(L. noticeable, eye-catching)	メアリーは赤毛なのでいつも学校で<u>目立った</u>。
12.	(D. fake, forged)	警察は<u>偽</u>50ドル札に注意するよう店に警告してきた。
13.	(N. worsen, decline)	彼の健康状態は急に<u>悪化し</u>，間もなく亡くなった。
14.	(F. represent, exemplify)	核兵器の制限は二つの協定に<u>具体化</u>されている。
15.	(I. apply, exercise)	彼は彼らにその計画を受け入れさせるために全権限を<u>行使した</u>。

必須語彙 200 語　最重要語レベル① 600 語　最重要語レベル② 600 語　重要語 600 語

IELTS スピーキング表現力 UP 「人物表現」をマスター！①

自分や家族，友人，先生，尊敬する人物，偉人など「人物」は IELTS で最頻出のテーマのひとつで，ポジティブな表現は特に重要です！ その人物をなぜ尊敬するのかなど説明できるようにしておきましょう。

「知性」系

「英知」は **wisdom**，「判断力」は **judgement**，「先見の明」は **foresight**, **vision**，「問題解決力」は **resourcefulness**，「独創性」は **ingenuity**（形容詞〔ingenious〕を使ったほうがベター）。これらを使って，~ is a person of wisdom and foresight と言ったり，~ is a resourceful and ingenious person のように言える。そのほか，「社会問題を認識している」は，~ has awareness of social problems のように言える。

「勇気・パワー」系

「勇気」は **courage**，「根性」は **perseverance**，「克己心が強い」は **have (strong) self-discipline**，「意志が非常に強い」は **have strong willpower**，「向上心が強い」は **have great aspiration**，「進取の気性に富む」は *be* **enterprising**。これらを使って，~ is a person of courage, perseverance, and self-discipline, ~ has a dynamic personality and an enterprising spirit のように言える。「使命感が強い」は，~ has a strong sense of mission のように言える。

「リーダーシップ」系

「根っからのリーダー［教育者］」は，**a born leader [educator]**, **a charismatic leader**，「リーダーの器」は **have leadership qualities** ／ **have what it takes to be a leader**，「人を奮い立たせる」は *be* **inspiring**。これらを使って，~ is a charismatic leader who inspires people around him/her のように言える。「高潔な人」は，a person of great character and integrity のように言える。

「優しい・包容力」系

「慈悲深い」は *be* **benevolent**，「同情心に富む」は *be* **compassionate**，「包容力がある」は *be* **open-minded**。これらを使って，~ is very charitable and compassionate ／ ~ is very understanding and open-minded ように言える。

Unit 2

【1001】～【1200】

1001 A external [ɪkˈstɜːnˀl]
- 形 外の，外部の，外面の（≒ outer, outside）
- 名 外部，外面，《複数形で》外観
- ➤ external affairs [influences]（対外関係，外交 [外部からの影響]）
- 副 externally（外面的に，外部から）　反 internal（内の）

1002 A extinguish [ɪkˈstɪŋgwɪʃ]
- 動 消す，消滅させる（≒ quench, destroy）
- ➤ extinguish the fire [right]（火を消す [権利を抹消する]）
- 名 extinction（滅亡）　形 extinct species（絶滅種）

1003 A extravagant [ɪkˈstrævəgənt]
- 形 金遣いが荒い，（要求などが）法外な（≒ lavish, unreasonable）
- ➤ an extravagant lifestyle（ぜいたくな生活様式），extravagant claims（むちゃな主張）　名 extravagance（浪費），extravaganza（派手なショー）

1004 A fade [feɪd]
- 動 （明るさ，声，力などが）衰える，弱くなる，色あせる，しおれる（≒ dim, decline）
- ➤ Her smile faded away.（笑みが薄れた）
- 形 faded jeans（色あせたジーンズ）

1005 A faint [feɪnt]
- 形 かすかな，めまいがして（≒ slight, dizzy）　動 気を失う（≒ pass out）
- ➤ a faint hope（かすかな望み），faint in heat（暑さで気絶する）
- 副 faintly（かすかに）

1006 A fallout [ˈfɔːlˌaʊt]
- 名 放射性降下物，予期せぬ好ましくない結果（≒ radioactive particles, negative consequences）
- ➤ radioactive fallout（放射性降下物），political fallout from the scandal（不祥事の政治的後遺症）

1007 A fame [feɪm]
- 名 名声，評判（≒ renown, reputation）
- ➤ fame and fortune（名声と富），achieve instant fame（たちまち有名になる）
- 形 infamous（ひどく評判が悪い）

1008 A far-reaching [ˌfɑːˈriːtʃɪŋ]
- 形 広範囲に及ぶ（≒ extensive, widespread）
- ➤ far-reaching consequences [changes]（広範囲にわたる結果 [変化]）

1009 A fate [feɪt]
- 名 運命，宿命（≒ destiny, fortune）
- ➤ the fate of refugees（難民の運命），by a twist of fate（運命のいたずらで）
- 形 fateful（運命を決する，存亡の）；that fateful day（あの運命の日）

1010 A feat [fiːt]
- 名 功績，妙技（≒ great accomplishment, great performance）
- ➤ a feat of engineering（工業技術の偉業），a feat of juggling（ジャグリングの妙技）

1011	**RLS**	**fiasco** [fɪˈæskəʊ]	**名** 大失敗，失策（≒ **debacle, blunder**） ➤ a financial fiasco（財政的失敗），a complete fiasco（完全な失敗）

1012	**A**	**filthy** [ˈfɪlθɪ]	**形** 不潔な，好色の，いやらしい（≒ **dirty, obscene**） ➤ filthy hands [jokes]（汚い手［わいせつなジョーク］） **名** **filth**（汚物，わいせつな言葉）

1013	**A**	**finalise** 《英》／ **finalize** 《米》 [ˈfaɪnəˌlaɪz]	**動** 終わらせる，まとめる（≒ **conclude, complete**） ➤ finalise a deal [transaction]（取引をまとめる） **名** **finalisation**（完了，解決）

1014	**A**	**flawless** [ˈflɔːlɛs]	**形** 欠点のない，完璧な（≒ **impeccable, immaculate**） ➤ flawless diamond [skin]（傷のないダイヤモンド［染みひとつない肌］） **副** **flawlessly**（完璧に）

1015	**A**	**flock** [flɒk]	**名** （羊や鳥などの）群れ，群衆（≒ **herd, crowd**） **動** 《to を伴って》～に群がる，集まる（≒ **gather**） ➤ a flock of birds [sheep]（鳥［羊］の群れ）， flock to the city（その街に押し寄せる）

1016	**RL**	**folklore** [ˈfəʊkˌlɔː]	**名** 伝承，民俗（≒ **folk tale, legend**） ➤ Japanese folklore（日本の民間伝承）， folklore studies（民俗学） **名** **folklorist**（民俗学者）

1017	**RL**	**formulate** [ˈfɔːmjʊˌleɪt]	**動** 練り上げる［策定する］，系統立てて述べる［計画する］， 公式化する（≒ **devise, work out**） ➤ formulate a policy [strategy]（政策［戦略］を煮詰める） **名** a winning **formula**（勝利の**方程式**）

1018	**A**	**forwarding** [ˈfɔːwədɪŋ]	**形** 転送の（≒ **to be transferred**）　**名** 転送（≒ **transfer**） ➤ a forwarding address [information]（転送先［転送情報］） **副** take steps **forward**（前へ進む）

1019	**A**	**fragile** [ˈfrædʒaɪl]	**形** 壊れやすい，もろい（≒ **frail, delicate**） ➤ a fragile dish（割れやすい皿），fragile health（虚弱体質） **名** **fragility**（壊れやすさ，もろさ，虚弱〔性〕）：fragility of the economy（経済の脆弱性）

1020	**RL**	**frail** [freɪl]	**形** 虚弱な［やせ衰えた，きゃしゃな］，もろい（≒ **weak, fragile**） ➤ frail elderly people（虚弱な高齢者），a frail body（痩せた身体） **名** human **frailty**（人間の**弱さ**［もろさ］）

必須語彙 200 語

最重要語レベル① 600 語

最重要語レベル② 600 語

重要語 600 語

学習日	年 月 日	年 月 日	年 月 日

1021 | **A** | **frantic**
['fræntɪk']

形 （努力・試みなどが）必死の，（苦痛，心配などで）あわて
ふためいた［取り乱した］（≒ **desperate**, **panicky**）
➤ make frantic efforts（必死に努力する），be frantic with worry
（心配で気がおかしくなる） 副 **frantically**（必死に，取り乱して）

1022 | **A** | **fraud**
[frɔːd]

名 詐欺（師）（≒ **deception**, **trickery**）
➤ a fraud scheme [trial]（詐欺の計画［裁判］）
形 a **fraudulent** claim（不正請求）

1023 | **A** | **friction**
['frɪkʃən]

名 摩擦，不和（≒ **conflict**, **dispute**）
➤ a political friction（政治的な摩擦），a trade friction（貿易摩擦）
形 **frictional** heat（摩擦熱）

1024 | **RL** | **frivolous**
['frɪvələs]

形 （人・行いが）ふまじめな［軽薄な，軽率な］，根拠のない（≒
silly, **trivial**）
➤ frivolous behaviour（軽率な行動），a frivolous lawsuit（〔嫌がらせ
のための〕根拠のない訴訟） 反 **sensible**（分別のある）

1025 | **RLS** | **frown**
[fraʊn]

動 《〜 on [upon] A で》A（人・行為など）に眉をひそめる，
難色を示す，〜に賛成しない（≒ **blame**, **disapprove**）
➤ frown on smoking [kissing in public]（喫煙［人前でのキス］に
眉をひそめる［顔をしかめる］） 形 a **frowning** look（不機嫌そうな表情）

1026 | **A** | **fruitful**
['fruːtfʊl]

形 有益な，実りのある（≒ **productive**, **useful**）
➤ a fruitful discussion [topic]（有益な議論［話題］）
副 **fruitfully**（実り豊かに，効果的に）

1027 | **A** | **fussy**
['fʌsɪ]

形 （ささいなことに）うるさい，好き嫌いが激しい（≒ **picky**, **particular**）
➤ be fussy about clothes（着るものにうるさい），
a fussy eater（好き嫌いの激しい人，偏食家）
名 make a **fuss**（ささいなことで騒ぎたてる［不平を言う］），make a
fuss of [over] ...（〔人，物事を〕もてはやす）

1028 | **A** | **futuristic**
[ˌfjuːtʃəˈrɪstɪk]

形 未来の，超現代的な，時代を先取りした（≒ **ultramodern**,
advanced）
➤ a futuristic city（未来都市），a futuristic design（未来的なデザイン）
名 **futurism**（《通例, F 〜》〔芸術の〕未来派）

1029 | **A** | **gadget**
['gædʒɪt]

名 （小型の目新しい）機器（≒ **tool**, **device**）
➤ a high-tech [digital] gadget（ハイテク機器［デジタル機器］）

1030 | **A** | **garment**
['gɑːmənt]

名 衣服，衣類（≒ **outfit**, **clothing**）
➤ an outer garment（上着），the garment industry（服飾業界）
名 **undergarment**（《通例, 〜 s》下着）

Part 3
達成度 40% 50% 100%

1031	A	glaring ['glɛərɪŋ]	形 (欠点・誤りなどが) 明白な，ぎらぎら輝く (≒ **obvious, dazzling**) ➤ a glaring error (ひどい間違い)，glaring sunlight (眩しい日光) 動 名 **glare** (ぎらぎら光る，にらみ〔つける〕)
1032	A	glimpse [glɪmps]	名 ちらっと見ること (≒ **glance, peek**)　動 ちらっと見る ➤ take a glimpse of the ocean [truth] (海 [真実] を垣間見る)
1033	A	globe [gləʊb]	名 地球，世界，地球儀 (≒ **earth, world**) ➤ around the globe (世界中で)， from all corners of the globe (世界中から) 形 the **global** economy (**世界**経済)
1034	A	glue [gluː]	動 接着する，くぎ付けにする (≒ **stick, rivet**) 名 接着剤 ➤ be glued to the wall (壁に接着されている)， be glued to the TV screen (テレビ画面にくぎ付けになる)
1035	A	graphic ['græfik]	形 図画 [図形，図表] の，(言葉・書き方が) 生き生きとした，(性・暴力などの描写が) 露骨な (≒ **illustrative, vivid**)　名 図，グラフ (≒ **diagram, chart**) ➤ a graphic chart (図表)，in graphic detail (細部まで生き生きと) 副 **graphically** (生き生きと，グラフを使って)
1036	RL	gratifying ['grætɪˌfaɪɪŋ]	形 満足な，喜ばしい (≒ **delightful, enjoyable**) ➤ a gratifying experience [result] (満足な経験 [満足のいく結果]) 動 **gratify** (人を) 満足させる，喜ばせる)：gratify her wish (彼女の希望を満足させる)
1037	A	graze [greɪz]	動 (家畜が) 草を食べる，放牧する，擦りむく (≒ **eat, feed**) ➤ graze on the grass (草原で草を食べる)， graze sheep (羊を放牧する)
1038	A	groundbreaking ['graʊndˌbreɪkɪŋ]	形 (科学・芸術などが) 革新的な，草分けの (≒ **innovative, pioneering**) ➤ groundbreaking research [work] (草分け的な研究 [功績]) 関 **break new ground** (新しい分野に踏み出す，新天地 [新境地] を切り開く)
1039	RL	gullible ['gʌləbᵊl]	形 だまされやすい (≒ **credulous, naive**) ➤ a gullible tourist [fool] (だまされやすい観光客 [愚か者]) 名 **gullibility** (だまされやすいこと，だまされやすい性格)
1040	A	habitable ['hæbɪtəbᵊl]	形 居住可能な (≒ **fit to live in, suitable for residential use**) ➤ a habitable planet [place] (居住可能な惑星 [場所]) 名 a wildlife **habitat** (野生動物の**生息地**)

必須語彙 200 語　最重要語レベル① 600 語　最重要語レベル② 600 語　重要語 600 語

Part 3 最重要語レベル② 600 語：6.5 - 7.0 レベル ....

| 学習日 | 年 月 日 | 年 月 日 | 年 月 日 |

1041	A	**halt** [hɔːlt]	**動** （拡大・進歩などを）止める，中止［中断，停止］させる **名** 中止，停止，休止（≒ **stop, end**） ➤ halt the spread of COVID-19 （COVID-19 の蔓延を食い止める）， a temporary halt of the entire program （計画全体の一時中止）
1042	A	**hamper** [ˈhæmpə]	**動** （進行・行為などを）妨害［阻止］する，（動き・活動などを） 邪魔をする（≒ **impede, hinder**） ➤ hamper national development （国家の発展を妨げる）， be hampered by a language barrier （言葉の壁に阻まれる）
1043	A	**handsome** [ˈhændsəm]	**形** 《名詞の前で》（金額など）かなりの，（建物・庭・動物など が）立派な（≒ **substantial, considerable, fine**） ➤ a handsome profit [salary] （かなりの利益［給料］） **副** **handsomely** （かなり，立派［見事］に）
1044	A	**harness** [ˈhɑːnɪs]	**動** （自然の力，エネルギーなどを）利用［活用］する（≒ **utilise, employ**） ➤ harness solar [wind] power （太陽光［風力］発電を利用する）
1045	A	**haunt** [hɔːnt]	**動** （記憶・感情などが）〜 につきまとう，悩ます（≒ **torment, trouble**） ➤ be haunted by guilt [painful memories] （罪悪感［辛い記憶］ に取りつかれている［］） **形** **haunted** （幽霊の出る，悩んだ［心配そうな］）：a haunted mansion （お化け屋敷）
1046	A	**haven** [ˈheɪvˀn]	**名** 安全な場所，安息地，避難所（≒ **refuge, shelter**） ➤ a tax haven （租税回避地［税金の安い国など］）， a safe haven （安全な避難場所，安息［安住］の地；〔難民の〕保護所）
1047	A	**hazardous** [ˈhæzədəs]	**形** 有害な，危険な（≒ **dangerous, unsafe**） ➤ hazardous waste [air pollutants] （有害な廃棄物［大気汚染物質］） **名動** **hazard** （危険〔を起こすもの〕；〔財産・命などを〕危険にさらす， 《hazard a guess で》当てずっぽうを言う）
1048	A	**hectic** [ˈhektɪk]	**形** （目が回るほど）あわただしい，猛烈に忙しい（≒ **frantic,** **very busy**） ➤ a hectic schedule [lifestyle] （あわただしい予定［ライフスタイル］）
1049	A	**herd** [hɜːd]	**名** （牛・馬・象などの大きな動物の）群れ，《the 〜》（影響を受け やすい）群衆，《悪い意味で》（人の）群れ（≒ **flock, crowd**） ➤ a herd of cattle [sheep] （牛［羊］の群れ），the common herd （大衆） **名** **herder** （〔牛・羊などの〕家畜の世話をする人，牛［羊］飼い）
1050	RL	**hibernate** [ˈhaɪbəˌneɪt]	**動** 冬眠する，引きこもってだらける（≒ **sleep through the winter, overwinter**） ➤ Bears hibernate throughout winter. （クマは冬眠する）， hibernate in a room （部屋にこもる） **名** go into [come out of] hibernation （冬眠［冬ごもり］する［から出る］）

1051	A	homage [ˈhɒmɪdʒ]

名 敬意，忠誠の誓い（≒ **t**ribute, **h**onour）
➤ pay homage to the war dead（戦没者に敬意を表する），pay homage to the old（年配の人に敬意を表して）

1052	A	homogeneous [ˌhəʊməˈdʒiːnɪəs, hɒm-]

形 同種の，同質の（≒ **u**niform, **s**imilar）
➤ an ethnically homogeneous society [group]（民族的に同質的な社会［集団］）
反 heterogeneous（異質な）

1053	A	hostile [ˈhɒstaɪl]

形 敵意［反感］を持った，断固反対の，（環境などが）適さない（≒ **u**nfriendly, **a**ggressive）
➤ hostile criticism（敵意ある批判［非難］），be hostile to the political reforms（政治改革に断固反対だ），an entirely hostile environment（まったく好ましくない環境）**名** hostility（敵意）

1054	A	humanitarian [hjuːˌmænɪˈtɛərɪən]

形 人道的，博愛の（≒ **h**umane, **c**haritable）**名** 人道主義者
➤ the humanitarian aid [assistance]（人道的支援）
形 humane treatment（人道的な扱い）

1055	A	humiliate [hjuːˈmɪlɪˌeɪt]

動 （人前で）恥をかかせる，屈辱を与える（≒ **s**hame, **e**mbarrass）
➤ be humiliated in front of his colleagues（同僚の面前で面目を失う）
形 humiliating defeat（屈辱的な敗北）

1056	A	hygiene [ˈhaɪdʒiːn]

名 衛生（状態），健康法（≒ **c**leanliness, **s**anitation）
➤ oral [dental] hygiene（口腔［歯科］衛生）
形 hygienic conditions（衛生的な状態）

1057	RL	hypnosis [hɪpˈnəʊsɪs]

名 催眠（状態），催眠術（≒ **h**ypnotic, **m**esmerism）
➤ be under hypnosis（催眠状態にある），use hypnosis to reduce anxiety（不安を軽減させるために催眠術を使う）
動 hypnotise（催眠術をかける）

1058	RL	icon [ˈaɪkɒn]

名 象徴，シンボル，《コ》アイコン（≒ **s**ymbol, **i**mage）
➤ a fashion icon（ファッションリーダー），become an icon of pop-culture（ポップカルチャーの象徴となる）
形 an iconic landmark（象徴的な場所）

1059	A	identical [aɪˈdentɪk²l]

形 同一の，そっくりの（≒ **v**ery **s**imilar, **s**ame）
➤ identical twins [houses]（一卵性双生児［全くそっくりな家々］）
副 identically（完全に同じように）

1060	A	identify [aɪˈdentɪˌfaɪ]

動 （同一人［物］であると）確認する，同一視する，特定する（≒ **r**ecognise, **d**etermine）
➤ identify the body（遺体の身元確認をする），identify the genetic defect（遺伝子の欠損を特定する）
名 identification（同一であることの確認，身分証明書，一体感，突き止めること）

必須語彙 200 語　最重要語レベル① 600 語　最重要語レベル② 600 語　重要語 600 語

学習日	年 月 日	年 月 日	年 月 日

1061 A illusion
[ɪˈluːʒən]
名 錯覚, 幻想, 思い違い (≒ **m**irage, **d**elusion)
➤ an optical illusion (目の錯覚), a theatrical illusion (劇場の幻想)
形 **illusionary** (幻の, 錯覚の) 名 **illusionist** (奇術師)

1062 A imaginary
[ɪˈmædʒɪnəri, -dʒɪnri]
形 想像上の (≒ **u**nreal, **f**ictional)
➤ an imaginary world [creature] (想像上の世界 [生き物])

1063 A immeasurable
[ɪˈmeʒərəbᵊl]
形 計れない, 計り知れない (≒ **i**ncalculable, **i**mmense)
➤ immeasurable harm [value] (計り知れないほどの害 [価値])
副 **immeasurably** (計り知れないほどに)

1064 A immerse
[ɪˈmɜːs]
動 (液体に) 浸す, 没頭させる (≒ **c**ompletely involve, **s**ubmerge)
➤ immerse the paper in water (紙を水に浸す),
be deeply immersed in study (勉強に没頭する)
名 **immersion** in literature [water] (文学に**没頭する** [水に浸す] こと)

1065 A imminent
[ˈɪmɪnənt]
形 (悪いことが) 差し迫った, 切迫した (≒ **i**mpending, **a**pproaching)
➤ warnings of imminent danger [disaster] (差し迫った危険 [災害] の警告)
副 **imminently** (差し迫って, 緊急に)

1066 A impair
[ɪmˈpeə]
動 (能力・機能などを) 低下させる [弱める], 悪くする, (健康などを) 損なう (≒ **w**eaken, **h**arm, **d**amage)
➤ Sleep deprivation impairs judgement. (睡眠不足は判断力を鈍らせる),
impair *my* health (健康を損なう)
形 **impaired** (〔能力・機能などが〕弱った, 損なわれた)

1067 RL impasse
[ɪmˈpɑːs, ˈɪmpɑːs, æmˈpɑːs, ˈæmpɑːs]
名 行き詰まり, 難局, 袋小路 (≒ **d**eadlock, **s**talemate)
➤ a political [an economic] impasse (政治 [経済] の行き詰まり),
break the impasse (難局を切り開く)

1068 RL impeccable
[ɪmˈpekəbᵊl]
形 完璧な, 非の打ち所がない (≒ **i**mmaculate, **f**lawless)
➤ impeccable service [work] (完璧なサービス [仕事])
副 **impeccably** (完璧に, 申し分なく)

1069 A impede
[ɪmˈpiːd]
動 (行為・進行などを) 妨害 [じゃま] する, 遅らせる (≒ **h**amper, **h**inder)
➤ impede the progress [development] (進行 [開発] を妨げる)
名 **impedance** (障害, 電気抵抗)

1070 A impending
[ɪmˈpendɪŋ]
形 (危険などが) 切迫した (≒ **i**mminent, **a**pproaching)
➤ the roots of impending environmental collapse (差し迫った環境破壊の根源)

1071	A	imperial [ɪmˈpɪəriəl]	形 皇帝［皇后］の，天皇の，王室の，帝国の（≒ royal, monarchial） ➤ imperial power（皇帝の権力），the Imperial Palace（皇居） 名 imperialism（帝国主義）
1072	A	implication [ˌɪmplɪˈkeɪʃən]	名 《通例，複数形で》（予想される）影響，結果，暗示，関与（≒ effect, consequence） ➤ the social implications of AI（AI の社会的影響）， his implication in a crime（犯罪への関与） 動 implicate（関与をほのめかす，〔犯罪・汚職などに〕巻き込む）
1073	A	implicit [ɪmˈplɪsɪt]	形 暗黙の，絶対的な（≒ suggested, unspoken） ➤ implicit agreement [criticism]（暗黙の同意［言外の批判］） 副 implicitly（それとなく）
1074	A	impromptu [ɪmˈprɒmptjuː]	形 （何の準備もなく行う）即興の，（会議などが）緊急の（≒ unprepared, improvised） ➤ an impromptu speech（即興のスピーチ），an impromptu meeting（緊急会議）　副 impromptu（即座に，即興で）
1075	A	improvise [ˈɪmprəˌvaɪz]	動 （スピーチなどを）即興でする，（曲などを）即興で作る［即興で演奏する］，（席・食事などを）間に合わせで作る（≒ extemporise, ad-lib） ➤ improvise a speech（即興でスピーチをする）， improvise music（即興で音楽を演奏する）
1076	A	inception [ɪnˈsɛpʃən]	名 （組織などの）発足，開始（≒ initiation, commencement） ➤ the inception of the organisation [system]（組織［制度］の発足）， at the inception of contract（契約開始日に）
1077	A	incidence [ˈɪnsɪdəns]	名 発生（率）（≒ occurrence, rate） ➤ a high incidence of crime [disease]（犯罪［病気］の多発）
1078	RLW	indebted [ɪnˈdɛtɪd]	形 負債がある，恩義がある（≒ in debt, obligated） ➤ heavily indebted countries（重負債国）， be deeply indebted to him（彼に深い恩義がある） 名 debt（借金）
1079	RL	indigenous [ɪnˈdɪdʒɪnəs]	形 （動植物・文化・習慣などが）（ある土地・国に）固有の，土着の（≒ native, local, endemic） ➤ indigenous people [cultures]（先住民〔族〕［土着の文化］）
1080	RL	indignant [ɪnˈdɪgnənt]	形 憤慨した，怒った（≒ angry, resentful） ➤ an indignant customer [tone]（憤慨した客［口調］） 副 indignantly（憤然として） 名 contain my indignation（怒りを抑える）

必須語彙 200 語　最重要語レベル① 600 語　最重要語レベル② 600 語　重要語 600 語

学習日	年　月　日	年　月　日	年　月　日

1081 **A** **indispensable**
[ˌɪndɪˈspɛnsəbəl]

形 絶対に必要な，不可欠の（≒ **essential, vital**）
➤ Water is indispensable. (水は不可欠だ)，
an indispensable part of *my* life (人生に不可欠な部分)
副 **indispensably** (不可欠に，ぜひとも)

1082 **A** **infamous**
[ˈɪnfəməs]

形 悪名高い，ひどく評判が悪い（≒ **notorious, ill-famed**）
➤ an infamous killer [liar] (悪名高き殺人者 [嘘つき])
副 **infamously** (不名誉にも)

1083 **RL** **infest**
[ɪnˈfɛst]

動 (害虫や悪者が) はびこる，群がる（≒ **overrun, invade**）
➤ be infested with cockroaches [rats] (ゴキブリ [ネズミ] がはびこっている)
名 an **infestation** of lice (シラミの蔓延)

1084 **A** **inflict**
[ɪnˈflɪkt]

動 (不快なものを) 負わせる，与える（≒ **impose, burden**）
➤ inflict harm [pain] on him (彼に危害 [痛み] を加える)

1085 **A** **influx**
[ˈɪnˌflʌks]

名 (突然の) 流入，殺到（≒ **a massive inflow, flood**）
➤ an influx of immigrants [refugees] (移民 [難民] の流入)
反 **outflow** (流出)

1086 **A** **informative**
[ɪnˈfɔːmətɪv]

形 (役に立つ) 知識 [情報] を与える，有益な（≒ **instructive, enlightening**）
➤ an informative website [book] (情報に富んだウェブサイト [有益な本])

1087 **A** **infringe**
[ɪnˈfrɪndʒ]

動 (権利・自由を) 侵害する，(法律などに) 違反する（≒ **violate, breach**）
➤ infringe on copyright [human rights] (著作権 [人権] を侵害する)
名 a trademark **infringement** (商標権**侵害**)

1088 **A** **inhibit**
[ɪnˈhɪbɪt]

動 (成長・進展などを) 妨げる，抑制する（≒ **prevent, hinder**）
➤ inhibit economic growth [development] (経済成長 [発展] を妨げる)
名 **inhibition** (抑制，〔恥ずかしくて意見を出せない〕抵抗感)

1089 **A** **injection**
[ɪnˈdʒɛkʃən]

名 注射，投入（≒ **shot, introduction, administration**）
➤ insulin injections (インシュリン注射)，
a capital injection (資本注入 [出資])
動 **inject** (注射 [注入] する，〔活気などを〕吹き込む)

1090 **A** **innate**
[ɪˈneɪt]

形 生来の，固有の（≒ **inborn, natural**）
➤ innate instinct [talent] (生まれ持った本能 [才能])
副 **innately** (生まれつき)

Part 3
達成度

50%　　　　　　　　　　　　　　　　100%

1091	A	inseparable [ɪnˈsɛpərəbˀl, -ˈsɛprə-]	形 密接な，分けられない（≒ **v**ery **c**lose, **i**ndivisible） ➤ inseparable friends（親友）， 　an inseparable bond（分かち難い絆） 反 **s**eparable（分けられる，分離可能な）
1092	A	instalment《英》／ installment《米》 [ɪnˈstɔːlmənt]	名 連載［分割払いの］1回分（≒ **p**ortion, **d**ivision） ➤ a magazine serial in six instalments（雑誌の6話連載）， 　pay in monthly [weekly] instalments（月賦［週払い］で支払う）
1093	A	interchangeable [ˌɪntəˈtʃeɪndʒəbˀl]	形 交換できる（≒ **e**xchangeable, **i**dentical） ➤ an interchangeable part [lens camera]（交換可能な部品［レンズ交換式カメラ］） 副 interchangeably（互いに交換可能で）
1094	A	intersection [ˌɪntəˈsɛkʃən]	名 交差点，交点（≒ **j**unction, **c**rossing） ➤ a street [busy] intersection（道路の［交通量の多い］交差点） 動 intersect（交差する，分断する）
1095	A	intervention [ˌɪntəˈvɛnʃən]	名 介入，干渉（≒ **i**nvolvement, **int**erference） ➤ a government [state] intervention（政府の介入［国家干渉］） 動 intervene in the conflict（紛争に介入する）
1096	RL	intractable [ɪnˈtræktəbˀl]	形 （問題などが）扱いにくい［手に負えない］，（病気などが） 治りにくい（≒ **u**ncontrollable, **s**tubborn） ➤ intractable problems [diseases]（手に負えない問題［難病］） 反 **t**ractable（扱いやすい）
1097	A	intriguing [ɪnˈtriːgɪŋ]	形 興味をそそる，面白い（≒ **i**nteresting, **f**ascinating） ➤ an intriguing story [plot]（興味をそそる話［筋書き］） 動 名 intrigue（陰謀〔を企てる〕，好奇心をそそる）
1098	RL	intruder [ɪnˈtruːdə]	名 （違法な）侵入者，邪魔者（≒ **t**respasser, **i**nvader） ➤ an intruder alarm（侵入者用の警報機）， 　a violent intruder（乱暴な侵入者） 動 intrude into one's privacy（プライバシーを侵害する）
1099	A	invariably [ɪnˈvɛərɪəblɪ]	副 常に，必ず（≒ **a**lways, **e**very **t**ime） ➤ be invariably true（いつも正しい），It invariably rains when I 　go there.（そこに行くと必ず雨が降る） 形 名 variable（変わりやすい；変化するもの）
1100	A	irrelevant [ɪˈrɛləvənt]	形 無関係な，見当違いの（≒ **u**nrelated, **b**eside **the p**oint） ➤ irrelevant information [evidence]（関連性のない情報［証拠］） 反 **r**elevant（関連性のある）

必須語彙 200 語　最重要語レベル① 600 語　最重要語レベル② 600 語　重要語 600 語

IELTS 読解力 UP　最重要「心理学」語彙をマスター！

□ **REM sleep**　レム睡眠（脳が覚醒し夢を見る）／ **non-REM sleep**（深い眠り）

□ **homeostasis**　ホメオスタシス（今のライフスタイルを維持しようという心理）

□ **classical [respondent] conditioning**　パブロフの条件反射

□ **operant conditioning**　オペラント条件付け（報酬や嫌悪刺激〔罰〕に適応して自発的に
ある行動を取るように学習すること）

□ **reinforcement**　強化（条件づけ学習の時に刺激と反応の結びつきが強まる働き）

□ **imprinting**　刷り込み（特定の物事を短時間で覚え，長時間持続する学習）

□ **amnesia**　健忘症

□ **dementia**　認知症

□ **dyslexia**　失読症

□ **altruism**　利他主義（他者の幸福への関心から行動する）　⇔ **selfishness**

□ **metacognition**　メタ認知（自分自身を客観的に認知する能力で，高い人はコミュ
ニケーションや仕事の進行や目標を定める能力に優れている）

□ **hallucination**　幻覚

□ **inhibition**　抑制（ある衝動を実際の行動に移すのをやめたり妨げたりし，楽
しい活動での満足を遅らせたりする）

□ **defence mechanism**　防衛機制（自ら受け入れがたい感情や体験に直面せずに，無意識
に心の安定を維持しようとする働きで，以下のようなものがある）

  ➤ repression：抑圧（苦痛な感情や記憶を無意識の中に封じ忘れようとする）
  ➤ rationalisation：合理化（満たせなかった欲求を正当化しようとする）
  ➤ regression：退行（耐え難い事に直面したとき幼い時期の発達 段階に戻る）
  ➤ sublimation：昇華（性的衝動などを社会的有用な創造的活動に転化）
  ➤ identification：同一化（憧れのモデルと同じ髪型にするなど）
  ➤ compensation：補償（劣等感を解消するために他分野で優越感を求める）
  ➤ inversion：逆転（恋人への愛情が 憎しみに変わるなど）
  ➤ projection：投影（嫌な感情を排除し，他者のものであるかのように位置づける）

□ **catharsis**　カタルシス（悲劇を見ることによる感情の浄化）

□ **Oedipus complex**　エディプスコンプレックス（マザコン）⇔ **Electra complex** エレ
クトラコンプレックス（ファザコン）

□ **psychoanalysis**　精神分析

□ **hypnotic therapy**　催眠術治療

□ **Extra-Sensory Perception（ESP）**　感覚外知覚

□ **claustrophobia**　閉所恐怖症

□ **Attention Deficit Hyperactivity Disorder（ADHD）**　注意欠陥・多動性障害

□ **Post-Traumatic Stress Disorder（PTSD）**　心的外傷後ストレス障害

- ☐ psychosomatic disease　心身症
- ☐ neurosis　神経症
- ☐ depression　うつ病
- ☐ autism [ˈɔːtɪzəm]　自閉症
- ☐ paranoia　偏執病，妄想症
- ☐ schizophrenia [ˌskɪtsəʊˈfriːnɪə]　統合失調症
- ☐ anorexia [ˌænɒˈrɛksɪə]　拒食症
- ☐ bulimia　過食症
- ☐ kleptomania [ˌklɛptəʊˈmeɪnɪə]　窃盗症（ストレスなどから価値のない物を盗みたくなる衝動）

IELTS 読解力 UP　最重要「言語学」語彙をマスター！

- ☐ alliteration　頭韻（語頭の子音を繰り返す押韻法）（➤例：do or die）
- ☐ cognate　同族語（同一あるいは異なる言語間で共通の語源を持つ単語）
（➤英語なら同語源の shirt と skirt，guardian と warden）
- ☐ derivation　派生（既存する単語に接辞を付加することにより，新しい単語を形成すること。時折品詞の変化を伴う）
- ☐ sign language　手話（手や顔などの動きを使って思考や考えを伝える言葉）
- ☐ pidgin　ピジン（異なる母国語を持つ 2 つ以上のグループ間で発展した簡略化された言語）（➤英語が基盤のニューギニアの公用語であるトク・ピジン語は有名）
- ☐ creole　クレオール語（ピジンから発展した母国語。比較的安定しており，あるグループでは母国語や第一言語として確立した）（➤ハイチ・クレオール語（Haitian Creole）は世界で最も使用されているクレオール語）
- ☐ connotation　暗示的意味（文字どおりの意味や直接的な意味とは対照的に，言葉や表現のほのめかしや，間接的な意味のこと）
- ☐ kinesics　動作学（身振り，顔の表情のように体の動きに関連した非言語行動を通してどのように人が意思伝達をするのかを研究する学問）
- ☐ Braille　点字（フランスの視覚障害者ルイ・ブライユが考案した点字法）
- ☐ hieroglyph　ヒエログリフ（宗教的目的で古代エジプト人によって使用された絵文字表記）（➤音を表す「表音文字（phonogram）」が多い）
- ☐ political correctness　ポリティカル・コレクトネス（社会的に不利な人々への差別するような表現を避けること）（➤例：blind の代わりに visually impaired）
- ☐ onomatopoeia　オノマトペ，擬声語（物や動作を連想させる音をまねた言葉）
（➤ 'pop（ポン）' 'click（カチッ）' や 'sizzle（シューシュー）' のような動作音）
- ☐ lingua franca　共通語，通商語（➤ vernacular は「自国語，お国言葉」）

学習日	年　月　日	年　月　日	年　月　日

1101 A **irreparable**
[ɪˈrɛpərəbᵊl]

形 （損害・傷などが）修復不可能な，取り返しのつかない（≒ **irreversible, irrevocable**）
➤ irreparable damage [harm] to *your* health（健康への取り返しのつかない損害）
反 **reparable**（修復可能な）

1102 A **irresistible**
[ˌɪrɪˈzɪstəbᵊl]

形 抵抗できない，非常に魅力的な（≒ **uncontrollable, tempting**）
➤ an irresistible attraction [desire]（たまらない魅力 [抑えがたい欲望]）
副 **irresistibly**（たまらなく）

1103 A **irreversible**
[ˌɪrɪˈvɜːsəbᵊl]

形 回復 [撤回] できない（≒ **irreparable, irrevocable**）
➤ irreversible environmental damage [global warming]（回復不可能な環境被害 [地球温暖化]）
副 **irreversibly**（回復 [撤回] できないほど，取り返しがつかないまでに）

1104 A **jeopardise**〈英〉/
jeopardize〈米〉
[ˈdʒɛpəˌdaɪz]

動 危うくする，脅かす（≒ **endanger, threaten**）
➤ A scandal jeopardised his political career.（スキャンダルが彼の政治生命を危うくした）
名 put *one's* life in **jeopardy**（命を**危険**にさらす）

1105 RL **judicial**
[dʒuːˈdɪʃᵊl]

形 裁判の，冷静な判断ができる（≒ **legal, juridical**）
➤ the judicial review [power]（司法審査 [司法権]）
形 a **judicious** choice（**賢明な**選択）

1106 S **juggle**
[ˈdʒʌgᵊl]

動 （2 つ以上の仕事や活動を）やりくりする，素早く動かす（≒ **balance, manipulate**）
➤ juggle work and family（仕事と家庭を両立させる）
名 **juggler**（曲芸師，やりくり上手な人）

1107 RL **kindle**
[ˈkɪndᵊl]

動 燃え立たせる，（火を）つける（≒ **stimulate, ignite**）
➤ kindle *her* imagination [interest]（想像力 [興味] をかき立てる），kindle a fire（火をつける）

1108 LS **knack**
[næk]

名 要領，コツ（≒ **technique, skill**）
➤ a knack for business [making money]（ビジネス [金儲け] のコツ）

1109 A **label**
[ˈleɪbᵊl]

動 張り紙 [付せん，レッテル] を貼る，ラベルを貼って分類する（≒ **categorise, tag**） 名 ラベル，ブランド
➤ label them as suspects [failures]（彼ら [それら] に容疑者 [失敗作] のレッテルを貼る），baggage labelled for Paris（パリ行きの荷札をつけた手荷物）

1110 RL **latitude**
[ˈlætɪˌtjuːd]

名 緯度，自由裁量（≒ **parallel, freedom**）
➤ north latitude（北緯），latitude to decide（決定する自由）
関 **longitude**（経度）

1111	RL	**lavish** [ˈlævɪʃ]	形 ぜいたくな（≒ **luxurious, gorgeous**） 動 （称賛・愛情・金などを）惜しげなく与える[使う]（≒ **give generously**） ➤ a lavish lifestyle [wedding]（ぜいたくな生活 [結婚式]）， lavish affection on *my* son（息子に惜しみなく愛情をそそぐ） 副 **lavishly**（気前よく，ぜいたくに）
1112	A	**layer** [ˈleɪə]	名 レイヤー，層（≒ **covering, tier**） ➤ ozone layer depletion（オゾン層の減少）， layers of the earth（地層）
1113	A	**legacy** [ˈlɛgəsɪ]	名 相続財産，遺産（≒ **inheritance, heritage**） ➤ receive a legacy of $250,000（25 万ドルの遺産を受け取る）， a cultural legacy（文化的遺産）
1114	LS	**lengthy** [ˈlɛŋkθɪ, ˈlɛŋθɪ]	形 長ったらしい，冗長な（≒ **extended, prolonged**） ➤ a lengthy train delay（大幅な電車の遅れ）， a lengthy illness（長患い） 動 **lengthen**（長くする，伸ばす）　名 **length**（長さ）
1115	A	**lessen** [ˈlɛsᵊn]	動 減らす，減る，小さくする[なる]（≒ **reduce, decrease**） ➤ lessen the impact [burden]（衝撃 [負担] を減らす） 注意 lesson（レッスン）と綴りが似ているので注意！
1116	RL	**levy** [ˈlɛvɪ]	動 （税・罰金などを）課す，徴収する（≒ **impose, charge**） ➤ levy a heavy tax [fine]（重税 [罰金] を課す） 名 **levy**（課税，徴収）
1117	A	**liability** [ˌlaɪəˈbɪlɪtɪ]	名 法的責任，重荷になる物や人，《通例 -ties で》負債（≒ **accountability, debt**） ➤ legal liability（法的責任），a liability to the government（政府にとっての重荷）， have liabilities of 2 million dollars（200 万ドルの負債がある） 形 be **liable** for tax（税金支払いの責任 [義務] がある）
1118	A	**likelihood** [ˈlaɪklɪˌhʊd]	名 可能性（≒ **probability, possibility**） ➤ likelihood of recovery [success]（回復 [成功] の可能性） 形 **likely**（〜しそうである，起こり得る）
1119	LS	**lingering** [ˈlɪŋgərɪŋ]	形 長引く，なかなか消えない（≒ **protracted, lasting, remaining**） ➤ lingering pain（長引く痛み）， lingering doubts（なかなか解消しない疑問） 動 **linger** over the work（だらだらと仕事をする）
1120	A	**load** [ləʊd]	名 積み荷，負担，《~s of ... で》多数 [多量] の〜（≒ **cargo, burden**） ➤ carry a heavy load（重い荷物を運ぶ），loads of calls（多数の電話問合せ） 名 **loading**（荷積み，荷揚げ）

必須語彙 200 語　最重要語レベル① 600 語　最重要語レベル② 600 語　重要語 600 語

学習日	年 月 日	年 月 日	年 月 日

1121 | **A** | **lucrative**
['lu:krətɪv]

形 儲かる，お金になる（≒ **profitable, rewarding**）
➤ a lucrative contract [market]（お金になる契約［市場］）
副 **lucratively**（儲けて，有利に）

1122 | **RL** | **lurk**
[lɜ:k]

動 待ち伏せする，潜んでいる（≒ **hide, sneak**）
➤ a figure [danger] lurking in the shadow（物陰に潜む人影［危険］）
名 **lurker**（潜んでいる人，インターネットで書き込みを読むだけの人）

1123 | **RL** | **magnify**
['mægnɪˌfaɪ]

動 大きく見せる，誇張する（≒ **enlarge, exaggerate**）
➤ magnify the image（イメージを拡大する），
magnify the risk（危険性を大げさに言う）
名 **magnifier**（ルーペ，拡大鏡）

1124 | **A** | **mainstream**
['meɪnˌstri:m]

形 主流（派）の 名 主流，本流（≒ **conventional, orthodox**）
➤ mainstream media [education]（主要メディア［普通クラスの教育］）
名 gender **mainstreaming**（ジェンダー**主流化**）

1125 | **RL** | **make-believe**
['meɪkbɪli:v]

形 架空［想像上］の（≒ **fictional, imaginary**）
名 架空［虚構］，（子どもの）ごっこ遊び（≒ **fantasy**）
➤ a make-believe world（架空の世界），
play a game of make-believe（ごっこ遊びをする）

1126 | **RL** | **makeshift**
['meɪkˌʃɪft]

形 間に合わせの，一時しのぎの（≒ **temporary, provisional**）
➤ a makeshift shelter [camp]（仮設避難所［避難民キャンプ］）

1127 | **A** | **managerial**
[ˌmænɪ'dʒɪəriəl]

形 経営上の，管理者の（≒ **supervisory, administrative**）
➤ a managerial position（管理職），managerial skills（経営［管理］技術）
名 **management**（経営，管理）

1128 | **A** | **manifest**
['mænɪˌfɛst]

動 明白に示す（≒ **demonstrate, show**）
形 明らかな（≒ **obvious**）
➤ manifest *their* dissatisfaction in strikes（ストライキで不満を明白に示す），a manifest error（明らかな間違い）
名 **manifestation**（明示，兆候，デモ，〔霊魂などの〕出現）

1129 | **A** | **manoeuvre** 〈英〉／
maneuver 〈米〉
[mə'nu:və]

動 （巧みに）操作する，操る（≒ **operate, manipulate**）
名 操作，戦略（≒ **operation, tactic**）
➤ manoeuvre an aircraft（航空機を操縦する），
a political manoeuvre（政治的な駆け引き）
形 a **manoeuvrable** vehicle（操作［運転］しやすい乗り物）

1130 | **A** | **marginal**
['mɑ:dʒɪnªl]

形 わずかな，取るに足りない（≒ **slight, minor**）
➤ a marginal increase [improvement]（わずかな増加［改善］）
名 **margin**（差，限度，利益）

1131	A	**marked** [mɑːkt]	形 著しい，際立った（≒ **noticeable, obvious**） ➤ a marked increase [improvement]（著しい増加 [改善]） 副 **markedly**（著しく）
1132	A	**measure** ['mɛʒə]	名 対策（≒ **action**）　動 測定する（≒ **gauge**） ➤ take a drastic [preventive] measure（思い切った手 [予防策] を打つ） 形 **measurable**（測定できる，目にわかるほど大きな）
1133	RL	**meddle** ['mɛdᵊl]	動 干渉する，（勝手に）いじくる（≒ **interfere, tinker**） ➤ meddle in the market（市場介入する）， 　meddle with her computer（彼女のコンピューターをいじる） 形 **meddlesome**（おせっかいな）　名 **meddler**（おせっかいな人）
1134	A	**medieval** [ˌmɛdɪˈiːvl]	形 中世の（≒ **of the Middle Ages**） ➤ a medieval castle [architecture]（中世の城 [建築物]）
1135	A	**mediocre** [ˌmiːdɪˈəʊkə]	形 月並みな，二流の（≒ **banal, commonplace**） ➤ a mediocre performance [life]（月並みな演技 [平凡な生活]） 名 **mediocrity**（月並みなこと，凡人）
1136	A	**medium** ['miːdɪəm]	名 （伝達，通信などの）手段，媒体，機関，中間《pl: media》，《生物》培地 [培養基]（≒ **means, method**） ➤ a storage medium（記録媒体），the news media（報道機関）， 　growing medium（生物の生育培地） 形 a **medium** size（M [中位の] サイズ）
1137	A	**menial** ['miːnɪəl]	形 （仕事が）雑用的な，単調な（≒ **unskilled, boring**） ➤ a menial job [task]（単純労働，つまらない仕事）
1138	A	**mentor** ['mɛntɔː]	名 メンター，よき指導者（≒ **adviser, teacher**） ➤ a mentor for life（人生の指導者）， 　a business mentor（ビジネスメンター [職場の指導者]） 名 **mentoring**（メンタリング，職場で熟練者が未熟練者を指導すること）
1139	A	**methodology** [ˌmɛθəˈdɒlədʒɪ]	名 （学術的な）方法（論）（≒ **procedure, technique**） ➤ a research [assessment] methodology（研究方法 [評価方法]） 形 a **methodological** problem（方法論上の問題）
1140	RL	**migration** [maɪˈgreɪʃən]	名 （人や動物の）移住，（鳥などの）渡り，移動（≒ **emigration, move**） ➤ the seasonal migration of birds（鳥の季節ごとの渡り）， 　data migration（データの移行） 動 **migrate** to north Europe（北ヨーロッパに移住 [移動] する）

学習日	年　月　日	年　月　日	年　月　日

1141 **A** **mimic** ['mɪmɪk]

動 まねる（≒ **i**mitate, **c**opy）
➤ Parrots mimic people.（オウムは人をまねる），mimic *their* teachers（先生のまねをする）
名 **mimicry**（ものまね，擬態《生物》）

1142 **A** **mindset** ['maɪnd͵sɛt]

名 考え方，ものの見方（≒ **m**entality, **a**ttitudes）
➤ a positive [different] mindset（前向きな［異なる］考え方）

1143 **A** **misconception** [͵mɪskən'sɛpʃən]

名 誤解，思い違い（≒ **mis**interpretation, **mis**understanding）
➤ a common [popular] misconception（よくある誤解）
名 **conception**（概念，考え，受胎）

1144 **RL** **miserly** ['maɪzəlɪ]

形 しみったれた，けちな，わずかな（≒ **m**ean, **p**altry）
➤ a miserly tip（けちなチップ）
名 **miser**（けちん坊）

1145 **A** **misguided** [͵mɪs'gaɪdɪd]

形 誤った［間違った］方向へ導びかれた，見当違いの（≒ **m**isled, **d**eceived）
➤ a misguided policy（間違った［見当違いの］政策），a misguided attempt（見当違いの試み）　副 **misguidedly**（勘違いして）

1146 **A** **misplace** [͵mɪs'pleɪs]

動 置き忘れる，置き間違える（≒ **m**islay, **l**ose）
➤ misplace *my* key [glasses]（鍵［メガネ］を置き忘れる）
形 **misplaced** trust（**対象を誤った信頼**→信頼すべきでない相手を信頼すること）

1147 **A** **mock** [mɒk]

形 偽物の（≒ **f**ake）　動 からかう（≒ **t**ease）　名 あざけり
➤ a mock battle（模擬戦），mock his effort（彼の努力をからかう）
形 **mocking** laughter（嘲笑い）

1148 **RL** **momentous** [məʊ'mɛntəs]

形 （将来に大きな影響を与える）重大な，重要な《出来事・機会・決定・変化など》（≒ **i**mportant, **e**poch-**m**aking）
➤ a momentous decision [historical event]（重大決定［歴史上の出来事]）

1149 **A** **momentum** [məʊ'mɛntəm]

名 勢い，はずみ，《物理》運動量（≒ **d**rive, **i**mpetus）
➤ gain [lose] momentum（勢いを増す［失う]）
形 **momentary** happiness（束の間の幸せ）

1150 **A** **multicultural** [͵mʌltɪ'kʌltʃərəl]

形 多文化の（≒ **m**ulti-**e**thnic, **c**ulturally **d**iverse）
➤ a multicultural society（多文化社会），multicultural education（多文化教育）
名 **multiculturalism**（多文化主義）

Part 3
達成度　　50%　　　　　　　　　　100%
　　　　　　　　　　　　60%

1151	A	multiple [ˈmʌltɪpəl]	形 多数の，多様な，複式の，倍数の（≒ **numerous, many**） ➤ a multiple choice（多項選択）， 　 multiple copies（多数のコピー） 動 **multiply**（増す，増加させる［する］，（〜に）掛ける）
1152	A	multipurpose [ˌmʌltɪˈpɜːpəs]	形 幅広く使える（≒ **multifunctional, general-purpose**） ➤ a multipurpose room（多目的室）， 　 multipurpose furniture（万能家具）
1153	A	myth [mɪθ]	名 神話，作り話（≒ **legend, fallacy**） ➤ a myth of economic growth（経済の成長神話）， 　 ancient Greek myths（ギリシャ神話） 形 a **mythical** creature（伝説上の生き物）
1154	A	narrative [ˈnærətɪv]	名 物語，話術（≒ **story, tale**）　形 物語風の ➤ a personal [historical] narrative（身の上話［歴史物語］） 名 **narration**（ナレーション）
1155	A	negligence [ˈneɡlɪdʒəns]	名 怠慢，過失（≒ **irresponsibility, carelessness**） ➤ professional [medical] negligence（業務上の過失［医療過誤］） 形 **negligent**（怠慢な，過失の，〔動作や服装が〕飾らない［気取らない］）
1156	RL	nocturnal [nɒkˈtɜːnəl]	形 夜行性の，夜間の（≒ **night, night-time**） ➤ a nocturnal animal [bird]（夜行〔性〕動物［夜鳥]） 名 **nocturne**（ノクターン，夜想曲）
1157	A	novice [ˈnɒvɪs]	名 初心者，見習い（≒ **beginner, trainee**） ➤ a novice teacher [driver]（新米教師［ドライバー]） 名 **novitiate**（見習期間，〔キリスト教の〕修練所）
1158	A	nuisance [ˈnjuːsəns]	名 厄介な［迷惑な］もの［人，こと］，迷惑行為，《法律》 不法妨害（≒ **annoyance, trouble**） ➤ nuisance calls [e-mails]（迷惑電話［迷惑メール]）， 　 public nuisance（《法律》公的不法妨害）
1159	RL	numb [nʌm]	形 （感覚や思考が）麻痺して（≒ **paralysed, senseless**） ➤ be numb with cold [fear]（寒さでかじかむ［恐怖で固まる]） 動 be **numbed** with cold（寒さで**感覚をなくす**）
1160	RL	oblivion [əˈblɪvɪən]	名 忘却，忘れ去られていること（≒ **unconsciousness, forgetfulness**） ➤ fall [slip, pass] into oblivion（忘れ去られる）， 　 drink myself into oblivion（飲んで嫌なことを忘れる） 形 be **oblivious** to the danger（危険に**気づかない**）

必須語彙 200 語　　最重要語レベル① 600 語　　最重要語レベル② 600 語　　重要語 600 語

| 学習日 | 年 月 日 | 年 月 日 | 年 月 日 |

1161 **A** **obscene**
[əbˈsiːn]

形 卑猥な，（道徳的に）節度を欠いた，不愉快な（≒ **indecent, vulgar**）
➤ an obscene joke（卑猥なジョーク），
an obscene amount of money（法外な［不当に巨額の］金額）
副 **obscenely**（わいせつに，不愉快なほど）

1162 **RL** **obscure**
[əbˈskjʊə]

形 曖昧な［はっきりしない］，わかりにくい，無名の（≒ **vague, unknown**）
動 ぼかす，覆い隠す（≒ **blur, hide**）
➤ for some obscure reason（何かはっきりしない理由で），
obscure the fact（事実を曖昧にする）
名 **obscurity**（難解〔さ〕，曖昧，不明瞭，無名）

1163 **A** **observance**
[əbˈzɜːvəns]

名 遵守［順守］，《通例，複数形で》儀式（≒ **obedience, rite**）
➤ observance of the law [rules]（法律［規則］の遵守）
動 **observe**（〔法律などを〕守る，観察する，〜に気づく，述べる）

1164 **A** **obsession**
[əbˈseʃən]

名 （異常な）執着，強迫観念（≒ **preoccupation, fixation**）
➤ obsession with money [cleanliness]（お金への執着［潔癖性］），
become a national obsession（国中が夢中になっている）
動 *be* **obsessed** with money（お金のことで頭がいっぱいである）

1165 **A** **obsolete**
[ˈɒbsəˌliːt, ˌɒbsəˈliːt]

形 旧式の，時代遅れの（≒ **out-of-date, outmoded**）
➤ obsolete technology（時代遅れの科学技術），become obsolete
（時代遅れになる）　名 planned **obsolescence**（計画的旧式化〔買
い替えを促すために，意図的に寿命を短く設定し製造販売すること〕）

1166 **A** **obstinate**
[ˈɒbstɪnɪt]

形 強情［頑固］な，厄介な（≒ **stubborn, inflexible**）
➤ an obstinate refusal to compromise（妥協することへの頑なな拒絶）
名 **obstinacy**（頑固さ，強情）　副 **obstinately**（頑なに）

1167 **A** **occupant**
[ˈɒkjʊpənt]

名 居住者，占有者，乗員（≒ **resident, inhabitant**）
➤ building occupants（建物入居者，建物内のワーカー），the current
occupant（現在の入居者）　名 **occupation**（職業，占拠，占有）

1168 **A** **offset**
[ˌɒfˈsɛt] 動
[ˈɒfˌsɛt] 名

動 相殺する（≒ **compensate for, make up for**）　名 相殺するもの
➤ offset carbon emissions by tree planting（CO₂排出量を植林
により相殺する），a carbon offset（カーボンオフセット〔植林など
によって二酸化炭素排出量の超過分を相殺すること〕）

1169 **A** **offspring**
[ˈɒfˌsprɪŋ]

名 （人や動物の）子，子孫（≒ **child, baby**）《*pl:* offspring》
➤ He has four offspring.（彼には4人の子どもがいる），
raise offspring（子孫を育てる）
＊単複両扱い，単数の場合でも an は付けない。通例 *one's* 〜。

1170 **A** **outbreak**
[ˈaʊtˌbreɪk]

名 勃発，発生（≒ **eruption, beginning**）
➤ the outbreak of the war（戦争の勃発），prevent an outbreak
of the pandemic（〔病気・感染症の〕世界的大流行の発生を防ぐ）

1171	A	**outburst** [ˈaʊtˌbɜːst]	名 噴出，爆発（≒ **explosion, burst**） ➤ an <u>outburst</u> of anger [energy]（怒り［エネルギー］の爆発） 動 <u>burst</u> into tears（急に泣き始める）
1172	A	**outdated** [ˌaʊtˈdeɪtɪd]	形 時代遅れの，旧式の（≒ **obsolete, old-fashioned**） ➤ <u>outdated</u> ideas（時代遅れの考え），<u>outdated</u> equipment（時代遅れの設備），<u>outdated</u> technology（旧式の技術）
1173	A	**outdo** [ˌaʊtˈduː]	動 ～に勝る（≒ **surpass, beat**） ➤ <u>outdo</u> the rivals（ライバルに勝る）， not to be <u>outdone</u>（負けてはいられないと，出し抜かれまいとして）
1174	A	**outgoing** [ˈaʊtˌgəʊɪŋ]	形 社交的な，（まもなく）引退する（≒ **sociable, retiring**） ➤ an <u>outgoing</u> personality（社交的な性格）， the <u>outgoing</u> president（引退間際の社長）
1175	A	**outlet** [ˈaʊtlɛt, -lɪt]	名（ストレス・エネルギーなどの）はけ口，直販店，《米》コンセント（≒ **vent, shop**） ➤ an <u>outlet</u> for stress（ストレスのはけ口）， a retail <u>outlet</u>（小売店）
1176	A	**outnumber** [ˌaʊtˈnʌmbə]	動 ～より数で勝る（≒ **exceed, surpass in number**） ➤ Men <u>outnumber</u> women in politics.（政治界で男性の数は女性を上回る）
1177	A	**overflow** [ˌəʊvəˈfləʊ] 動 [ˈəʊvəˌfləʊ] 名	動 あふれる，～でいっぱいになる（≒ **flow over, flood**） 名 氾濫，流出（≒ **flood, inundation**） ➤ The river <u>overflowed</u> its banks.（その川は土手を越えて氾濫した）．The train platform was <u>overflowing</u> with passengers.（プラットホームは乗客であふれていた）
1178	RL	**overshadow** [ˌəʊvəˈʃædəʊ]	動（事件・出来事が）～の影を薄くする［見劣りさせる］，《比喩的に》～に暗い影を投げかける（≒ **outshine, dwarf**） ➤ News of the accident <u>overshadowed</u> the day's events.（事故のニュースのせいで，その日の出来事の影が薄くなった）
1179	RL	**overthrow** [ˌəʊvəˈθrəʊ] 動 [ˈəʊvəˌθrəʊ] 名	動 転覆させる，（理論などを）覆す（≒ **bring down, overturn**） 名《単数形で》打倒，転覆 ➤ <u>overthrow</u> the government（政府を転覆させる），<u>overthrow</u> the theory（理論を覆す）
1180	A	**painstaking** [ˈpeɪnzˌteɪkɪŋ]	形 綿密［念入り］な，骨の折れる（≒ **careful, demanding**） ➤ <u>painstaking</u> research（念入りな［徹底した］調査），<u>painstaking</u> work（骨の折れる仕事） 副 <u>painstakingly</u>（苦心して）

| 学習日 | 年　月　日 | 年　月　日 | 年　月　日 |

1181　A　pamper
[ˈpæmpə]

動 甘やかす，好きなようにさせる（≒ **spoil, indulge**）
➤ pamper *your* child（子どもを甘やかす），
Pamper yourself.（ご自分へのご褒美を〔楽しんでください〕）

1182　RL　panacea
[ˌpænəˈsɪə]

名 万能薬，（万能の）解決策（≒ **cure-all, magic bullet**）
➤ a panacea for the economic problems（経済問題に対する万能薬）

1183　A　parallel
[ˈpærəˌlel]

形 平行［並行］の，類似した，同時（進行）の（≒ **side by side, similar**）　**名** 平行線，類似
➤ parallel lines [efforts]（平行線［並行して行われる努力〕）
名 **parallelism**（パラレリズム〔対句を使った文構造〕）

1184　A　paramount
[ˈpærəˌmaʊnt]

形 最重要の，最高の（≒ **most important, supreme**）
➤ an issue of paramount importance（最重要の問題），
Safety is paramount.（安全は最重要だ）

1185　RL　parasite
[ˈpærəˌsaɪt]

名 寄生生物，寄生者［たかる人］（≒ **sponger, freeloader**）
➤ parasites of cattle（牛の寄生虫），
a parasite on society（《比喩的》社会の寄生虫）
形 **parasitic**（寄生性の，おべっかを使う）

1186　RL　partition
[pɑːˈtɪʃən]

動 （国を）分割する，（建物・部屋などを）仕切る（≒ **divide, separate**）　**名** 分割，仕切り
➤ partition the country into two（国を二分割する），partition the room into two parts（部屋を二つに仕切る）　**形** **partial**（部分的な，不公平な）

1187　RL　patronage
[ˈpætrənɪdʒ]

名 （金銭的）支援，後援（≒ **sponsorship, financing**）
➤ patronage of the arts（芸術への支援），political patronage（政治的後援）
名 **patron**（後援者，常連客）

1188　R　peddle
[ˈpedˀl]

動 行商する，売り歩く，広める（≒ **sell, advocate**）
➤ a door-to-door salesperson peddling drugs（薬を売り歩く販売員），peddle fake news（偽情報を広める）
名 **pedlar**《英》（《米》**peddler**：行商人，密売人）

**1189　A　penalise《英》／
penalize《米》**
[ˈpiːnəˌlaɪz]

動 罰する，有罪を宣告する，罰［ペナルティ］を課する，不利な立場にやる（≒ **punish, handicap**）
➤ *be* penalised for tax evasion（脱税で処罰される），taxes that penalise the poor（貧困層に不利な税）　**名** **penalty**（罰，罰金）

1190　A　peril
[ˈperɪl]

名 （生命を脅かすような）危険，危機，《通例，the ～ s で》危険，脅威，危険（性）（≒ **serious danger, risk**）
➤ the perils of alcohol abuse（アルコール乱用の危険性），in mortal peril（死にそうに危険な状態で）　**形** a **perilous** journey（危険な旅）

1191	RL	**permissible** [pəˈmɪsəbᵊl]	形 許容される（≒ **a**cceptable, **a**llowable）
			➤ the permissible level of noise [radiation]（許容範囲の騒音［放射線量］）
			名 permission（許可）

1192	RL	**perpetrate** [ˈpɜːpɪˌtreɪt]	動 （犯罪などを）犯す，（詐欺などを）働く（≒ **c**ommit, **c**arry out）
			➤ perpetrate a crime [fraud]（犯罪を犯す［詐欺を働く］）
			名 perpetrator（犯人），perpetration（犯行）

1193	A	**perpetual** [pəˈpɛtʃʊəl]	形 永久の，絶え間ない（≒ **e**verlasting, **c**easeless）
			➤ perpetual snow [conflicts]（万年雪［絶え間ない紛争］）
			副 perpetually（永久に）
			動 perpetuate the problem（問題を長引かせる）

1194	A	**perplex** [pəˈplɛks]	動 当惑［混乱］させる（≒ **p**uzzle, **c**onfuse）
			➤ be perplexed by the problem [answer]（その問題［答え］に当惑させられる）
			名 in perplexity（当惑［困惑］して）

1195	A	**perseverance** [ˌpɜːsɪˈvɪərəns]	名 忍耐，不屈の精神（≒ **d**etermination, **p**ersistence）
			➤ Perseverance will win in the end.（石の上にも3年），dogged perseverance（不屈の忍耐）
			動 persevere（我慢する，目的を貫く）

1196	A	**perspiration** [ˌpɜːspəˈreɪʃən]	名 発汗（作用）（≒ **s**weat, **m**oisture）
			➤ be soaked with perspiration（汗でびしょ濡れになる），beads of perspiration（玉のような汗）
			動 He is perspiring heavily.（彼はすごく汗をかいている）

1197	A	**petition** [pɪˈtɪʃən]	名 嘆願（書），申立（書）（≒ **a**ppeal, **p**lea）　動 嘆願する
			➤ a petition for bankruptcy [divorce]（破産申立［離婚申請］）
			名 petitioner（請願者，申立人）

1198	A	**phase** [feɪz]	名 段階（≒ **s**tage, **a**spect）　動 段階的に行う　句動《phase out で》段階的に停止［廃止，除去］する
			➤ a critical phase（重大な局面），phase out production（生産を段階的に中止する）

1199	A	**pious** [ˈpaɪəs]	形 信心深い［敬けんな］，宗教的な（≒ **r**eligious, **d**evout）
			➤ a pious Buddhist [Christian]（敬けんな仏教徒［クリスチャン］）
			名 piety（信心深さ，敬けん），filial piety（〔親〕孝行）

1200	W	**plateau** [ˈplætəʊ]	名 高原，台地，（景気・学習などの）停滞期（≒ **u**pland, **l**evel）
			➤ the Tibetan plateau（チベット高原），reach a plateau（停滞期に入る）
			注意 Writing Task 1 で使える表現です。

IELTS 類語クイズにチャレンジ！⑥　重要度★★★

Choose a group of synonyms of the underlined part from the list below.

1. The woman performed the **feat** of sailing around the world alone.
2. There was a trade **friction** between the two superpowers.
3. This DVD gives you a **glimpse** of British furniture.
4. Japan is a **homogenous** society, while the US is a heterogeneous society.
5. He made an **impromptu** speech at the wedding reception.
6. I bought a car on the 48 monthly **instalments** of 20,000 yen.
7. Their mismanagement caused **irreparable** damage to the company.
8. The scandal will **jeopardise** the president's political career.
9. Once you get the **knack** of it, you will find it easy to do that.
10. A heavy tax has been **levied** on these luxury items.
11. Anti-discrimination movements are gaining **momentum** in this country.
12. The worker was accused of professional **negligence** resulting in death.
13. Nuclear weapons have made conventional weapons **obsolete**.
14. The achievement of the men's team was **overshadowed** by the success of the women's team.
15. It takes **perseverance** and hard work to accomplish the mission.

【選択肢】

A. endanger, threaten	B. portion, division
C. technique, skill	D. drive, impetus
E. impose, charge	F. conflict, dispute
G. glance, peek	H. irresponsibility, carelessness
I. accomplishment, achievement	J. uniform, similar
K. determination, persistence	L. outshine, dwarf
M. out-of-date, outmoded	N. irreversible, irrevocable
O. unprepared, improvised	

【解答欄】

1.	2.	3.	4.	5.	6.	7.	8.

9.	10.	11.	12.	13.	14.	15.

1.	(I. accomplishment, achievement)	その女性は世界一周単独航海という<u>偉業</u>を成し遂げた。
2.	(F. conflict, dispute)	その二つの超大国間には貿易<u>摩擦</u>があった。
3.	(G. glance, peek)	この DVD はイギリスの家具を<u>垣間見</u>せてくれる。
4.	(J. uniform, similar)	日本は<u>単一民族</u>社会である一方、アメリカは他民族社会だ。
5.	(O. unprepared, improvised)	彼は結婚披露宴で<u>即興</u>のスピーチをした。
6.	(B. portion, division)	月々 2 万円の 48 <u>回払い</u>で車を買った。
7.	(N. irreversible, irrevocable)	彼らの経営ミスが会社に<u>取り返しのつかない</u>損害を与えた。
8.	(A. endanger, threaten)	そのスキャンダルは大統領の政治生命を<u>脅かす</u>だろう。
9.	(C. technique, skill)	一旦<u>コツ</u>を掴めば、それをするのは簡単だと気づくだろう。
10.	(E. impose, charge)	これらの贅沢品には重税が<u>課されてきた</u>。
11.	(D. drive, impetus)	この国では差別反対運動が<u>勢い</u>を増してきた。
12.	(H. irresponsibility, carelessness)	その従業員は業務上<u>過失</u>致死罪に問われた。
13.	(M. out-of-date, outmoded)	核兵器は通常兵器［非核兵器］を<u>時代遅れ</u>のものにさせた。
14.	(L. outshine, dwarf)	女性チームの成功によって男性チームの功績は<u>影が薄く</u>なった。
15.	(K. determination, persistence)	その任務を果たすには<u>忍耐</u>と多大な努力が必要だ。

IELTS スピーキング表現力 UP　「人物表現」をマスター！②

★「やり手」に関する人物表現

☐ 機転の利く先進的な起業家	a resourceful, proactive entrepreneur
☐ 決断力がある	have decision-making abilities
☐ 力強く豪快なリーダー	a dynamic and broad-minded leader
☐ 個性派	have a unique personality
☐ 自ら進んで努力する発明家	a self-motivated inventor
☐ 好奇心が旺盛	*be* curious about many things [everything]
☐ リスクを恐れぬ自ら行動を起こす人	a risk-taking self-starter
☐ 頭の回転が速い	have a sharp [an agile] mind
☐ エネルギッシュで努力を惜しまない頑張り屋	*be* very energetic and hard-working
☐ 己の信念を貫く	stick to *one's* own principles
☐ 意志の強さと根性がある	have a strong willpower and determination
☐ スタミナがある	have physical and mental strength
☐ 負けず嫌いの学生	a very competitive student
☐ 自分の意見をしっかり持っている人	an independent thinker
☐ 自己主張が強い性格である	have a self-assertive character
☐ 自信家で自尊心が高い政治家	a self-confident and self-respecting politician
☐ 積極的で自信家のキャリアウーマン	an active, confident career woman
☐ 感情に流されず用心深い参謀	a dispassionate and cautious advisor
☐ 現実的で損得勘定がしっかりした人	an astute businessperson
☐ 細かく几帳面な会計士	a meticulous accountant
☐ 落ち着いた性格の持ち主である	have a well-balanced character
☐ 思慮深く洞察力に優れた思索家	a prudent insightful thinker ＊「思慮深い人」は a deep thinker。

Unit 3

【1201】~【1400】

| 学習日 | 年　月　日 | 年　月　日 | 年　月　日 |

1201 RL **plead**
[pliːd]
- 動 嘆願する, (法廷で) 主張する [申し立てをする] (≒ **beg, appeal**)
- ➤ plead for help (必死で助けを求める),
  plead guilty (罪を認める), plead not guilty (無罪を主張する)
- 名 **plea** (嘆願, 申し立て, 言い訳) : enter a plea of guilty (有罪の申し立てをする)

1202 A **plentiful**
[ˈplɛntɪfʊl]
- 形 豊富な, たっぷりの (≒ **abundant, ample**)
- ➤ plentiful supply [food] (豊富な供給 [食糧])
- 副 **plentifully** available (十分に利用できる)

1203 A **pointer**
[ˈpɔɪntə]
- 名 《通例, 複数形で》アドバイス, 示唆, 《to を伴って》(~ への) 暗示 [指標] (≒ **tip, indication**)
- ➤ useful pointers (役に立つアドバイス),
  A surge in sales is a pointer to economic recovery. (売り上げの急上昇は経済回復のしるしだ)

1204 A **pointless**
[ˈpɔɪntlɪs]
- 形 無意味な, 成果のない (≒ **meaningless, futile**)
- ➤ a pointless question [argument] (無意味な質問 [議論])
- 関 to [off] the **point** (要領を得た [得ない])

1205 A **potent**
[ˈpəʊtᵊnt]
- 形 強力な, 説得力のある, 効能が高い (≒ **powerful, effective**)
- ➤ a potent drug [force] (強力な薬 [強大な力])
- 反 **impotent** (無能 [無力] な, 性的不能の)

1206 A **precede**
[prɪˈsiːd]
- 動 (時間的・順序的に) 先行する, (位置的に) ~より前方を行く (≒ **come before, lead the way**)
- ➤ black clouds that precede rain (雨の前に現れる暗雲),
  The guard preceded the president out of the room. (大統領より先に護衛が部屋を出た)　形 名 a **precedent** model (先行モデル)

1207 R **precocious**
[prɪˈkəʊʃəs]
- 形 早熟の [ませた], 早期の (≒ **developed, advanced**)
- ➤ a precocious child (早熟な子ども),
  a precocious talent for music (早熟な音楽の才能)

1208 A **predator**
[ˈprɛdətə]
- 名 捕食動物, 《比喩》他人を利用する人 (≒ **carnivore, exploiter**)
- ➤ a sexual predator (性犯罪者), a child predator (児童虐待者)
- 形 **predatory** (捕食性の, 搾取する)

1209 A **predecessor**
[ˈpriːdɪˌsɛsə]
- 名 前任者, 前にあったもの [前身] (≒ **precursor, forerunner**)
- ➤ an immediate predecessor (前任者),
  the predecessor of the UN (国際連合の前身)

1210 A **predominant**
[prɪˈdɒmɪnənt]
- 形 主たる, 優勢な (≒ **main, dominant**)
- ➤ a predominant feature (特色),
  a predominant role (中心的な役割)
- 副 **predominantly** (大部分は, 圧倒的に)

1211	A	**preliminary** [prɪˈlɪmɪnəri]	形（研究・分野・調査などが）予備［準備］の，（試合で）予選の（≒ **initial, preparatory**）　名準備，予選 ➤ a preliminary survey（事前調査），the preliminary round of the game（試合の予選）
1212	A	**premature** [ˌpreməˈtjʊə, ˈpreməˌtjʊə]	形早すぎる，（通常より）早い，早産の（≒ **untimely, early**） ➤ a premature death（早すぎる死），a premature baby（未熟児） 名 **prematurity**（時期尚早，早計，早産）
1213	A	**preoccupied** [priːˈɒkjʊˌpaɪd]	形《通例，be ～で》（～に）心を奪われて，没頭して（≒ **absorbed, engrossed**） ➤ be preoccupied with the pain [work]（痛み［仕事］に気を取られている） 名 **preoccupation**（没頭，夢中，大きな関心事，気がかり〔な事〕）
1214	A	**prerequisite** [priːˈrekwɪzɪt]	名必要条件（≒ **requirement, precondition**） 形前もって必要な（≒ **required**） ➤ a prerequisite for the job（その仕事の必要条件）， a prerequisite for the course（その講義の受講条件）
1215	A	**prescribe** [prɪˈskraɪb]	動処方する，規定する（≒ **order, stipulate**） ➤ prescribe drugs（薬を処方する）， prescribe the retirement age at sixty-five（定年を65歳と定める） 形 the prescribed form（規定の用紙［書式]）　名 prescription（処方〔箋〕，規定）
1216	RL	**pressing** [ˈpresɪŋ]	形切迫した，急を要する（≒ **urgent, critical**） ➤ a pressing need [problem]（差し迫った必要性［緊急課題]）
1217	A	**prestige** [preˈstiːʒ]	名名声，威信（≒ **fame, status**） ➤ social [international] prestige（社会的［世界的]な名声） 形 a **prestigious** university（名門〔の〕大学）
1218	A	**prior** [ˈpraɪə]	形前の，事前の，《prior to A で》A より前に，A に先立って（≒ **previous, preceding**） ➤ prior knowledge（予備知識），prior to your trip（旅行に行く前に）
1219	A	**proactive** [prəʊˈæktɪv]	形先のことを考えた，事前に対策を講じる，積極的な（≒ **foreseeing, forward-looking**） ➤ a proactive approach [role]（先を見越したアプローチ［積極的な役割]） 副 **proactively**（前向きに，先を見越して）
1220	A	**probe** [prəʊb]	名動（徹底的に）調査（する），徹底調査，無人宇宙探査機，《医》探り針，《電》プローブ（≒ **investigation, investigate, examine**） ➤ a murder probe（殺人事件の徹底調査）， probe the scandal（不祥事を調査する）

必須語彙 200 語　　最重要語レベル① 600 語　　**最重要語レベル② 600 語**　　重要語 600 語

学習日	年 月 日	年 月 日	年 月 日

1221 RL **procession**
[prəˈsɛʃən]

名 行列（≒ **parade, march**）
➤ a funeral [carnival] procession（葬列［カーニバルの行列］）
形 a **processional** march（行列の行進）

1222 A **procure**
[prəˈkjʊə]

動 入手する，調達する（≒ **obtain, acquire**）
➤ procure computer equipment [raw materials]（コンピューター機器［原材料］を調達する）**名** **procurement**（調達，入手）

1223 A **progressive**
[prəˈgrɛsɪv]

形 進歩的な，（段階的に）前進する，進行性の（≒ **liberal, continuing**）
➤ a progressive school [disease]（進歩的な学校［進行性の病気］）
副 **progressively**（進歩的に，革新的に）

1224 A **prohibitive**
[prəˈhɪbɪtɪv]

形 （値段が）法外な，禁止するための（≒ **exorbitant, steep**）
➤ prohibitive land prices in Tokyo（東京の法外な土地の値段），
a prohibitive measure（禁止措置）**動** **prohibit**（禁止する）

1225 A **prolific**
[prəˈlɪfɪk]

形 多作の［（スポーツ選手が）得点力がある］，多産の［（植物が）実を多くつける］（≒ **productive, fertile**）
➤ a prolific writer（多作な作家），prolific plants（実を多くつける植物）
副 **prolifically**（多産に，実り豊かに，豊富に）

1226 RL **prolong**
[prəˈlɒŋ]

動 （時間・症状などを）長引かせる，延ばす（≒ **extend, lengthen**）
➤ prolong the conversation（会話を長引かせる），
prolong the life of flowers（花の寿命を延ばす［花を長持ちさせる］）
形 a **prolonged** recession（長引く不景気）**名** **prolongation**（延長［部分］，長期化）

1227 RL **propagate**
[ˈprɒpəˌgeɪt]

動 宣伝する，（植物や動物などが）繁殖する［させる］（≒ **spread, reproduce**）
➤ propagate the idea [information]（アイデア［情報］を広める），
These plants propagate themselves.（これらの植物は増殖する）
名 **propaganda**（〔政府・政治団体などが流す〕虚偽［偏った］情報，〔政治〕宣伝）

1228 A **proportional**
[prəˈpɔːʃənəl]

形 比例した，釣り合った（≒ **corresponding, comparable**）
➤ be proportional to experience [the price]（経験に比例している［金額に釣り合っている］）
形 **proportionate**（比例した，釣り合った）

1229 A **proposition**
[ˌprɒpəˈzɪʃən]

名 （取引などにおける）提案［申し出］，計画（案），陳述［主張］，（対処すべき）問題，命題（≒ **proposal, scheme**）
➤ an attractive proposition（魅力的な提案），a business proposition（事業案）
形 **propositional**（命題の，陳述の）

1230 RL **propriety**
[prəˈpraɪəti]

名 《the ～ ies》礼儀作法［礼節］，礼儀（正しさ），妥当性（≒ **etiquette, decency**）
➤ observe the proprieties（礼儀作法を守る），propriety of the law（その法律の妥当性）**形** **proper**（適切な，礼儀正しい）

1231	A	prosecute [ˈprɒsɪˌkjuːt]	動 起訴［告訴］する，（戦争・調査・事業などを）遂行する［行う］，（検察官などが）有罪を立証しようとする（≒ sue, carry on）
			➤ be prosecuted for fraud（詐欺で訴えられる），prosecute an inquiry（調査を行う）名 prosecution（起訴，告訴），prosecutor（検事）

1232	A	prototype [ˈprəʊtəˌtaɪp]	名 原型，試作品，典型［模範］（≒ original, model）
			➤ a prototype of the device（その機器の試作品），a working prototype（実用レベルの試作モデル）

1233	A	provision [prəˈvɪʒən]	名 供給，《通例，複数形で》食料，条項［規定］，準備（≒ supplies, stipulation, preparations）
			➤ emergency provisions（救援物資［非常食］），a provision of a contract（契約の条項），make provisions for retirement（退職に備える）形 provisional（暫定的な，〔予約・契約・免許などが〕仮の）

1234	A	quest [kwɛst]	名（知識・真理などの）追求，探求（≒ pursuit, search） 動 探し求める，追求する
			➤ in quest of beauty [truth]（美［真理］を追求して）

1235	A	quota [ˈkwəʊtə]	名 割り当て，ノルマ（≒ allocation, assignment）
			➤ a sales quota（販売ノルマ），a quota of work（仕事のノルマ）

1236	RL	radiate [ˈreɪdiˌeɪt]	動（光・熱などを）放出［放射］する，（感情などを）発散する（≒ emit, discharge）
			➤ radiate the heat energy（熱エネルギーを放出する），radiate confidence（自信をみなぎらす）形 radiant（喜びに満ちた，光り輝く）；with a radiant smile（幸せいっぱいの笑顔で）

1237	A	rage [reɪdʒ]	名 激しい怒り［感情］，自然の猛威，大流行（≒ fury, rampage） 動 激怒する，感情が激する，（風や病気が）猛威をふるう
			➤ tremble with rage（怒りで震える），road rage（運転中の激怒［あおり運転］）形 a raging storm（荒れ狂う嵐）

1238	A	rampant [ˈræmpənt]	形 蔓延した，はびこる，猛威をふるう（≒ pervasive, epidemic）
			➤ rampant corruption [inflation]（蔓延する汚職［激しいインフレ］）副 rampantly（猛烈に，ものすごく増えて）

1239	A	rapport [ræˈpɔː]	名 信頼関係，思いやり（≒ bond, empathy）
			➤ build rapport with a client [patient]（顧客［患者］と信頼関係を築く）

1240	A	realm [rɛlm]	名（知識・活動などの）領域［分野，範囲］（≒ field, domain）
			➤ the realm of art [poetry, science, religion]（芸術［詩・科学・宗教］の世界）

必須語彙 200 語　最重要語レベル① 600 語　最重要語レベル② 600 語　重要語 600 語

| 学習日 | 年 月 日 | 年 月 日 | 年 月 日 |

1241 **A** **reassure**
[ˌriːəˈʃʊə]

動 安心させる（≒ comfort, encourage）
➤ reassure anxious patients [parents]（心配している患者［両親］を安心させる）
形 a reassuring smile（安心させる［元気づける］ような笑顔）

1242 **A** **recede**
[rɪˈsiːd]

動 後退する，（記憶・感情などが）薄れる（≒ draw back, retreat）
➤ recede into the background（勢力を失う），
The pain receded.（痛みが引いた）
形 a receding hairline（後退する生え際） 関 recession（後退，景気後退）

1243 **A** **reciprocal**
[rɪˈsɪprəkəl]

形 （関係・取り決めなど）相互の（≒ mutual, complementary）
➤ a reciprocal relationship [agreement]（相互関係［相互の合意］）
副 reciprocally（相互に）

1244 **A** **reconcile**
[ˈrɛkənˌsaɪl]

動 （論争などを）調停する，和解［仲直り］させる，（2つの異なる考え・状況などを）調和［一致］させる（≒ mediate, settle, harmonise）
➤ reconcile a dispute（争議［紛争］の調停をする），reconcile my statements with my conduct（言行を一致させる）
名 reconciliation（調停，和解）

1245 **RL** **rectify**
[ˈrɛktɪˌfaɪ]

動 （問題・状況などを）正す，是正する（≒ correct, amend）
➤ rectify the problem [fault]（問題［間違い］を正す）
名 rectification（改正，修正，訂正）

1246 **RL** **recuperate**
[rɪˈkuːpəˌreɪt, -ˈkjuː-]

動 （健康・損失などを）回復する，取り戻す（≒ recover, recoup）
➤ recuperate from illness [the flu]（病気［インフルエンザ］から回復する）
名 recuperation（回復）

1247 **A** **recur**
[rɪˈkɜː]

動 （よくないことなどが）再発する，繰り返される（≒ reoccur, return）
➤ recur after surgery（手術後に再発する），tend to recur（再発しやすい） 形 recurrent（≒ recurring：再発［頻発］する）

1248 **A** **redeem**
[rɪˈdiːm]

動 （名誉などを）挽回する，（クーポンなどを）現金［商品］に引き換える（≒ regain, exchange）
➤ redeem my honour（名誉を挽回する），
redeem a coupon（クーポンをお金に交換する）

1249 **RL** **redress**
[rɪˈdrɛs]

動 （均衡を）取り戻す，（間違い・差別などを）是正［改善］する（≒ rectify, correct）
➤ redress the balance [disparity]（均衡を取り戻す［格差を改善する］）
名 redress（賠償［金］，補償，救済［策］，改善）

1250 **A** **redundant**
[rɪˈdʌndənt]

形 余剰人員の，不要の（≒ unnecessary, surplus）
➤ redundant workers（余剰労働者），
redundant expressions（冗長表現）

1251	A	refund	名 動 払い戻し（する），返金（する）（≒ repay, give back）
		[ˈriːfʌnd] 名	➤ a full [tax] refund（全額返金［税金の還付］）
		[rɪˈfʌnd] 動	形 refundable（返済できる，払い戻しのできる）

1252	A	refurbish	動 改装する，一新［刷新］する（≒ renovate, remodel）
		[riːˈfɜːbɪʃ]	➤ refurbish the house [room]（家［部屋］を改装する）
			名 refurbishment（改装）

1253	RL	rein	名 《通例，複数形で》（馬具の）手綱，制御［統制，支配］（≒ restraint, control）
		[reɪn]	動 （出費・感情・言葉などを）抑える［抑制する］（≒ restrain, check）
			句動 《rein in [back] で》（出費・感情などを）抑制する
			➤ hold the reins of power（権力を握る［掌握する］），keep a tight rein on public spending（公共支出を厳しく制御する），rein in the cost（コストを抑制する）

1254	A	rejuvenate	動 活性化させる，若返らせる（≒ revitalise, reinvigorate）
		[rɪˈdʒuːvɪˌneɪt]	➤ rejuvenate the system [economy]（制度［経済］を活性化させる）
			名 rejuvenation（〔都市・産業などの〕再生［再活性化］，若返り）

1255	A	relegate	動 （より低い地位・状態に）（人を～へ）追いやる［退ける，降格させる］，（目立たない場所などに）移す（≒ demote, downgrade）
		[ˈrelɪˌgeɪt]	➤ be relegated to the role of an assistant（補助役に降格させられる）
			名 relegation（降格，左遷）

1256	A	relentless	形 いつまでも続く，情け容赦ない（≒ persistent, harsh）
		[rɪˈlentlɪs]	➤ a relentless pursuit of profit（飽くなき利益の追求），a relentless enemy（情け容赦ない敵）
			動 relent（優しくなる）

1257	A	relic	名 遺物，名残（≒ remains, artefact）
		[ˈrelɪk]	➤ relics of the Stone Age（石器時代の遺物），cultural relics（文化遺産）

1258	RLS	relish	動 楽しむ，心待ちにする（≒ enjoy, fancy）
		[ˈrelɪʃ]	➤ relish a challenge [chance]（難題［チャンス］を楽しむ），relish the idea [thought] of retiring（定年退職することを心待ちにする）
			名 relish（楽しみ，風味，薬味）

1259	A	remains	名 遺跡，食べ残し，遺体（≒ relic, remainder）
		[rɪˈmeɪnz]	➤ the remains of Rome（ローマの遺跡），fossil remains（化石）
			形 a remaining battery（残りの電池）

1260	A	reminiscent	形 懐かしむ，思い出させる（≒ evocative of, recalling）
		[ˌremɪˈnɪsᵊnt]	➤ be reminiscent of the past（過去を思い起こさせる），a reminiscent smile（思い出し笑い）　動 reminisce（回想する）

必須語彙 200 語　最重要語レベル① 600 語　最重要語レベル② 600 語　重要語 600 語

学習日	年　月　日	年　月　日	年　月　日

1261	RL	**render** [ˈrɛndə]	動 (援助などを) 与える [行う]，(判決・決定などを) 言い渡す，《否定的意味を伴って》〈~を〉~の状態にする，溶かす (≒ **g**ive, **m**ake, **p**rocess) ➤ render help [a decision] (援助help [判決を下す])，render me speechless (〔驚き〕私を無言にさせる)，render fat to make soap (脂肪を濾過して石鹸を作る) 名 **rendering** (〔劇・音楽などの〕表現 [解釈，演出，演奏]，〔建物の〕完成予想図，〔壁などの〕下塗り)
1262	RL	**repeal** [rɪˈpiːl]	動 無効にする (≒ **a**bolish, **c**ancel)　名 廃止 ➤ repeal the law [bill] (法律 [法案] を無効にする)
1263	A	**replicate** [ˈrɛplɪˌkeɪt]	動 複製する，(実験などを) 再現する (≒ **c**opy, **d**uplicate) ➤ replicate the format [experiment] (書式を複製する [実験を再現する]) 名 DNA **replication** (DNA 複製)
1264	A	**requirement** [rɪˈkwaɪəmənt]	名 (雇用者・大学などから) 要求されるもの [資格]，必要なもの，(法律・規則の定める) 必要条件 (≒ **pre**condition, **pre**requisite) ➤ job requirements (職務資格 [要件])，entry requirements (入学 [入国，入会] 資格)　形 **required** (必須の)
1265	A	**resemblance** [rɪˈzɛmbləns]	名 類似 (点) (≒ **s**imilarity, **l**ikeness) ➤ family [physical] resemblance (家族的 [身体的] 類似) 動 She **resembles** her sister. (彼女は妹に似ている)
1266	A	**resilient** [rɪˈzɪliənt]	形 回復力がある，弾力性のある (≒ **s**trong, **r**ebounding, **f**lexible) ➤ be young and resilient (若くて回復が早い)，a resilient economy (立ち直りの早い経済)，a resilient material (弾力性のある物質) 名 **resilience** (回復力，弾力性)
1267	A	**resourceful** [rɪˈzɔːsfʊl, -ˈsɔːs-]	形 才覚がある，機知に富んだ (≒ **c**reative, **ca**pable) ➤ a resourceful leader (問題解決力の高いリーダー) 名 **resource** (資源，物資，財源，資産，〔学習用の〕教材，才覚)
1268	A	**responsive** [rɪˈspɒnsɪv]	形 (適切に) 素早く反応する (≒ **r**eactive, **r**eceptive) ➤ be responsive to social changes [needs] (社会の変化 [ニーズ] に迅速に対応する)　名 **responsiveness** (反応の速さ，即応性)
1269	A	**retrieve** [rɪˈtriːv]	動 取り戻す，(情報を) 取り出す，挽回する (≒ **r**ecover, **r**estore) ➤ retrieve the stolen money (盗まれた現金を取り戻す)，retrieve information from the database (データベースから情報を取り出す)，retrieve a difficult situation (困難な事態を立て直す) 名 **retrieval** (取り出し)
1270	A	**retrospective** [ˌrɛtrəʊˈspɛktɪv]	形 回顧的な，遡及的 (そきゅうてき) な (≒ **b**ackward, **r**etroactive) 名 回顧展 ➤ the retrospective study (遡及的研究)，a retrospective (exhibition) of Monet (モネの回顧展)　副 **retrospectively** (過去にさかのぼって，今になって思うと)

Part 3
達成度

50%　　　　　　　100%

80%

1271 | **A** | **revelation**
[ˌrɛvəˈleɪʃən]

名 驚くべき新事実［発見］，暴露，（神の）啓示（≒ **surprising fact [discovery], disclosure, oracle**）
➤ scientific revelations（科学的新発見），the revelation of a secret（秘密の暴露），the revelation of God（神のお告げ）
動 reveal（暴露する，明らかにする）

1272 | **A** | **rhetoric**
[ˈrɛtərɪk]

名 美辞麗句，修辞学（≒ **bombast, oratory**）
➤ a political rhetoric（政治的な美辞麗句），a campaign rhetoric（選挙活動での誇張）
形 rhetorical（修辞法の，美辞麗句の）

1273 | **RL** | **rift**
[rɪft]

名 不和，亀裂（≒ **schism, split**）　**動** 裂ける［裂く］，割（れ）る
➤ a rift between the two countries（二国間の対立），a rift between the mother and daughter（母と娘の対立）

1274 | **A** | **rigorous**
[ˈrɪgərəs]

形 （検査・調査などが）厳密［綿密］な，厳しい［過酷な］（≒ **thorough, tough, severe**）
➤ rigorous testing（綿密な検査），rigorous training（厳しい訓練）
副 rigorously（厳密に，厳しく）

1275 | **A** | **robust**
[rəʊˈbʌst, ˈrəʊbʌst]

形 （経済・組織・制度などが）活発［強固］な，頑丈［頑強］な，（言動が）断固とした（≒ **vigorous, sturdy**）
➤ a robust economy（活発な経済），a robust constitution（頑健な体格）　**名 robustness**（頑健性，構造安定性）

1276 | **A** | **rudimentary**
[ˌruːdɪˈmɛntərɪ]

形 初歩的［基本的］な，未発達の（≒ **elementary, basic**）
➤ rudimentary education（初歩的な教育），rudimentary training（基礎トレーニング）
名 rudiment（初歩，基本）

1277 | **RL** | **safeguard**
[ˈseɪfˌgɑːd]

動 保護する［守る］（≒ **protect, shield**）　**名** 予防手段［措置］（≒ **protection**）
➤ safeguard the environment（環境を保護する），a safeguard against the flu（インフルエンザの予防措置）

1278 | **A** | **sanction**
[ˈsæŋkʃən]

名 （法的な）制裁，認可（≒ **penalty, approval**）　**動** （法的に）認可する
➤ impose economic [trade] sanctions（経済［貿易］制裁を課す），official sanctions（正式認可）

1279 | **A** | **sarcastic**
[sɑːˈkæstɪk]

形 皮肉な，嫌味な（≒ **satirical, ironical**）
➤ a sarcastic answer [joke]（皮肉を込めた返事［冗談］）
副 sarcastically（皮肉を込めて，嫌味な言い方で）

1280 | **A** | **scheme**
[skiːm]

名 （深く練られた）計画［構想，制度］，（政府・企業による）事業計画，たくらみ，配列（≒ **plan, plot, conspiracy**）　**動** （密かに）計画を練る，たくらむ
➤ a pension [training] scheme（年金制度［訓練計画］）

| 学習日 | 年 月 日 | 年 月 日 | 年 月 日 |

1281 A **scholarly**
[ˈskɒləlɪ]

形 学術的な，学者のような［博学な］（≒ **academic, learned**）
➤ scholarly research [works]（学術研究［学術成果］），
a scholarly person（学者肌の人）名 **scholar**（学者）

1282 A **scorching**
[skɔːtʃɪŋ]

形 焼けるような，（批判などが）痛烈な（≒ **torrid, sweltering, burning**）
➤ scorching hot（焼けつくように暑い），scorching summer（猛暑の夏）
動 名 **scorch**（焦がす；焼け焦げ）

1283 A **scrutiny**
[ˈskruːtɪnɪ]

名 綿密な調査［検査］，監視（≒ **examination, inspection**）
➤ public scrutiny（世間の詮索，公開審査），judicial scrutiny（司法
による審査）動 **scrutinise** the data（データを**精査する**）

1284 A **secluded**
[sɪˈkluːdɪd]

形 （場所が）人目につかない［閑静な］，（生活などが）隠とん
した（≒ **isolated, sheltered, private**）
➤ a secluded beach（人けのないビーチ），a secluded garden（閑静な庭）
名 **seclusion**（隔離，隠とん）；live in seclusion（隠とん生活を送る）

1285 A **selective**
[sɪˈlɛktɪv]

形 （よい人・物だけを）注意深く選ぶ，（行為や影響が）広範囲で
なく選択的な［えり抜きの］（≒ **picky, particular**）
➤ *be* selective about the food [clothes]（食べ物［着るもの］を注意深く選ぶ），
have a selective memory（都合のいいことだけを覚えている），have selective
hearing（都合のいいことだけを聞いている）副 **selectively**（選択して，選択的に）

1286 A **sensory**
[ˈsɛnsərɪ]

形 感覚の（≒ **sensuous, relating to sensation**）
➤ a sensory organ（感覚器），sensory overload（感覚に負担をか
けすぎること）形 **sensitive**（感覚がある，繊細な）

1287 A **sequence**
[ˈsiːkwəns]

名 連続（するもの），順序（≒ **succession, series**）動 並べる
➤ the DNA sequence（DNA の配列），a sequence of events（一連の出来事）
形 **sequential**（一連の）名 **sequel**（続編，続き）

1288 A **settle**
[ˈsɛtᵊl]

動 解決する，支払う，定住する［させる］（≒ **resolve, pay, start living**）
➤ settle a dispute（論争に決着をつける），settle a bill（勘定を支払う），
settle in a foreign country（外国に定住する）
名 **settlement**（解決［合意］，借金の支払い，居住地）

1289 RL **shed**
[ʃɛd]

動 （もの［動植物］が〔自然に〕皮・毛・葉などを）落とす，（血・
涙を）流す，（不要な［いやな］ものを）取り除く，（光を）
当てる［注ぐ］（≒ **drop, get rid of, cast**）
➤ shed blood [tears]（血［涙］を流す），
shed weight（減量する），shed workers（従業員を削減する）

1290 A **signature**
[ˈsɪgnɪtʃə]

名 署名（すること），（≒ **sign, endorsement**）
➤ an illegible signature（判読できない署名），
put *your* signature on the contract（契約書に署名をする）
名 形 **signatory**（署名者；署名した）

1291	A	signify ['sɪgnɪˌfaɪ]	動 意味する［表す，前兆となる］，（感情・考えなどを）示す［表明する］，《通例，否定文・疑問文で》重要である（≒ imply, express, be important）
			➤ Fever signifies a cold.（熱は風邪の前兆となる），signify my agreement（賛成を表明する），It doesn't signify at all.（全く問題ではない）

1292	A	simultaneously [ˌsɪməlˈteɪnɪəsli]	副 同時に（≒ at the same time, synchronously）
			➤ occur [broadcast] simultaneously（同時に起こる［放映する］）
			形 simultaneous（同時に起こる）

1293	R	sinister ['sɪnɪstə]	形 不吉な，邪悪な（≒ ominous, evil）
			➤ a sinister atmosphere [figure]（不吉な雰囲気［人影］），a sinister plot [motive]（邪悪なたくらみ［動機］）

1294	W	skyrocket ['skaɪˌrɒkɪt]	動 急上昇する，急増する（≒ soar, surge）
			➤ Meat prices skyrocketed.（肉の値段が急上昇した），The trade deficit has skyrocketed.（貿易赤字が急増してきた）

1295	A	slash [slæʃ]	動 （価格などを）切り下げる，削減する，（深く）切る（≒ reduce, cut）
			➤ slash the cost [prices]（コスト［値段］を下げる）
			名 slasher（〔流血や暴力のシーンが多い〕ホラー映画 [slasher movie [film]]：切り裂き魔）

1296	LS	sober ['səʊbə]	形 しらふの，真面目な，（行動・判断などが）冷静な（≒ not drunk, serious, unemotional）　動 酔いが覚める［を覚ます］
			➤ a sober driver（お酒を飲まない運転手［運転代行］），a sober discussion（真面目な議論），Coffee sobers you up.（コーヒーを飲めば目が覚める）
			形 sobering news（目が覚めるような［ハッとする］ニュース）

1297	A	solidarity [ˌsɒlɪˈdærɪti]	名 （共通の意見・目的による）連帯（感），結束，団結（≒ unity, harmony）
			➤ family solidarity（家族の結束），social solidarity（社会的連帯）
			形 solid（固体の，中身の詰まった，〔構造・体格などが〕しっかりした，〔証拠・情報などが〕確かな）

1298	A	spark [spɑːk]	動 （事件・騒ぎなどを［に］）引き起こす［火をつける］，（興味・感情などを）刺激する（≒ provoke, stimulate）
			➤ spark a controversy（論争に火をつける），spark an interest in science（科学への興味をかき立てる）　名 spark（火花，活気，誘発）

1299	A	specialise 〈英〉／ specialize 〈米〉〈英〉 ['spɛʃəˌlaɪz]	動 （店・会社などを～を）専門とする［専門に扱う］，専攻する（≒ concentrate, be an expert）
			➤ specialise in criminal [family] law（犯罪法［家族法］を専門とする）
			名 specialisation（特化，専門化）

1300	A	specification [ˌspɛsɪfɪˈkeɪʃən]	名 《複数形で》仕様（書），明細書（≒ instructions, (detailed) description）
			➤ product [job] specifications（製品仕様書［職務明細書］）
			形 a specific age group（特定の年齢層）

必須語彙 200 語

最重要語レベル① 600 語

最重要語レベル② 600 語

重要語 600 語

IELTS 読解力 UP　最重要「文化・哲学」語彙をマスター！

☐ Confucianism　　　儒教　関 animism（霊魂信仰）

☐ salvation　　　　　《神学》（罪・罰からの）魂の救済，救い主

☐ the Resurrection　　キリストの復活

☐ evangelism　　　　《キリスト教》福音の伝道

☐ Diaspora　　　　　ディアスポラ（離散したユダヤ人とその居住地域）

☐ anti-Semitism　　　反ユダヤ主義　関 Zionism（ユダヤ主義）

☐ utilitarianism　　　功利主義（最大多数の最大幸福がスローガン）

☐ synagogue　　　　ユダヤ教の礼拝所　関 mosque（イスラム教寺院）

☐ Islamic fundamentalism　イスラム原理主義

☐ ethnic enclave　　　（都市中の）特定民族の居住地

☐ genocide　　　　　大量殺戮　関 pogrom（ユダヤ人大虐殺）

☐ the Holocaust　　　ナチスによるユダヤ人大虐殺

☐ chivalry　　　　　騎士道

☐ nomad　　　　　　遊牧民

☐ kinship　　　　　親族関係

☐ aborigine　　　　　（一国・一地方の）先住民　関 Aborigine（オーストラリア先住民）

☐ Prohibition　　　　禁酒法（1920 〜 33 年の米国の酒類の製造・販売を禁止法）

☐ secession　　　　　米南部 11 州の連邦脱退（1860-61 年）

☐ abolitionism　　　　奴隷制度廃止論

☐ WASP　　　　　　（White Anglo-Saxon Protestant）アングロサクソン系白人新教徒

☐ Down Under　　　オーストラリアやニュージーランド

☐ Caucasoid/Caucasian race　白色人種

☐ homogeneous society　同質的社会　関 ⇔ heterogeneous society（雑多な社会）

☐ a sign language interpreter　手話通訳者

☐ curator　　　　　　館長

☐ the Palaeolithic Age　旧石器時代　関 medieval age（中世）

IELTS 読解力 UP　最重要「教育」語彙をマスター！

- [ ] anthropology　　　　　人類学　関 archeology（考古学），zoology（動物学）
- [ ] pedagogy　　　　　　　教育学，教授法　関 etymology（語源学）
- [ ] dean　　　　　　　　　学部長　関 registrar（教務係）
- [ ] commencement ceremony　卒業式　関 a valedictorian speech（卒業生の別れの演説）
- [ ] an underachiever　　　落ちこぼれ　関 a high-achiever（成績優秀者），an honours student（優等生），a model student（模範生）
- [ ] alma mater　　　　　　母校　関 alumnus（同窓生《男性》），alumna（同窓生《女性》）
- [ ] a class reunion / an alumni association　同窓会
- [ ] compulsory education　義務教育　関 secondary education（中等教育）
- [ ] undergraduate students　学部生　関 graduate students（大学院生）
- [ ] a bachelor's degree　　学士号　関 a master's degree（修士号），a doctorate（博士号），dissertation（学位論文）
- [ ] a gap year　　　　　　欧米で高校と大学の間や卒業と就職の間の 1 年に社会経験を積むこと
- [ ] probationary acceptance　仮入学許可　関 tuition waiver（授業料免除）
- [ ] GPA　　　　　　　　　（grade point average）学業成績平均点
- [ ] an open-book examination　教科書持ち込み可能な試験　関 a pop quiz（抜き打ちテスト）
- [ ] continuing［lifelong］education　生涯教育
- [ ] extension courses　　　大学公開講座　関 course syllabus（講義要綱）
- [ ] college entrance rate　大学進学率
- [ ] an interdisciplinary approach　学際的アプローチ
- [ ] social withdrawal　　　引きこもり
- [ ] reform school/reformatory　少年院
- [ ] withdrawal　　　　　　（自主）退学　関 expulsion from school（罰としての退学）
- [ ] suspension from school　停学　関 a high-school dropout（高校中退者）
- [ ] heuristic education　　体験発見型教育
- [ ] cramming education　　詰め込み教育　関 rote memorisation（丸暗記）
- [ ] a substitute teacher　　代用教員　関 a teaching certificate（教員免許状）
- [ ] a credit-system high school　単位制高校　関 a boarding school（全寮制の学校），co-education（男女共学）
- [ ] grade-skippers　飛び級の生徒

学習日	年 月 日	年 月 日	年 月 日

1301 **A** **spectator**
[spɛkˈteɪtə]

名（スポーツ・ショーなどの）観客，見物人（≒ **onlooker, audience**）
➤ a spectator sport（観戦スポーツ），spectator stands（観客用スタンド）
形名 **spectacular**（壮観な，目を見張らせるほどの；豪華ショー）

1302 **A** **spectrum**
[ˈspɛktrəm]

名（活動や思想の）範囲（≒ **range, scope**）
➤ the political spectrum（政治的志向），
a wide spectrum of interest（広範囲の趣味）

1303 **A** **sporadic**
[spəˈrædɪk]

形 時々起こる，散在的な（≒ **occasional, intermittent**）
➤ sporadic violence [fighting]（突発的な暴力 [争い]）
副 **sporadically**（散発的に，たまに）

1304 **A** **spot**
[spɒt]

動 気づく，見抜く（≒ **notice, detect**）名 地点，斑点（≒ **place, mark**）
➤ spot a problem（問題に気づく），a tourist spot（観光地）
形 **spotless**（染みのない，欠点のない）

1305 **A** **spur**
[spɜː]

名動 拍車（をかける），激励 [刺激]（する）（≒ **encourage, stimulate**）
➤ Lower taxes spur economic growth [investment].（減税が
経済成長 [投資] を刺激する）

1306 **RL** **stage**
[steɪdʒ]

動 上演する，計画的に実行する（≒ **perform, organise**）
➤ stage a play（劇を上演する），
stage a protest（デモ [抗議集会] を催す）
名 **stage**（舞台，段階，階）：an initial stage（初期段階）

1307 **LS** **staggering**
[ˈstægərɪŋ]

形 驚異的な，よろめいている（≒ **astonishing, moving unsteadily**）
➤ a staggering gain of over 800%（800% 以上の驚異的な利益）
動名 **stagger**（仰天させる，よろめく；よろめき）

1308 **A** **stagnant**
[ˈstægnənt]

形 停滞している，活気のない（≒ **inactive, sluggish**）
➤ a stagnant economy [pond]（停滞した経済 [よどんだ池]）
動 **stagnate**（停滞する）

1309 **RL** **stale**
[steɪl]

形 新鮮でない，古くなった，（水・池・空気などが）流れの悪
い [よどんだ]（≒ **old, stagnant**）
➤ stale bread [air]（古くなったパン [よどんだ空気]）
関 **stalemate**（〔議論などの〕行き詰まり，手詰まり，膠着状態〔deadlock〕）

1310 **L** **stall**
[stɔːl]

名 売店，露店，商品陳列台 [棚]，（トイレの）個室
動（乗り物や交渉が）突然止まる，（時間稼ぎのために）待た
せる，止める（≒ **stop, delay**）
➤ The engine stalled.（エンジンが突然止まった），
Stall him while I hide this.（これを隠す間，彼を引き止めておいてくれ），
stall for time（時間稼ぎをする）

| 1311 | A | standardised 〈英〉 / standardized 〈米〉〈英〉 [ˈstændəˌdaɪzd] | 形 (方式・手順などが) 標準化された，(教育などが) 画一化された，(仕様などが) 規格化された (≒ standard, uniform)
➤ a standardised test (標準テスト)，standardised education (画一化された教育) 名 standardisation (標準化，規格統一) |

| 1312 | A | standpoint [ˈstændˌpɔɪnt] | 名 見地，観点，見方 (≒ viewpoint, stance)
➤ from a political [an economic] standpoint (政治的 [経済的] な観点から〔見ると〕) |

| 1313 | RL | standstill [ˈstændˌstɪl] | 名 停止，休止，行き詰まり (≒ deadlock, impasse)
➤ come to [reach] a standstill (行き詰まる) |

| 1314 | A | state-of-the-art [ˈsteɪtəvðɪˌɑːt] | 形 最新式の，最先端の (≒ advanced, cutting-edge)
➤ the state-of-the-art technology [facilities] (最先端技術 [施設]) |

| 1315 | A | stationary [ˈsteɪʃənrɪ] | 形 静止している，変化のない (≒ unmoving, unchanging)
➤ stationary traffic (交通渋滞)，
a stationary population (増減のない人口) |

| 1316 | A | sterile [ˈstɛraɪl] | 形 不妊の，不毛の，殺菌した (≒ barren, germ-free)
➤ sterile water (滅菌水)，a sterile debate (不毛な議論)
動 sterilise (殺菌する) 名 sterilisation (殺菌) |

| 1317 | A | stimulus [ˈstɪmjʊləs] | 名 刺激，励み (≒ boost, spur)《複数形は stimuli》
➤ a stimulus to the economy (景気への刺激)，
a visual stimulus (視覚刺激)
形 stimulating (〔作用・薬などが〕刺激を与える，〔話・体験などが〕刺激的な) |

| 1318 | LS | stingy [ˈstɪnʤɪ] | 形 けちな，乏しい (≒ mean, miserly)
➤ too stingy to give money to charity (ケチすぎて募金しない)，
a stingy budget (節約予算)
名 stinginess (けち，わずかしかないこと) |

| 1319 | A | stipulate [ˈstɪpjʊˌleɪt] | 動 (条件として) 規定 [明記，要求] する (≒ specify, lay down)
➤ stipulate the right [rules] (権利 [ルール] を規定する)
名 stipulation (規定化，条件) |

| 1320 | A | stir [stɜː] | 動 かき混ぜる，引き起こす (≒ mix, stimulate)
➤ stir *my* tea (紅茶をかき混ぜる)，
stir *their* imagination (想像力を掻き立てる)
句動 stir up a controversy (物議を**かもす**) |

必須語彙 200 語　最重要語レベル① 600 語　最重要語レベル② 600 語　重要語 600 語

| 学習日 | 年 月 日 | 年 月 日 | 年 月 日 |

1321 RL **stray** [streɪ]
- 動 （道から）それる [はぐれる]，（話が）それる（≒ **wander, deviate**）
- 形 道に迷った（≒ **lost**）
- ➤ **stray** from the point（論点がずれる），a **stray** cat（野良猫）

1322 A **streamline** [ˈstriːmˌlaɪn]
- 動 合理化［能率化］する，流線型にする（≒ **simplify, rationalise**）
- ➤ **streamline** the process（プロセスを簡素化する）
- 形 **streamlined**（合理化［能率化・スリム化］された，流線型の，最新式の）；a **streamlined** design（流線型のデザイン）

1323 A **strenuous** [ˈstrɛnjʊəs]
- 形 精力的な，骨の折れる，（活動が）激しい（≒ **demanding, tough**）
- ➤ make **strenuous** efforts（多大な［たゆまぬ］努力をする），do **strenuous** exercise（激しい運動をする）
- 副 **strenuously**（〔否認する・反対するなど〕かたくなに，精力的に）

1324 A **striking** [ˈstraɪkɪŋ]
- 形 目立つ，魅力的な（≒ **noticeable, impressive**）
- ➤ a **striking** contrast（著しい差），her **striking** beauty（目を見張る美しさ）
- 副 **strikingly**（際立って，著しく）

1325 RL **stringent** [ˈstrɪndʒənt]
- 形 厳重な，厳しい（≒ **strict, severe**）
- ➤ **stringent** regulations [laws]（厳しい規則［法律］）
- 副 **stringently**（厳重に）

1326 L **stroll** [strəʊl]
- 動 ぶらぶらと歩く（≒ **walk, wander**）
- ➤ **stroll** along the beach（浜辺をぶらつく），**stroll** in the woods（森の中を散歩する）
- 名 **stroller**（ぶらぶら歩きする人，《米》ベビーカー〔《英》buggy, pushchair〕）

1327 LS **stuffy** [ˈstʌfi]
- 形 風通しの悪い，鼻が詰まった（≒ **suffocating, blocked**）
- ➤ a **stuffy** room [nose]（風通しの悪い部屋［鼻詰り］）
- 名 **stuffiness**（息苦しさ）

1328 RL **stumble** [ˈstʌmbᵊl]
- 動 つまずく，（スピーチ・演奏の際に）間違える［とちる，つかえる］，《on [across, upon] を伴って》出くわす（≒ **falter, discover**）
- ➤ **stumble** on [over] a stone（石につまずく），**stumble** over a long word（長い単語でつかえる），**stumble** on a nice shop（素敵な店を偶然見つける）

1329 R **sublime** [səˈblaɪm]
- 形 崇高［荘厳］な，卓越した，《皮肉》びっくりするほど，ひどい（≒ **breath-taking, utter**）
- ➤ **sublime** beauty [music, ignorance]（崇高な美［荘厳な音楽，全くの無知］）
- 副 **sublimely**（崇高なほどに，この上なく）

1330 A **submerge** [səbˈmɜːdʒ]
- 動 沈める，《〜 oneself で》没頭する（≒ **go under water, immerse**）
- ➤ The submarine **submerged**.（潜水艦が沈んだ），**submerge** myself in study（勉強に没頭する）
- 名 形 **submergible / submersible**（潜水艇［艦］；水中で使える）

Part 3
達成度

50%　　　　　　　　　　100%

90%

1331	RL	subside [səbˈsaɪd]	動（感情・音・争い・症状が）徐々におさまる，（洪水の水位が）戻る，（建物・地面などが）沈下する（≒ **ease, diminish**） ➤ Side effects [Flood waters] have subsided.（副作用［洪水］が引いた） 名 **subsidence**（〔地盤の〕沈下，減退）
1332	A	substandard [sʌbˈstændəd]	形 標準［基準］以下の（≒ **inferior, low-quality**） ➤ substandard housing [medical care]（質の悪い住宅［低水準の医療］） 形 名 **standard**（基準〔の〕，標準〔の〕）
1333	A	substantial [səbˈstænʃəl]	形 相当な［かなりの］，実質的な，内容の充実した，（食事などが）十分な（≒ **considerable, significant**） ➤ substantial progress [change]（大幅な進歩［変化］）， be in substantial agreement（大筋において意見が一致している） 名 **substance**（物質，実質，本質，〔議論・本などの〕趣旨）
1334	A	substantiate [səbˈstænʃɪˌeɪt]	動 実証する，立証する（≒ **verify, prove**） ➤ substantiate the theory [allegation]（理論［申し立て］を立証する） 形 **substantiation**（具体化，実体化）
1335	RL	summon [ˈsʌmən]	動 召喚する，奮い起こす（≒ **call, gather**） ➤ be summoned to court.（法廷に呼び出される）， summon the energy（エネルギーを振り絞る）
1336	A	supernatural [ˌsuːpəˈnætʃrəl, -ˈnætʃərəl]	形 超自然的な（≒ **mystical, miraculous**） ➤ supernatural power（超能力），a supernatural being（超自然的存在） 副 **supernaturally**（超自然的に，神業のように）
1337	A	susceptible [səˈseptɪbəl]	形 影響を受けやすい，多感な（≒ **responsive, inclined**） ➤ be susceptible to advertising [infection]（宣伝に影響を受けやすい［感染症にかかりやすい］），be susceptible to damage（ダメージに弱い） 名 **susceptibility**（影響を受けやすいこと）
1338	RL	swamp [swɒmp]	動 水浸しにする［水没させる］，《通例，be ～ ed で》（仕事などに）追われる（≒ **flood, engulf**） 名（樹木が育つ）湿地（帯），沼地（≒ **marsh**） ➤ be swamped by the waves（波にのまれる）， be swamped with work（仕事に追われる）
1339	RL	swarm [swɔːm]	名 群れ（≒ **flock, colony**）　動 群れで移動する ➤ a swarm of insects [bees]（昆虫［蜂］の群れ）
1340	RL	sway [sweɪ]	動 揺らす，揺さぶる，ぐらつかせる（≒ **swing, waver**） 名 揺れ，影響 ➤ be swayed by emotions [public opinions]（感情［世論］に影響される）

必須語彙 200 語　最重要語レベル① 600 語　最重要語レベル② 600 語　重要語 600 語

| 学習日 | 年　月　日 | 年　月　日 | 年　月　日 |

1341 **A** **swift**
[swɪft]
形 即座の，素早い（≒ **immediate, prompt**）
➤ a swift action（迅速な行動），a swift response（即答）
副 **swiftly**（迅速に）

1342 **A** **syndrome**
[ˈsɪndrəʊm]
名 《医》症候群，（社会的・個人的）症候群［傾向］，（社会的問題の）現象（≒ **condition, symptoms**）
➤ metabolic [burnout] syndrome（メタボリック［燃え尽き］症候群）
形 **syndromic**（症候群の）

1343 **RL** **synonymous**
[sɪˈnɒnɪməs]
形 同義の（≒ **same, analogous**）
➤ synonymous words [terms]（同義語）
名 **synonym**（同義語）

1344 **RL** **synthesis**
[ˈsɪnθɪsɪs]
名 統合，（化学の）合成（≒ **combining, integration**）
➤ a synthesis of art and music（アートと音楽の統合），chemical synthesis（化学合成）
動 **synthesise**（統合する，合成する）

1345 **A** **tactful**
[ˈtæktfʊl]
形 気配りの利く，そつのない（≒ **diplomatic, considerate**）
➤ a tactful person（気配りのできる人），a tactful remark（気の利いた発言）
名 **tact**（気配り）　反 **tactless**（気の利かない）

1346 **A** **tedious**
[ˈtiːdɪəs]
形 単調で退屈な，飽き飽きする（≒ **boring, tiring**）
➤ a tedious job [chore]（退屈な仕事［家事］）
名 **tediousness**（退屈さ）　関 **tedium**（退屈，単調）

1347 **RLS** **temperament**
[ˈtempərəmənt, -prəmənt]
名 気質，激しい気性　（≒ **nature, impatience**）
➤ a nervous [relaxed] temperament（神経質［落ち着いた］気質），show signs of temperament（激しい気性の兆候を示す）
形 **temperamental** weather（気まぐれな天気）

1348 **RLW** **tenacious**
[tɪˈneɪʃəs]
形 （人が）粘り強い，（考え・信条などが）頑強な（≒ **persevering, persistent**）
➤ tenacious efforts [resistance]（粘り強い努力［抵抗］）
副 **tenaciously**（粘り強く，頑固に）

1349 **A** **tentative**
[ˈtentətɪv]
形 仮の，一時的な，不確かで自信のない（≒ **provisional, hesitant**）
➤ a tentative agreement [smile]（暫定的合意［ためらいがちな微笑］）
副 **tentatively**（仮に，とりあえず）

1350 **A** **terminate**
[ˈtɜːmɪˌneɪt]
動 終わ（らせ）る，期限切れになる（≒ **end, finish**）
➤ terminate the contract（契約を解除する），terminate a pregnancy（中絶する）
名 **termination**（終了，終結，満期）

1351	RL	terminology [ˌtɜːmɪˈnɒlədʒɪ]	名 専門用語（≒ specialised language, technical terms） ➤ medical [legal] terminology（医学［法律］用語） 形 terminological（用語［上］の，術語［上］の）
1352	A	testify [ˈtestɪˌfaɪ]	動 証言する，《to を伴って》（物事が）～の証拠となる，（人が）証明する（≒ give evidence, indicate） ➤ testify in court（法廷で証言をする）， The excavations testify to the presence of inhabitants. （〔発掘された〕その遺跡は住民の存在を証明している） 名 testimony（証言，証拠）
1353	A	texture [ˈtekstʃə]	名 質感，触感，食感，生地（≒ feel, touch） ➤ the smooth texture of silk（絹のなめらかな触感）， a creamy texture（クリーミーな食感） 形 名 textile（織物〔の〕）；textile fabrics（織物〔の生地〕）
1354	A	therapeutic [ˌθerəˈpjuːtɪk]	形 健康上の，癒し効果がある（≒ healing, curative） ➤ a therapeutic effect of a drug（薬の治療効果），a therapeutic effect of animals（動物の癒し効果） 名 a music therapy（音楽療法）
1355	A	timid [ˈtɪmɪd]	形 臆病な，内気な（≒ shy, cowardly） ➤ in a timid voice（恐る恐る小さな声で），a timid girl（内気な少女） 名 timidity（小心，臆病，内気）
1356	RL	torment [tɔːˈment]	動 悩ます，苦しめる（≒ torture, trouble） 名 苦痛，苦悩 ➤ be tormented by guilt（罪悪感に悩む）， the torment of jealousy（嫉妬の苦しみ） 名 tormentor（苦しめるもの，悩ますもの）
1357	A	toxic [ˈtɒksɪk]	形 毒物の，有毒な（≒ poisonous, harmful） ➤ a toxic substance（有毒物質），a toxic chemical（有毒化学物質） 名 toxicity（〔有〕毒性）
1358	A	trail [treɪl]	名（山中などの）小道，（人が移動してできた）跡，痕跡（≒ path, track） ➤ a mountain trail（山道），a trail of blood（血の痕跡） 動 trail（～の後を追う〔ついて行く〕，引きずって歩く）
1359	RL	trailblazer [ˈtreɪlˌbleɪzə]	名 草分け，先駆者（≒ pioneer, forerunner） ➤ a trailblazer in the field of medicine [AI]（医学［AI］分野における先駆者）
1360	A	tranquil [ˈtræŋkwɪl]	形 穏やかな，落ち着いた（≒ calm, peaceful） ➤ a tranquil lake [village]（静寂な湖［平穏な村］） 名 tranquility（静寂，平穏，落ち着き）

学習日	年 月 日	年 月 日	年 月 日

1361 A transient
['trænzɪənt]

形 つかの間の，はかない（≒ **short-lived, temporary**）
➤ transient beauty of youth（若さのはかない美しさ），transient beauty of cherry blossoms（桜のはかない美しさ）
名 the **transience** of human life（人生のはかなさ）

1362 A traumatic
[trɔːˈmætɪk]

形 心的外傷の，痛手となる（≒ **heartbreaking, disturbing**）
➤ a traumatic event [experience]（衝撃的な出来事［経験］）
名 **trauma**（心的外傷，トラウマ）

1363 RL turbulent
['tɜːbjʊlənt]

形 大荒れの，手に負えない（≒ **stormy, tempestuous**）
➤ turbulent weather（荒れた天候），a turbulent economic climate（荒れた経済情勢）
名 **turbulence**（〔政治的な〕混乱，騒乱，〔心理的な〕動揺，乱気流）；political turbulence（政情不安定）

1364 RL turmoil
['tɜːmɔɪl]

名 混乱，騒動（≒ **confusion, tumult**）
➤ political [economic] turmoil（政治的［経済的］混乱）

1365 RL typify
['tɪpɪˌfaɪ]

動 〜の典型となる，象徴する（≒ **represent, characterise**）
➤ clothes that typify the 1960s（60年代を象徴する服）
形 **typical**（典型的な）

1366 RL tyrant
['taɪrənt]

名 暴君，絶対君主（≒ **dictator, despot**）
➤ be ruled by a tyrant（独裁者に支配される），overthrow a tyrant（暴君を打倒する）
名 **tyranny** of Nazi（ナチスの**独裁政治**）

1367 A ubiquitous
[juːˈbɪkwɪtəs]

形 いたる所にある（≒ **present everywhere, omnipresent**）
➤ ubiquitous computing [society]（ユビキタス・コンピューティング［どこからでもインターネットにアクセスできる社会]）
副 **ubiquitously**（いたる所にあって）

1368 R ulterior
[ʌlˈtɪərɪə]

形 隠された，言外の（≒ **hidden, secret**）
➤ an ulterior motive（隠された動機［思惑，魂胆]），have an ulterior purpose（隠された目的がある）

1369 RL ultimatum
[ˌʌltɪˈmeɪtəm]

名 最後通告（≒ **a final warning [demand]**）
➤ give an employee an ultimatum（従業員に最後通告を突きつける）
形 an **ultimate** goal（究極の［最終的な］目標）

1370 A uncover
[ʌnˈkʌvə]

動 （秘密などを）明るみに出す，（陰謀などを）暴く，発見［発掘］する，〜からカバーを取る（≒ **reveal, discover**）
➤ uncover the truth [fraud]（真実［詐欺］を暴く），uncover the Roman city（ローマ古代都市を発見する）
形 newly **uncovered** virus（新たに**発見された**ウイルス）

1371	A	**underline** [ˌʌndəˈlaɪn] 動 [ˈʌndəˌlaɪn] 名	動 強調する，下線（を引く）（≒ **emphasise, mark**） ➤ underline the fact [need for more security]（事実 [安全対策強化の必要性] を強調する），underline the word（その単語に下線を引く）
1372	RL	**unearth** [ʌnˈɜːθ]	動 発掘する，明るみに出す，暴く（≒ **excavate, discover**） ➤ unearth a treasure（宝を掘り起こす）， unearth the secret [truth]（秘密 [事実] を明るみに出す） 形 **unearthly**（この世のものとは思えない，〔時刻が〕とんでもない）
1373	A	**uneasy** [ʌnˈiːzi]	形 不安な，（状況や関係が）不安定な，落ち着かない（≒ **worried, insecure**） ➤ feel uneasy（不安を感じる）， an uneasy peace [sleep]（不安定な平和 [落ち着かない眠り]） 副 **uneasily**（心配して，不安そうに）
1374	A	**unfold** [ʌnˈfəʊld]	動 （折りたたまれたものを）広げる，（未公開の情報・考えなどを）公表する，（話などが）展開する（≒ **spread, reveal**） ➤ unfold a map [plan]（地図を広げる [計画を公表する]），The story unfolds.（話が展開する）　動 **fold**（収める，折り畳む，折る）
1375	RL	**unleash** [ʌnˈliːʃ]	動 （突然，強い力や感情を）爆発させる，解き放つ，（犬を）ひもから放つ（≒ **release, let go**） ➤ unleash the power（力を解き放つ）， unleash a wave of emotions（感情の高まりを解き放つ）
1376	RL	**unorthodox** [ʌnˈɔːθəˌdɒks]	形 正統的 [伝統的] でない，型破りな（≒ **unconventional, eccentric**） ➤ an unorthodox approach [method]（従来にはないアプローチ [方法]） 反 **orthodox**（正統な，正統派の）
1377	A	**unveil** [ʌnˈveɪl]	動 （計画・製品などを）明らかにする，発表する，ベール [覆い] を取る，（像などの）除幕を行う（≒ **reveal, make public**） ➤ unveil the plan [mystery]（計画を明らかにする [謎を解明する]） 名 **unveiling**（ベールを取ること，除幕 [式]）
1378	A	**unwanted** [ʌnˈwɒntɪd]	形 望まれていない，不必要な（≒ **unwelcome, undesirable**） ➤ unwanted hair [calls]（無駄毛 [迷惑電話]） 反 **wanted**（〔子供が〕かわいがられている，指名手配中の，〜募集中）
1379	R	**upheaval** [ʌpˈhiːvəl]	名 （社会・政治などの）大変動，激動，隆起（≒ **confusion, disruption**） ➤ a political [social] upheaval（政治的 [社会的] 大混乱）
1380	A	**uphold** [ʌpˈhəʊld]	動 （法・主義などを）支持する，（法・権利・主義などを）守る（≒ **support, defend**） ➤ uphold the decision [law]（決定を支持する [法を遵守する]） 名 **upholder**（〔伝統・制度などの〕支持者）

必須語彙 200 語　最重要語レベル① 600 語　最重要語レベル② 600 語　重要語 600 語

学習日	年 月 日	年 月 日	年 月 日

1381 **A** **uplifting**
[ʌpˈlɪftɪŋ]

🔶 気分を高揚させる，励みになる（≒ **inspiring**, **cheering**）
➤ an uplifting performance [speech]（気分を高揚させるパフォーマンス［スピーチ］）
🔶 **uplift**（上昇［高揚］させる［こと］）

1382 **RL** **usher**
[ˈʌʃə]

🔶 （～を）案内する，《usher in A [A in] で》A の到来を告げる，A の先駆けとなる（≒ **herald**, **introduce**）
🔶 （劇場・教会などの）案内係
➤ usher a guest into the house（客を家に案内する），The Internet ushered in a new era.（インターネットが新時代の到来を告げた）

1383 **RL** **utilitarian**
[juːˌtɪlɪˈtɛərɪən]

🔶 実用的な（≒ **practical**, **useful**）
➤ a utilitarian design [tool]（実用的なデザイン［道具］）
🔶 **utilise**（利用する，役立たせる）

1384 **A** **utter**
[ˈʌtə]

🔶 （声を）発する（≒ **say**, **voice**）　🔶 全くの（≒ **absolute**）
➤ without uttering a word（一言も発言することなく），in an utter panic（全くのパニック状態で）
🔶 **utterance**（発話）　🔶 **utterly**（完全に）

1385 **A** **vain**
[veɪn]

🔶 うぬぼれの強い，むだな（≒ **proud**, **useless**）
➤ be vain about her beauty（自分の美貌にうぬぼれている），a vain attempt [hope]（むだな試み［希望］）
🔶 **vanity**（虚栄心，うぬぼれ）

1386 **A** **vanish**
[ˈvænɪʃ]

🔶 消滅する，見えなくなる（≒ **disappear**, **fade**）
➤ a vanishing species（絶滅に瀕した種），vanish without (a) trace（跡形なく消える）

1387 **RL** **vehement**
[ˈviːɪmənt]

🔶 （感情・反対などが）激しい，猛烈な（≒ **strong**, **powerful**）
➤ vehement opposition [protests]（猛烈な反対［抗議］）
🔶 **vehemence**（熱情，猛烈さ）

1388 **RL** **venerable**
[ˈvɛnərəbəl]

🔶 敬うべき，尊ぶべき，尊い，由緒ある（≒ **honoured**, **greatly respected**）
➤ a venerable saint [old temple]（尊ぶべき聖人［由緒ある古寺］）
🔶 **venerate**（〔高齢者・聖なるもの・由緒ある事物などを〕あがめる，尊ぶ）

1389 **A** **verge**
[vɜːdʒ]

🔶 ふち，へり，まぎわ，限界（≒ **brink**, **edge**）
➤ be on the verge of bankruptcy [extinction]（倒産［絶滅］の危機に瀕している）

1390 **A** **versatile**
[ˈvɜːsəˌtaɪl]

🔶 多才な，用途の広い（≒ **multi-talented**, **all-round**《英》，**all-around**《米》）
➤ a versatile entertainer [device]（芸達者［万能な装置］）
🔶 **versatility**（多才，多機能性）

Part 3 達成度 50% 100%

1391 A **vicinity** [vɪˈsɪnɪti]
- 名 近所，《in the vicinity of A で》A の近くに，およそ A〈数量など〉で［の］（≒ **neighbourhood, close to**）
- ➤ a hotel in the vicinity of the station [airport]（駅［空港］の付近のホテル），in the vicinity of £40,000（およそ 4 万ポンドで）

1392 A **vie** [vaɪ]
- 動 争う，競う（≒ **compete, contend**）
- ➤ vie for power [seats]（権力［席］を奪い合う）

1393 A **visualise**《英》／ **visualize**《米》《英》 [ˈvɪʒʊəˌlaɪz, -zjʊ-]
- 動 思い描く，想像する（≒ **imagine, envision**）
- ➤ visualise the future [ending]（将来［結末］を思い浮かべる）
- 形 a **visual** aid（視覚教材）

1394 A **volatile** [ˈvɒləˌtaɪl]
- 形 (状況が) 不安定な，揮発性の，(気分が) 変わりやすい（≒ **unstable, mercurial**）
- ➤ the volatile situation in the Middle East（中東の不安定な状況），Petrol is a volatile substance.（ガソリンは揮発性物質だ）
- 名 **volatility**（〔価格などの〕不安定さ，揮発性，移り気，《株》乱高下）

1395 A **waive** [weɪv]
- 動 (権利があっても，自主的に) 放棄する，(規則や処罰などの適用を) 差し控える（≒ **give up, refrain from demanding**）
- ➤ waive the inheritance right（相続権を放棄する），waive her fine（彼女への罰金を差し控える）
- 名 **waiver**（権利放棄）

1396 RL **wary** [ˈweəri]
- 形 用心深い，慎重な（≒ **careful, cautious**）
- ➤ be wary of strangers [driving in the fog]（見知らぬ人［霧の中で運転すること］に用心する）
- 副 **warily**（用心深く） 名 **wariness**（慎重さ）

1397 RL **waver** [ˈweɪvə]
- 動 (信頼・支持・決心などが) 揺れ動く，(集中力などが) 途切れる（≒ **fluctuate, falter**）
- ➤ waver between hope and despair（一喜一憂する）
- 動 名 **wave**（波打つ；波，高まり）

1398 A **willpower** [ˈwɪlˌpaʊə]
- 名 強い意志，自制心（≒ **self-control, determination**）
- ➤ the willpower to succeed [diet]（成功する［ダイエットする］という強い意志）

1399 A **withstand** [wɪðˈstænd]
- 動 (熱・衝撃・攻撃・負荷あるいは苦境などに) 耐える，持ちこたえる（≒ **resist, stand up to**）
- ➤ withstand pressure [heat]（圧力［熱］に耐える）

1400 A **worthy** [ˈwɜːði]
- 形 値する，尊敬すべき（≒ **deserving, respectable**）
- ➤ be worthy of note（注目に値する），a worthy opponent（好敵手）
- 関 a **trustworthy** friend（信頼できる友人）

IELTS 類語クイズにチャレンジ！⑦　重要度★★★

Choose a group of synonyms of the underlined part from the list below.

1. The meeting was **preceded** by several months of planning.
2. Lions are **predators** of herbivorous animals.
3. It still remains in the **realm** of speculation.
4. The company tried to weed out **redundant** workers.
5. The stadium has been completely **refurbished**.
6. They **rendered** assistance to the disaster victims.
7. The formerly **robust** economy has been weakening recently.
8. A **staggering** 2.5 billion of the global population have no access to clean toilet facilities.
9. It is an urgent task to revitalise the **stagnant** economy.
10. The scientists made a **substantial** progress in their research.
11. The movie star was attacked by a **swarm** of fans.
12. There was a **tentative** agreement between the two countries.
13. I find the hip-hop dance performance very **uplifting**.
14. That species is on the **verge** of extinction.
15. Some famous TV personalities are really **versatile** entertainers.

【選択肢】

A. multi-talented, all-round	B. provide, offer
C. flock, colony	D. field, domain
E. vigorous, sturdy	F. astonishing, overwhelming
G. carnivore, hunter	H. unnecessary, surplus
I. inspiring, cheering	J. come before, come in advance of
K. renovate, remodel	L. brink, edge
M. considerable, significant	N. provisional, unconfirmed
O. inactive, sluggish	

【解答欄】

1.	2.	3.	4.	5.	6.	7.	8.

9.	10.	11.	12.	13.	14.	15.

1.	(J. come before, come in advance of)	会議に<u>先立ち</u>，数か月がかりでプランが練られた。
2.	(G. carnivore, hunter)	ライオンは草食動物の<u>捕食者</u>だ。
3.	(D. field, domain)	それはまだ憶測の<u>域</u>にとどまっている。
4.	(H. unnecessary, surplus)	その会社は<u>余剰</u>従業員を排除しようとした。
5.	(K. renovate, remodel)	そのスタジアムは全面<u>改装された</u>。
6.	(B. provide, offer)	彼らは災害の被害者に援助した［<u>援助を与えた</u>］。
7.	(E. vigorous, sturdy)	かつての<u>好</u>景気は最近低迷してきている。
8.	(F. astonishing, overwhelming)	<u>驚くべき</u> 25 億人もの人口が清潔なトイレ設備を使えない環境にいる。
9.	(O. inactive, sluggish)	<u>停滞した</u>経済を活性化する事は緊急課題だ。
10.	(M. considerable, significant)	科学者達は研究で<u>大幅な</u>進歩を成し遂げた。
11.	(C. flock, colony)	その映画スターは<u>大勢の</u>ファンに取り囲まれた。
12.	(N. provisional, unconfirmed)	そのニカ国間には<u>暫定的</u>合意があった。
13.	(I. inspiring, cheering)	ヒップホップのダンス演技はとても<u>気分が盛り上がる</u>と気付いた。
14.	(L. brink, edge)	あの種は絶滅の<u>危機</u>に瀕している。
15.	(A. multi-talented, all-round《英》)	有名なテレビ出演者の中には本当に<u>多才な</u>芸人もいる。

IELTS スピーキング表現力 UP　「人物表現」をマスター！③

★「思いやり・対人関係処理能力」に関する人物表現

☐ 情の厚いビジネスリーダー	a warm-hearted [paternalistic] business leader
☐ 親分肌	a big-brother type
☐ 親身になって話を聞く人	an empathetic listener ＊「人の気持ちが読める人」は a mind reader。
☐ 気配りと協調性がある	an attentive and cooperative person
☐ 対人関係処理能力が高い	have good interpersonal skills
☐ コミュニケーション力が高い	have good communication skills
☐ 大らかで心が広い	an easygoing and broad-minded person
☐ 外交的で楽観的な人	an outgoing and optimistic person
☐ 感受性が強くデリケートな人	a sensitive [susceptible] person

★ネガティブ人物表現

☐ 押しが強く威張りたがり屋の上司	a forceful, domineering and overbearing boss
☐ お人よし	a soft touch / naive
☐ 消極的で暗い性格である	have a passive and negative character
☐ 意志が弱く優柔不断な人	a weak and indecisive person
☐ 依頼心が強い	*be* very reliant on others
☐ 依存心が強い	have a provider-seeking mentality
☐ 内向的で非社交的な十代の若者	a shy and withdrawn teenager
☐ 男性優位主義者	a male chauvinist
☐ うぬぼれの強い	*be* too proud of *one*self / *be* conceited / have a big head
☐ 自己中心的	*be* full of *one*self / self-centred
☐ 短気でせっかちな顧客	short-tempered and impatient customers
☐ 移り気な消費者たち	fickle consumers
☐ 気が小さく無口な新人	a timid and reserved newcomer
☐ 何事に対してもネガティブで不満ばかり言う人	a grouchy complainer
☐ 八方美人	an everybody's friend

Part 4

重要語600語:
7.0-7.5レベル

Unit 1

【1401】~【1600】

学習日	年　月　日	年　月　日	年　月　日

1401 RL **abate**
[əˈbeɪt]

動 弱まる［める］，和らげる（≒ **subside, lessen**）
➤ The storm is beginning to abate.（嵐が弱まり始めている），
abate her sadness（彼女の悲しみを和らげる）
名 abatement（減少，減退）　**形** **反** unabated（〔勢力・量などが〕衰えない）

1402 A **abbreviation**
[əˌbriːviˈeɪʃən]

名 省略，略語（≒ **reduction, contraction**）
➤ a list of abbreviations（略語リスト），NY is an abbreviation
of New York.（NY はニューヨークの略語である）
動 abbreviate（省略する，短縮する）

1403 R **abject**
[ˈæbdʒekt]

形 みじめな，ひどい（≒ **miserable, hopeless**）
➤ live in abject poverty（極貧生活を送る），
an abject failure（とんでもない失敗）

1404 A **abortion**
[əˈbɔːʃən]

名 妊娠中絶，計画の失敗（≒ **miscarriage, termination**）
➤ have an abortion（妊娠中絶する），the abortion of the project（計画の中止）
動 abort（頓挫する，流産する）

1405 RLS **absenteeism**
[ˌæbsənˈtiːɪzəm]

名 （正当な理由がない）欠勤，欠席（≒ **truancy, nonattendance**）
➤ reduce staff absenteeism（スタッフの欠勤を減らす），
tackle absenteeism in schools（無断欠席の解決に取り組む）

1406 RL **abyss**
[əˈbɪs]

名 奈落の底，深淵（≒ **chasm, pit**）
➤ in the abyss of despair（絶望のどん底で），
go down into the dark abyss（暗黒の深淵に陥る）
形 abysmal service（最悪のサービス）

1407 RL **accentuate**
[ækˈsentʃʊˌeɪt]

動 強調する，目立たせる（≒ **emphasise, highlight**）
➤ accentuate the positive（よい点を前面に押し出す），accentuate the
contrast between the past and the future（過去と未来の対比を強調する）
名 an Australian accent（オーストラリアなまり）

1408 A **adept**
[əˈdept]

形 熟達した，非常にうまい（≒ **skilled, expert**）
➤ be adept at language learning（言語学習の名人である），
become adept at dealing with stress（ストレスへの対処がうまくなる）

1409 RL **adherent**
[ədˈhɪərənt]

名 《通例，複数形で》（主義・政党などの）支持者，信奉者（≒ **follower, advocate**）
➤ adherents of Judaism（ユダヤ教信奉者），
draw millions of adherents（何百万人の支持者を得る）
動 adhere（〈adhere to A で〉A を固守する，A に付着［粘着］する）；
adhere to the ideology（その主義を固守する）

1410 RL **adjourn**
[əˈdʒɜːn]

動 一時休止する，延期する（≒ **suspend, discontinue**）
➤ adjourn the meeting（会議を休会する），
adjourn for refreshments（飲み物のために会議を一時休憩する）
名 adjournment（休会，延期）

1411	R	admonish [ədˈmɒnɪʃ]	動 (悪い行為を) 叱責する，(懸命に) 忠告する (≒ reprimand, scold)
			➤ admonish the student for being late (遅刻したことで生徒を叱責する)，admonish him to drink less (彼に減酒を強く勧める)
			名 admonishment (忠告，警告)

1412	RLS	adorable [əˈdɔːrəbˀl]	形 かわいらしい，魅力的な (≒ lovable, attractive)
			➤ an adorable baby (かわいらしい赤ちゃん)，adorable puppies (愛らしい子犬)
			動 adore (～が大好きである)

1413	A	affiliate [əˈfɪlɪˌeɪt] 動 [əˈfɪlɪɪt] 名	動 加入 [提携] する [させる] (≒ associate with, attach to)
			名 会員，加入者；系列会社，支店，子会社
			➤ be affiliated with the local university (地元の大学と提携している)，an affiliate company (提携関係のある会社 [企業]，系列会社)

1414	A	affinity [əˈfɪnɪtɪ]	名 親近感，類似点 [性] (≒ affection, similarity)
			➤ a close affinity with nature (自然への愛着)，an affinity between art and sport (芸術とスポーツの類似点)
			名 反 dislike (嫌悪，反感)，hostility (敵対心，反対)

1415	A	affirmative [əˈfɜːmətɪv]	形 肯定的な，積極的な (≒ positive, favourable)
			➤ give an affirmative answer (よい返事をする)，affirmative action (積極的行動，《米》差別是正措置)
			形 反 negative (否定的な) 動 affirm (～だと断言する)

1416	A	akin [əˈkɪn]	形 類似した，酷似した (≒ similar, alike)
			➤ interests akin to my own (自分のものと似た関心)，animals akin to each other (似た種類の動物)
			名 kinship (親族関係)；kinship care (親族による養育)

1417	A	alarming [əˈlɑːmɪŋ]	形 警戒すべき，驚異的な (≒ frightening, shocking)
			➤ increase at an alarming rate (驚異的な勢いで増加する)，an alarming problem (憂慮すべき問題)
			名 動 alarm (警報，懸念；心配 [動揺] させる，警戒させる) 名 alarmist (人騒がせな人)

1418	RL	allay [əˈleɪ]	動 (痛みや不安を) 和らげる，(怒りを) 鎮める (≒ reduce, lessen)
			➤ allay fears [suspicions] (恐怖 [疑念] を和らげる)

1419	R	allude [əˈluːd]	動 《to を伴って》ほのめかす，それとなく言う (≒ imply, suggest)
			➤ allude to the fact (事実を暗に示す)，allude to her marital troubles (夫婦関係のごたごたをほのめかす)
			名 allusion (ほのめかし，遠回しな表現)

1420	RLS	aloof [əˈluːf]	形 よそよそしい，冷淡な (≒ distant, detached)
			➤ stand aloof from the world (世間を超越している)，be aloof and cool (お高くとまっている)

必須語彙 200 語　最重要語レベル① 600 語　最重要語レベル② 600 語　重要語 600 語

学習日	年 月 日	年 月 日	年 月 日

1421 **A** **altruistic**
[ˌæltruˈɪstɪk]

形 利他的な，利他主義の（≒ **self-sacrificing, selfless**）
➤ altruistic behaviour（利他的行動），
an altruistic desire to serve others（他者貢献という利他的願望）
名 **altruism**（利他主義） **形** **反** **egoistic** / **selfish**（利己主義の）

1422 **A** **ambience**
[ˈæmbɪəns]

名 雰囲気，周囲の環境 （≒ **atmosphere, mood**）
➤ a hotel with a cosy ambience（落ち着いた雰囲気のホテル），
have a historic ambience（歴史的情緒がある）

1423 **R** **ameliorate**
[əˈmiːljəˌreɪt]

動 （ひどい状態から）改善［改良］する（≒ **rectify, improve**）
➤ ameliorate the situation [symptom]（状況［症状］を改善する）

1424 **R** **amplify**
[ˈæmplɪˌfaɪ]

動 増幅［増大］させる，詳しく説明する（≒ **intensify, elaborate on**）
➤ amplify the effect of climate change（気候変動の影響を増幅させる），amplify the story（さらに詳細に話す）
名 **amplifier**（アンプ）

1425 **A** **animated**
[ˈænɪˌmeɪtɪd]

形 生き生きとした，活発な（≒ **lively, energetic**）
➤ an animated discussion（活発な議論），
an animated diagram（動きのある図）

1426 **RL** **animosity**
[ˌænɪˈmɒsɪti]

名 敵意，反目（≒ **antipathy, hostility**）
➤ animosity between races（人種間の反目），
feel no animosity towards *his* critics（批判者に対して憎悪を感じない）

1427 **RL** **annihilate**
[əˈnaɪəˌleɪt]

動 （敵や都市を）全滅［絶滅］させる（≒ **destroy, eliminate**）
➤ annihilate the enemy（敵を全滅させる），
be annihilated by fire（火事で全焼する）

1428 **RL** **antagonistic**
[ænˌtæɡəˈnɪstɪk]

形 対抗心のある，敵対する（≒ **hostile, argumentative**）
➤ an antagonistic relationship（敵対関係），feel antagonistic towards each other（お互いに敵意を感じる）
名 growing **antagonism**（ますます高まる敵対心）

1429 **A** **antipathy**
[ænˈtɪpəθi]

名 反感，嫌悪（≒ **hostility, hatred**）
➤ antipathy toward the government [enemy]（政府［敵］への反感）

1430 **A** **apathy**
[ˈæpəθi]

名 無関心，無気力（≒ **indifference, lethargy**）
➤ show apathy（無関心な態度を見せる），
a sign of apathy（無気力症の兆候）
形 **apathetic**（無関心な）；*be* apathetic about politics（政治に無関心である）

196

1431	A	**appalling** [əˈpɔːlɪŋ]

形 恐ろしい，最悪の（≒ **horrific, terrible**）
➤ an appalling crime（恐ろしい犯罪），
in appalling working conditions（劣悪な労働環境で）
動 be appalled by the tragedy（その惨事にショックを受ける）

1432	A	**appease** [əˈpiːz]

動（人を）なだめる，（苦痛を）和らげる（≒ **calm, soothe**）
➤ appease the masses（大衆をなだめる），
appease her anxiety（彼女の不安を和らげる）
名 an appeasement policy（懐柔策）

1433	A	**appraisal** [əˈpreɪzˀl]

名（価値や能力の）評価，評定（≒ **assessment, evaluation**）
➤ annual staff appraisals（年次従業員評価），
a critical appraisal of the evidence（その証拠の批判的評価）
動 appraise（評価する）

1434	A	**arbitrary** [ˈɑːbɪtrərɪ]

形 恣意的な，独断的な（≒ **inconsistent, erratic**）
➤ arbitrary layoffs（不当解雇），
an arbitrary decision（恣意的な決定）

1435	A	**arena** [əˈriːnə]

名 活躍の舞台，活動領域（≒ **domain, sphere**）
➤ in the political arena（政治の舞台で），
enter the international arena（国際舞台に参加する）

1436	RL	**arid** [ˈærɪd]

形（異常に）乾燥した，不毛の（≒ **dry, barren**）
➤ live in the arid desert（乾燥した砂漠に生息している），
an arid landscape（乾燥地帯の風景）

1437	RL	**array** [əˈreɪ]

名 ずらりと並んだもの，配列（≒ **variety, arrangement**）
➤ a wide array of services [choices]（幅広いサービス［選択肢］）
動 array（配置する） **名** **反** disarray（混乱，乱雑）

1438	A	**ascertain** [ˌæsəˈteɪn]

動 突き止める，解明する（≒ **find out**）
➤ ascertain the cause of the accident（その事故の原因を解明する），
ascertain whether it is true or not（真偽を確かめる）
発音に注意。アスサータンではなくアサテイン。

1439	RL	**ascribe** [əˈskraɪb]

動 ～の原因を…によるものとする，（特定の性質があると）見なす（≒ **attribute, assign**）
➤ ascribe stress to overwork（働きすぎがストレスの原因と考える），
ascribe more value to the product（その製品はもっと価値があると思う）
be ascribed to luck（幸運のおかげとする）のように受動態で多用される。

1440	R	**assortment** [əˈsɔːtmənt]

名 各種取りそろえたもの，詰め合わせ（≒ **collection, variety**）
➤ a rich assortment of learning resources [clothes]（豊富な種類の学習リソース［衣服］）
形 assorted（各種取り合わせた）；assorted chocolates（チョコレートの詰め合わせ）

必須語彙 200 語　最重要語レベル① 600 語　最重要語レベル② 600 語　重要語 600 語

| 学習日 | 年　月　日 | 年　月　日 | 年　月　日 |

1441 RL **astronomical**
[ˌæstrəˈnɒmɪkᵊl]

形 天文の，天文学的な（≒ **celestial, enormous**）
➤ astronomical observation（天体観測），
astronomical prices（天文学的な値段）
名 **astronomy**（天文学），**astronaut**（宇宙飛行士）

1442 RL **astute**
[əˈstjuːt]

形 （状況判断などが）抜け目のない，鋭敏 [明敏] な（≒ **shrewd, sharp**）
➤ astute investments（抜け目のない投資），
astute decision-making（抜け目のない意思決定）

1443 RL **atrocious**
[əˈtrəʊʃəs]

形 凶悪な，ひどい（≒ **brutal, savage**）
➤ atrocious crimes（凶悪犯罪），an atrocious war（残虐な戦争）
名 wartime **atrocities**（戦争中の**残虐行為**）

1444 A **audacious**
[ɔːˈdeɪʃəs]

形 大胆な，恐れを知らない（≒ **daring, intrepid**）
➤ an audacious attempt（大胆な試み），an audacious plan to take over the company（会社乗っ取りの大胆な計画）
名 the **audacity** of hope（大いなる希望）

1445 A **aversion**
[əˈvɜːʃən]

名 嫌がること，嫌悪（≒ **revulsion, disgust**）
➤ have an aversion to snakes [alcohol]（蛇 [酒] が大嫌いである）
動 **avert**（〔事故・危険などを〕避ける [防ぐ]，〔目〕をそむける，そらす）；
avert the danger（危険を避ける）

1446 RL **aviation**
[ˌeɪvɪˈeɪʃən]

名 航空（学），飛行（≒ **the flying or operating of aircraft**）
➤ the aviation industry（航空産業），aviation fuel（航空燃料）
名 **aviator**（パイロット）

1447 RL **backbone**
[ˈbækˌbəʊn]

名 （社会や組織の）主力，柱（≒ **cornerstone, foundation**）
➤ the backbone of the local economy（地元経済の中心勢力），
the backbone of society（社会の中心）

1448 A **baffle**
[ˈbæfᵊl]

動 困惑 [当惑] させる（≒ **puzzle, perplex**）
➤ be baffled by the question（その質問に困惑する），
be baffled by his behaviour（彼の振る舞いに困惑する）
形 a **baffling** mystery（不可解な謎）

1449 RLS **bask**
[bɑːsk]

動 《in を伴って》（愛情・恩恵・喜びなどに）浸る，浴する，(日光で）暖まる（≒ **enjoy, revel**）
➤ bask in the glory of *our* achievement（達成の栄光に浸る），
bask in the sun（日光浴をする）

1450 RL **bearing**
[ˈbɛərɪŋ]

名 関係性，物腰（≒ **relevance, demeanour**）
➤ have a great bearing on his future career（彼の将来のキャリアに大きく影響する），have good bearings（物腰が柔らかい）
熟 lose *one's* **bearings**（自分の位置を見失う）

Part 4 達成度 10% 50% 100%

| 1451 | A | **belittle** [bɪˈlɪtˀl] | 動 軽く扱う，けなす（≒ **downplay, undervalue**） |
| | | | ➤ belittle his achievement（彼の業績を軽く扱う），belittle her opinion（彼女の意見を軽視する） |

| 1452 | A | **benchmark** [ˈbɛntʃˌmɑːk] | 名 基準，尺度（≒ **criterion, yardstick**） |
| | | | ➤ a benchmark for performance（成果を測る尺度），a benchmark for measuring economic progress（経済発展を測る基準） |

| 1453 | RL | **beset** [bɪˈsɛt] | 動 （困難・心配が）悩ませる，〜につきまとう（≒ **plague, afflict**） |
| | | | ➤ be beset with social problems（社会問題に悩まされる），be beset with many hardships（多くの困難を抱えている） |

| 1454 | A | **betray** [bɪˈtreɪ] | 動 裏切る，（秘密などを）漏らす（≒ **deceive, reveal**） |
| | | | ➤ betray their trust（彼らの信頼を裏切る），betray the secret（秘密を漏らす） |

| 1455 | A | **betterment** [ˈbɛtəmənt] | 名 向上，発展（≒ **progress, prosperity**） |
| | | | ➤ work towards the betterment of society [education]（よりよい社会［教育］を目指して取り組む） |

| 1456 | A | **bewilder** [bɪˈwɪldə] | 動 当惑［困惑］させる（≒ **confuse, baffle**）形 bewildered：当惑した |
| | | | ➤ be bewildered by his behaviour（彼の態度に困惑する），a bewildered look（当惑した表情）形 a bewildering range of ...（困惑するほど広範囲の〜） |

| 1457 | RL | **bicker** [ˈbɪkə] | 動 口論する，言い争う（≒ **squabble, wrangle**） |
| | | | ➤ bicker over the price（値段のことで口げんかする），bicker constantly about very minor things（つまらないことで口げんかが絶えない） |

| 1458 | A | **bland** [blænd] | 形 面白みに欠ける，味気がない（≒ **boring, tasteless**） |
| | | | ➤ a bland statement（面白みに欠ける意見），bland foods（あっさりした食べ物） |

| 1459 | A | **blatant** [ˈbleɪtˀnt] | 形 （うそが）見えすいた，（差別などが）露骨な（≒ **obvious, glaring**） |
| | | | ➤ a blatant lie（見えすいたうそ），blatant discrimination（露骨な差別） |

| 1460 | RL | **blunt** [blʌnt] | 形 鈍い，無遠慮な（≒ **dull, brusque**） |
| | | | ➤ a blunt weapon（鈍器），a blunt question（無遠慮な質問）動 blunt the effect（効果を鈍らせる） |

学習日	年 月 日	年 月 日	年 月 日

1461 A **bolster**
['bəʊlstə]
動 (自信・士気などを) 強める [高める]，(人を) 支持する (≒ **st**rengthen, **su**pport)
➤ bolster the immune system （免疫機能を高める），
bolster his confidence （彼の自信を高める）
動 反 undermine （徐々に弱らせる）

1462 RL **bombard**
[bɒmˈbɑːd]
動 攻め立てる，砲撃する (≒ **i**nundate, **s**hell)
➤ bombard him with questions （彼を質問攻めにする），
be bombarded with ads for products （商品の広告が殺到している）
名 bombardment （砲撃）

1463 RL **bountiful**
['baʊntɪfʊl]
形 大量の，豊富な (≒ **a**bundant, **p**lentiful)
➤ a bountiful harvest （豊作），
a bountiful supply of energy （十分なエネルギー供給）
形 反 scarce （少ない，まれな），meagre （わずかばかりの）

1464 A **breach**
[briːtʃ]
名 (法律や契約などの) 違反，不履行 (≒ **v**iolation, **n**eglect)
➤ a breach of contract [security] （契約 [セキュリティ] 違反）

1465 RL **brusque**
[bruːsk]
形 素っ気ない，無愛想な (≒ **b**lunt, **c**urt)
➤ a brusque reply （無愛想な返事），
a brusque manner （素っ気ない態度）
形 反 polite （丁寧な，礼儀正しい），courteous （礼儀正しい）

1466 A **buoyant**
['bɔɪənt]
形 上昇傾向の，活発な (≒ **d**eveloping, **b**ooming)
➤ the buoyant economy （上向きな経済），
buoyant job markets （活発な労働市場）

1467 A **burgeoning**
['bɜːdʒənɪŋ]
形 急成長している (≒ **e**xpanding, **s**oaring)
➤ a burgeoning industry （急成長中の産業），
a burgeoning demand for energy （急増するエネルギー需要）

1468 SW **bustling**
['bʌstlɪŋ]
形 にぎやかな，活気に満ちた (≒ **l**ively, **h**ectic)
➤ a bustling street （活気あふれる通り），
be bustling with new students （新入生でごった返している）

1469 RL **bypass**
['baɪˌpɑːs]
動 回避する，迂回する (≒ **d**odge, **de**tour)
➤ bypass the regulations （規制を逃れる），
bypass the busy street （混んでいる通りを迂回する）

1470 RL **camaraderie**
[ˌkæməˈrɑːdəri]
名 友情，仲間意識 (≒ **c**ompanionship, **f**ellowship)
➤ build trust and camaraderie （信頼と友情を築く），
a workplace with great camaraderie （人間関係が良好な職場）

1471	A	captivating [ˈkæptɪˌveɪtɪŋ]	形 魅惑的な，人の心をとらえる（≒ **f**ascinating, **c**harming） ➤ a captivating smile（魅力的なスマイル）， 　 a captivating performance（魅惑的な演技） 動 **captivate**（魅了する）
1472	A	catalyst [ˈkætəlɪst]	名 触媒，促進するもの（≒ **t**rigger, **s**timulus） ➤ act as a catalyst for change（変化を促す役割を果たす）， 　 the catalyst behind the war（戦争の黒幕） 動 **catalyse** the change（変化を促す）
1473	A	catastrophe [kəˈtæstrəfi]	名 大災害，大惨事（≒ **d**isaster, **c**alamity） ➤ an environmental catastrophe（環境の激変）， 　 an economic catastrophe（経済の大惨事） 形 **catastrophic**（壊滅的な，最悪の）: a catastrophic event（大惨事）
1474	A	categorical [ˌkætɪˈɡɒrɪkəl]	形 断定的な，絶対的な（≒ **a**bsolute, **o**utright） ➤ a categorical denial（断固拒否）， 　 a categorical statement（断言） 副 **categorically**（断定的に）: state categorically（断言する）
1475	A	caution [ˈkɔːʃən]	名 注意，用心（≒ **c**are, **w**arning） ➤ a caution statement（注意書き）， 　 exercise caution（注意［用心］する）
1476	A	certified [ˈsɜːtɪˌfaɪd]	形 （要件を満たして）公認された，保証された（≒ **q**ualified, **l**icensed） ➤ a certified accountant（公認会計士）， 　 a certified copy（認証謄本）
1477	RL	circumspect [ˈsɜːkəmˌspekt]	形 慎重な，用心深い（≒ **c**autious, **a**lert） ➤ a circumspect statement（慎重な発言），take a circumspect 　 approach to immigration（移民問題に慎重な姿勢を取る）
1478	A	circumvent [ˌsɜːkəmˈvent]	動 （障害物を）避ける，（規制などを）回避する（≒ **b**ypass, **a**void） ➤ circumvent the law（法律を逃れる）， 　 circumvent an obstruction（障害を避ける）
1479	A	clinical [ˈklɪnɪkəl]	形 臨床の，冷静で客観的な（≒ **m**edical, **n**onsubjective） ➤ a clinical thermometer（体温計），clinical assessments 　 [trials] of new drugs（新薬の臨床評価［試験］）
1480	RL	clogged [klɒɡd]	形 詰まった，目詰まりした（≒ **b**locked, **c**hoked） ➤ a clogged nose（鼻づまり），a clogged drain（詰まった排水管） 動 **clog**（詰まらせる）

必須語彙 200 語　最重要語レベル① 600 語　最重要語レベル② 600 語　重要語 600 語

学習日	年　月　日	年　月　日	年　月　日

1481 A **coax**
[kəʊks]

動 なだめて説得する，なだめすかす（≒ **p**ersuade, **w**heedle）
➤ coax the child to take medicine（子どもをなだめて薬を飲ませる），
coax a smile from the baby（赤ん坊をあやして笑わせる）

1482 A **coerce**
[kəʊˈɜːs]

動 強要する，無理にさせる（≒ **p**ressure, **f**orce）
➤ coerce him into confession（彼に自白させる），
coerce him to provide information（彼に情報提供を強要する）
名 **coercion**（強要）　**形** **coercive** measures（強制的措置）

1483 RL **collate**
[kɒˈleɪt]

動 照合する，突き合わせる（≒ **c**ollect, **c**ompare）
➤ collate information（情報を照合する），
collate and analyse the data（データを照合して分析する）

1484 A **collusion**
[kəˈluːʒən]

名 共謀，談合（≒ **c**onspiracy, **p**lotting）
➤ in collusion with the enemy（敵と共謀して），collusion
between bureaucrats and politicians（政官の癒着）
動 **collude**（共謀［談合］する）

1485 A **colossal**
[kəˈlɒsəl]

形 巨大な，膨大な（≒ **t**remendous, **g**igantic）
➤ a colossal amount of money（巨額のお金），
a colossal statue（巨大な像）
【参考】Colosseum「コロシアム，格闘場」と同じ語源。

1486 A **combustible**
[kəmˈbʌstəbl]

形 可燃性の，燃えやすい（≒ **f**lammable, **b**urnable）
➤ combustible materials（可燃性の物質），
combustible garbage（燃えるごみ）
形 **反** **incombustible** materials（不燃物質）

1487 RL **commendable**
[kəˈmɛndəbl]

形 称賛［推賞］に値する（≒ **a**dmirable, **p**raiseworthy）
➤ commendable efforts [deeds]（称賛に値する取り組み［行為］）
動 **commend** his bravery（彼の勇気を称賛する）

1488 LS **commune**
[kəˈmjuːn]

動 《with を伴って》〜と心を通わせる，語り合う（≒ **c**ommunicate
with, **e**njoy）
➤ commune with nature（自然に親しむ），commune with my
team members（チームメートと心を通わせる）

1489 A **compelling**
[kəmˈpɛlɪŋ]

形 納得できる，感動的な（≒ **c**onvincing, **f**ascinating）
➤ compelling evidence（有力な証拠），a compelling story（感動的な物語）
熟 feel **compelled** to *do*（〜しなければならない気がする）

1490 A **composure**
[kəmˈpəʊʒə]

名 落ち着き，平静（≒ **d**ignity, **p**oise）
➤ regain *my* composure（落ち着きを取り戻す），
maintain *my* composure（平静を保つ）
形 **composed**（落ち着いた）：be calm and composed（冷静沈着である）

1491	A	concede [kənˈsiːd]	動 認める，譲る（≒ **a**dmit, **g**rant） ➤ concede defeat [a game]（敗北［ゲームで敗北］を認める），concede to *your* request（要求に対して折れる） 名 concession（譲歩，譲与，利権）
1492	RL	conceited [kənˈsiːtɪd]	形 うぬぼれた，気取った（≒ **b**ig-headed, **a**rrogant） ➤ a conceited fool [attitude]（うぬぼれた愚か者［態度］） 名 conceit（自尊心） 形 反 modest（謙虚な）
1493	A	concerted [kənˈsɜːtɪd]	形 協調した，一致した（≒ **c**oordinated, **c**ollaborative） ➤ concerted efforts [actions]（協調した努力［行為］）
1494	A	condense [kənˈdɛns]	動（文章などを）要約する，凝縮する（≒ **s**horten, **c**ompress） ➤ condense *our* message into a short speech（メッセージを短いスピーチに凝縮する），be condensed into just one page（たった1ページに要約される） 形 condensed milk（濃縮された牛乳→練乳）
1495	RL	condone [kənˈdəʊn]	動 許す，容赦する（≒ **o**verlook, **e**xcuse） ➤ do not condone any illegal activity（いかなる違法行為も容赦しない），condone violence（暴力を大目に見る）
1496	A	conducive [kənˈdjuːsɪv]	形（よい結果の）助けになる，貢献する（≒ **b**eneficial, **f**avourable） ➤ *be* conducive to language acquisition（言語習得に役立つ），*be* conducive to the public good（公益に寄与する）
1497	RL	conflagration [ˌkɒnfləˈgreɪʃən]	名 大火災，大災害（≒ **f**ire, **b**laze） ➤ conflagrations in the town（その町の大火災），turn into a global conflagration（世界規模の大災害になる）
1498	RL	congregation [ˌkɒngrɪˈgeɪʃən]	名 集合，集まり（≒ **g**athering, **f**lock） ➤ a large congregation of protesters [migratory birds]（反対派の大集会［渡り鳥の大群］） 動 congregate（集まる，集合する）
1499	A	conjecture [kənˈdʒɛktʃə]	動 推測する，憶測する（≒ **g**uess, **s**urmise） 名 推測，憶測（≒ **g**uess） ➤ conjecture that the measure will be effective（その施策は効果的だと推測する），language of conjecture（察しの言語）
1500	RL	connotation [ˌkɒnəˈteɪʃən]	名 言外の意味，含み（≒ **i**mplication, **o**vertone） ➤ have a sexual [pejorative] connotation（性的な［軽蔑的な］含みがある）

必須語彙200語　最重要語レベル① 600語　最重要語レベル② 600語　重要語600語

IELTS 読解力 UP　最重要「医学」語彙をマスター！

- ☐ regenerative medicine　再生医療
- ☐ genetic manipulation　遺伝子操作
- ☐ hereditary disease　遺伝病（congenital disease は「先天性疾患」）
- ☐ biomimicry　生体情報科学（生物の構造や機能から着想を得て, それらを人工的に再現する技術）
- ☐ embryonic stem cell　ES［胚性幹］細胞
- ☐ terminal care　末期医療（terminal patients は「末期患者」）
- ☐ active euthanasia/mercy killing　積極的安楽死
- ☐ death with dignity　尊厳死
- ☐ comatose patients　昏睡状態の患者 (suspended animation は「仮死状態」)
- ☐ malpractice liability　医療過誤責任（misdiagnosis は「誤診」）
- ☐ medical diagnosis　医学的診断（prognosis は「予後診断」）
- ☐ psychiatric centre　精神療養所
- ☐ paediatrician　小児科医（veterinarian は「獣医」）
- ☐ artificial insemination　人工受精（in vitro insemination は「体外受精」）
- ☐ oral contraceptive　経口避妊薬
- ☐ hypnotic therapy　催眠治療（chemotherapy は「化学治療」）
- ☐ immune therapy　免疫療法（therapeutic effect は「治療効果」）
- ☐ holistic approach　心身一体的アプローチ
- ☐ local anaesthesia　局部麻酔（general anaesthesia は「全体麻酔」）
- ☐ kidney dialysis　腎臓透析
- ☐ corneal transplant　角膜移植
- ☐ intravenous drip　点滴（intravenous injection は「静脈注射」）
- ☐ antibiotic　抗生物質（antidote は「解毒剤」, sedative は「鎮静剤」）
- ☐ hallucinogenic drug　幻覚剤（stimulant は「覚せい剤」）

IELTS 読解力 UP　最重要「科学技術」語彙をマスター！

- ☐ centrifugal force　遠心力（centripetal force は「求心力」）
- ☐ hydraulic power　水力（hydraulic pressure は「水圧」）
- ☐ infrared rays　赤外線（ultraviolet rays は「紫外線」）
- ☐ electromagnetic force　電磁力（電流と磁界の相互作用で生じる力）
- ☐ kinetic energy　運動エネルギー（potential energy は「位置エネルギー」）
- ☐ superconductivity　超伝導（絶対零度近くで電気抵抗がゼロになる現象）
- ☐ electromagnetic wave　電磁波（electromagnetic field は「電磁場」）

□ thermal power generation　火力発電（**hydroelectric power generation** は「水力発電」，**geothermal power generation** は「地熱発電」）

□ chemical fertiliser　化学肥料（**chemical herbicide** は「化学除草剤」）

□ synthetic fibres　合成繊維（**synthetic resin** は「合成樹脂」）

□ fuel cell　燃料電池（**dry battery**［**cell**］）は「乾電池」）

□ evaporation / vaporisation　気化，蒸発（**distillation** は「蒸留」）

□ gold plating　金めっき

□ the Milky Way / the galaxy　銀河（系），天の川

□ celestial body　天体（**constellation** は「星座」，**the zodiac** は「十二宮図」）

□ asteroid　小惑星（**meteor** は「流星，隕石」）

□ terraforming　テラフォーミング（人が住めるよう惑星を地球のように変化させること）

□ a stationary satellite　静止衛星

□ rocket trajectory　ロケットの軌跡

□ space debris　宇宙ゴミ（**terrestrial magnetism** は「地磁気」）

□ autonomous vehicles　自動運転車

□ deep learning　深層学習（コンピューターによる機械学習で，人間の脳をまねたニューラルネットワークの中間層を多層にする）

□ AR（augmented reality）拡張現実（「ポケモン Go」がその例）

□ a digital divide　情報格差

□ a wired society　ネットワーク社会

□ an identity theft　個人情報を盗むこと（**identity fraud** は「なりすまし」）

□ molecular computing　分子コンピューティング（ナノテクを用いて性能を向上させる試み）

□ dark matter　暗黒物質（通常の天体観測手段の電磁波では見つかっていないが，銀河系内に存在するとされている仮説上の物質）

□ neutrino astronomy　ニュートリノ天文学

□ supernova　超新星（大質量の恒星がその一生を終えるときに起こす爆発現象）

□ the National Aeronautics and Space Administration（NASA）アメリカ航空宇宙局

□ the International Space Station（ISS）国際宇宙ステーション

□ a stationary satellite　静止衛星（地球の自転と同じ周期で同じ向きに公転するため，地上からは静止しているように見える人工衛星のこと）

□ the Hubble Space Telescope（HST）ハッブル宇宙望遠鏡（地上約 600km 上空の軌道を周回する宇宙望遠鏡）

学習日	年 月 日	年 月 日	年 月 日

1501 **A** **consolation**
[ˌkɒnsəˈleɪʃən]

名 慰め，慰めとなるもの（≒ **c**omfort, **s**olace）
➤ offer little consolation to the victims（被害者にとってはほとんど慰めにならない），a consolation prize（残念賞）
動 console（慰める）**名 console**（家庭用ゲーム機）

1502 **A** **consolidate**
[kənˈsɒliˌdeɪt]

動 強固にする，統合する（≒ **s**trengthen, **i**ntegrate）
➤ consolidate *my* position in the company（会社での地位を固める），consolidate the departments（部署を統合する）

1503 **RL** **constellation**
[ˌkɒnstɪˈleɪʃən]

名 集まり，星座（≒ **c**luster, **c**onfiguration）
➤ a constellation of stars（星の集まり），
a constellation of symptoms（一連の症状）

1504 **A** **construe**
[kənˈstruː]

動 解釈する，理解する（≒ **i**nterpret, **u**nderstand）
➤ *be* construed as an agreement [apology]（同意［謝罪］とみなされる）

1505 **A** **contempt**
[kənˈtɛmpt]

名 軽蔑，侮辱（≒ **s**corn, **d**isrespect）
➤ show utter contempt（ひどく軽蔑する），
contempt for human rights（人権軽視）
熟 hold ... in contempt（～をどうでもいいものと見なす）

1506 **A** **contingency**
[kənˈtɪndʒənsi]

名 不測の事態，偶発事件（≒ **i**ncident, **e**ventuality）
➤ contingency plans（危機管理計画），prepare for all possible contingencies（あらゆる不慮の事態に備える）
形 contingent（～次第の，～にかかっている）：*be* contingent on the outcome of ...（～の結果次第である）

1507 **A** **converge**
[kənˈvɜːdʒ]

動（一点に）集中する，合流する（≒ **m**eet, **m**erge）
➤ converge at a meeting point（合流地点に集まる），Two roads [opinions] converge.（2 つの道路［意見］がひとつになる）
名 convergence（集合，集中）**動 反 diverge**（枝分かれする）

1508 **A** **conversely**
[ˈkɒnvɜːsli]

副 逆に（≒ **c**ontrarily, **b**y **c**ontrast）
➤ Conversely, it can be said that ...（反対に～とも言える）

1509 **RL** **copious**
[ˈkəʊpiəs]

形 大量の，豊富な（≒ **p**lentiful, **a**bundant）
➤ copious amounts of water（大量の水），
take copious notes（たくさんのメモを取る）
形 反 scarce（乏しい），**scanty**（不十分な）

1510 **A** **cornerstone**
[ˈkɔːnəˌstəʊn]

名 土台，基盤（≒ **f**oundation, **k**eystone）
➤ the cornerstone of society [education]（社会［教育］基盤）

1511	RL	**corroborate** [kəˈrɒbəˌreɪt]	動 （陳述などを）裏付ける，確証する（≒ **confirm, verify**） ➤ corroborate the hypothesis（その仮説を裏付ける），evidence to corroborate his claims（彼の主張を裏付ける証拠）
1512	A	**cosy 〈英〉／ cozy 〈米〉** [ˈkəʊzɪ]	形 居心地のよい，くつろげる（≒ **comfortable, relaxing**） ➤ a cosy seaside restaurant（海辺のくつろげるレストラン），a cosy little room（こじんまりした心地よい部屋）
1513	RLS	**crossroads** [ˈkrɒsˌrəʊdz]	名 ターニングポイント，岐路《しばしば a 〜 s; 単複両扱い》（≒ **an important life stage, a turning point**） ➤ at a crossroads（岐路に立って），reach a crossroads in my career（キャリアの岐路に立つ） 名 crossroads（交差点）
1514	RL	**crumble** [ˈkrʌmbˀl]	動 崩壊する，粉々に砕ける（≒ **collapse, disintegrate**） ➤ crumble at its foundation（根底から崩れる） 形 a crumbling organisation（崩壊しつつある組織）
1515	RLS	**crumpled** [ˈkrʌmpˀld]	形 しわくちゃの，くしゃくしゃの（≒ **creased, wrinkled**） ➤ a crumpled newspaper（くしゃくしゃの新聞紙），a crumpled shirt（しわくちゃのシャツ）
1516	RL	**cryptic** [ˈkrɪptɪk]	形 謎めいた，不可解な（≒ **mysterious, enigmatic**） ➤ a cryptic message（不可解なメッセージ），cryptic notes（謎めいたメモ）
1517	RW	**culminate** [ˈkʌlmɪˌneɪt]	動 （活動・過程・行事などが）（ついに）〜に達する，終わる，（ある出来事などで）最高潮に達する（≒ **climax, peak**） ➤ The story culminates in marriage [murder].（ストーリーは最後に結婚［殺人］で終わる） 名 culmination（最高潮，集大成）
1518	LS	**cultured** [ˈkʌltʃəd]	形 教養のある，栽培［養殖］された（≒ **cultivated, refined**） ➤ a cultured woman（教養のある女性），cultured pearls（養殖真珠）
1519	A	**cumbersome** [ˈkʌmbəsəm]	形 面倒な，（物が）大きくて［重くて］運びにくい［扱いにくい］（≒ **complicated, bulky**） ➤ cumbersome paperwork（煩雑な事務処理），a cumbersome procedure（面倒な手続き）
1520	LS	**dainty** [ˈdeɪntɪ]	形 小さくて上品な［きゃしゃな］，（食べ物が）美味な，（食べ物などの）好みがうるさい（≒ **delicately small, tasteful, tasty**） ➤ dainty shoes（きゃしゃな靴），a dainty meal（美味な食事）

必須語彙 200 語　最重要語レベル① 600 語　最重要語レベル② 600 語　重要語 600 語

学習日	年 月 日	年 月 日	年 月 日

1521 | A | **daring**
['dɛərɪŋ]

形 大胆な，向う見ずな（≒ **bold, intrepid**）
➤ a daring project（大胆な計画），
a daring adventure（危険を顧みない冒険）

1522 | A | **daunting**
['dɔːntɪŋ]

形 ひるませる，おじけづかせる（≒ **overwhelming, intimidating**）
➤ a daunting challenge [task]（ひるむような挑戦 [手ごわい課題]），
the daunting prospect of a robot-governed world（ロボットに支配される世界という悲観的な見通し）

1523 | A | **dazzling**
['dæzlɪŋ]

形 非常に明るい，素晴らしい（≒ **extremely bright, impressive**）
➤ a dazzling light（まばゆい光），
her dazzling performance（彼女の魅力的なパフォーマンス）

1524 | A | **dearth**
[dɜːθ]

名 不足，飢饉（≒ **shortage, scarcity**）
➤ a dearth of skilled workers（熟練ワーカー不足），
a dearth of information（情報不足）

1525 | A | **debris**
['deɪbriː, 'dɛbriː]
《発音注意》

名 残骸，がれき（≒ **waste, rubble**）
➤ space debris（宇宙ゴミ），remove the debris（残骸を取り除く）

1526 | RL | **decimate**
['dɛsɪˌmeɪt]

動 大量殺害する，壊滅させる，（〜の数を）大幅に減らす（≒ **annihilate, destroy**）
➤ decimate the enemy（敵を大量に殺す），
decimate the population of ...（〜の人口を大きく減らす）

1527 | A | **decipher**
[dɪ'saɪfə]

動 （暗号を）解読する，（文字を）読み解く（≒ **decode, crack**）
➤ decipher a code（暗号を解く），
decipher the meaning（意味を理解する）
名 decipherment（判読，解読）

1528 | RL | **decry**
[dɪ'kraɪ]

動 公然と非難する，けなす（≒ **condemn, denounce**）
➤ decry human rights abuse（人権侵害を非難する），
decry double standards for food（食べ物に対する二重基準を非難する）

1529 | A | **deference**
['dɛfərəns]

名 尊敬，敬意（≒ **respect, regard**）
➤ in deference to the local culture（地元文化を尊重して），
show deference to the elderly（年配者に敬意を示す）
形 be **deferential** to my teacher（先生を**敬っている**）
動 defer《自動詞》〔敬意を表して人の〕言うとおりにする，〔他人の意見を〕受け入れる
【参考】defer「《他動詞》（決定・支払いなどを）引き延ばす，延期する」。

1530 | RL | **definitive**
[dɪ'fɪnɪtɪv]

形 最終的な，決定的な（≒ **final, conclusive**）
➤ a definitive statement（最終的な声明），
provide a definitive answer（最終的な解答を出す）

1531	A	**deflect** [dɪˈflɛkt]	**動** そらす，（人の）気をそらせる（≒ **divert, distract**） ➤ deflect criticism（批判をそらす），deflect attention (away) from the matter（その問題から注意をそらす） **名 deflection**（歪み，そり）
1532	R	**defunct** [dɪˈfʌŋkt]	**形** 故人となった，消滅した（≒ **dead, extinct**） ➤ a defunct company [organisation]（消滅した会社［組織］）， her defunct parents（彼女の亡くなった両親）
1533	R	**delineate** [dɪˈlɪniˌeɪt]	**動** 詳しく説明する，〜の輪郭を描く（≒ **describe, define**） ➤ delineate the concept（その概念を詳しく説明する）， delineate the country's border（その国の境界線を描く）
1534	A	**delude** [dɪˈluːd]	**動** 欺く，惑わす（≒ **deceive, mislead**） ➤ delude him into believing the story（彼を欺いてその話を信じ込ませる）， delude *my*self with the idea（誤ってその考えを信じる） **名 delusion**（妄想，思い込み）：delusion of grandeur（誇大妄想）
1535	A	**deluge** [ˈdɛljuːdʒ]	**名** 大洪水，殺到（≒ **barrage, flood**） ➤ a deluge of letters [applications]（手紙［申し込み］の殺到） **動** *be* **deluged** with ...（〔人，場所に〕〜が殺到する）
1536	A	**delve** [dɛlv]	**動** 《into を伴って》掘り下げる，突っ込んで研究する（≒ **investigate**, **explore**） ➤ delve deeply into the problem（その問題を深く掘り下げる）， delve into the details（詳細を徹底的に調べる）
1537	RLS	**demeanour** [dɪˈmiːnə]	**名** 態度，振る舞い（≒ **behaviour, manner**） ➤ her calm [mild] demeanour（彼女の冷静な［温和な］物腰）
1538	A	**demoralise**《英》／ **demoralize**《米》 [dɪˈmɒrəˌlaɪz]	**動** 〜の士気をくじく，やる気を失わせる（≒ **dishearten, demotivate**） ➤ feel demoralised（やる気を失う） **形 demoralising**（自信［士気］を喪失させるような）：have a demoralising effect on the workers（従業員にやる気をなくさせるような影響を与える）
1539	R	**derelict** [ˈdɛrɪlɪkt]	**形** 放置された，見捨てられた（≒ **abandoned, deserted**） ➤ demolish derelict buildings（廃ビルを取り壊す）， a derelict factory（廃工場） **名 dereliction**（放棄，怠慢）：dereliction of duty（職務怠慢）
1540	A	**derision** [dɪˈrɪʒən]	**名** 嘲笑，あざけり（≒ **ridicule, mockery**） ➤ the target of derision（嘲笑の的）， *be* greeted with derision（嘲笑で迎えられる） **形 derisive** comments（嘲笑的な［ばかにした］コメント）

必須語彙 200 語　最重要語レベル① 600 語　最重要語レベル② 600 語　重要語 600 語

学習日	年　月　日	年　月　日	年　月　日

1541 A **despicable**
[dɪˈspɪkəbˀl]

形 卑劣な，卑しむべき（≒ **contemptible**, **mean**）
➤ a despicable crime（卑劣な犯罪），
a despicable act of terrorism（卑劣なテロ行為）

1542 RL **detention**
[dɪˈtɛnʃən]

名 拘留，居残り（≒ **custody**, **captivity**）
➤ juvenile detention centres（少年鑑別所），
after-school detention（放課後の居残り）
動 detain（拘束する）

1543 R **detract**
[dɪˈtrækt]

動 《from を伴って》（価値や質を）下げる，減ずる（≒ **devalue**, **belittle**）
➤ detract from his reputation（彼の評判を傷つける），
detract from the quality of life（生活の質を落とす）
注意 detract の主語が from 以下を損なう原因となるもの。

1544 A **dexterity**
[dɛkˈstɛrɪti]

名 器用さ，巧妙さ（≒ **deftness**, **adeptness**）
➤ require manual dexterity（手先の器用さを必要とする），
verbal dexterity（言葉の巧みさ）
形 dexterous hands（器用な手先）

1545 A **dictate**
[dɪkˈteɪt]

動 命令する，指示する（≒ **order**, **impose**）
➤ dictate policy（方針を指示する），
dictate the terms of the agreement（契約条件を指示する）
名 dictator（独裁者）

1546 A **diffuse**
[dɪˈfjuːz]

動 （知恵などを）広げる，（光や熱を）発散する（≒ **spread**, **disperse**）
➤ diffuse new ideas（新しい考えを広める），
diffuse light through a screen（スクリーンを通して光を発散する）
名 diffusion（普及，拡散）

1547 A **digress**
[daɪˈgrɛs]

動 （本題から）それる，脱線する（≒ **diverge**, **deviate**）
➤ digress from the subject（本題からそれる），
digress from the original plan（当初の計画から逸脱する）
名 digression（余談，脱線）

1548 RL **diminutive**
[dɪˈmɪnjʊtɪv]

形 小柄な，ちっぽけな（≒ **tiny**, **small**）
➤ a diminutive figure [woman]（小さな形 [小柄な女性]）

1549 A **discreet**
[dɪˈskriːt]

形 慎重な，分別のある，控えめな（≒ **cautious**, **circumspect**）
➤ discreet inquiries（慎重な調査），discreet questions（控えめな質問）
名 discretion（決定権，分別）：use [exercise] your discretion（〔物事を〕自分で判断 [決定] する）

1550 A **discrepancy**
[dɪˈskrɛpənsi]

名 不一致，相違，食い違い（≒ **disparity**, **inconsistency**）
➤ discrepancies between the two statements（2 つの証言の食い違い），a subtle [wide] discrepancy（微妙な [大幅な] 食い違い）

1551	A	disparate	形 （質や種類において）全く異なる，異種の（≒ different, unlike）
		[ˈdɪspərɪt]	➤ a disparate group of people（全く異なる人たちの集団），disparate elements（全く異なる要素）
			注意 desperate（自暴自棄の）と混同しないように。

1552	RL	disperse	動 追い散らす，ばらまく（≒ dispel, scatter）
		[dɪˈspɜːs]	➤ disperse the crowd [demonstrators]（群衆［デモ参加者］を追い散らす），disperse the smoke（煙を吹き散らす）
			名 dispersal（拡散，散布）

1553	A	disposition	名 （生まれ持った）性質，資質（≒ nature, temperament）
		[ˌdɪspəˈzɪʃən]	➤ her cheerful disposition（彼女の明るい性格），have a shy disposition（内気な性格である）

1554	RL	dissent	名 意見の相違，異議（≒ opposition, refusal）
		[dɪˈsent]	➤ political dissent（政治的意見の違い），suppress dissent（反対意見を抑え込む）
			名 反 assent（同意，承認）

1555	RL	dissipate	動 （熱や煙を）散らす，（お金を）浪費する（≒ scatter, squander）
		[ˈdɪsɪˌpeɪt]	➤ dissipate heat（熱を分散する），dissipate money（無駄遣いする）
			動 Smoke dissipated.（煙が消えた）

1556	RL	divulge	動 （秘密を）漏らす，暴露する（≒ reveal, disclose）
		[daɪˈvʌldʒ]	➤ divulge a secret（秘密を漏らす），divulge personal details（個人情報を漏らす）

1557	RL	dodge	動 避ける，うまく逃れる［はぐらかす］（≒ evade, escape）
		[dɒdʒ]	➤ dodge the traffic（渋滞を避ける），dodge the question（質問をかわす）

1558	A	dot	動 《be ～ted with A で》（場所などに）A〈物・人など〉が点在している，《be ～ted about [around] A で》（物・建物などが）A〈場所など〉に点在している（≒ spread, distribute）
		[ˈdɒt]	➤ be dotted with gift shops（ギフトショップが点在している），CCTV cameras are dotted around the city.（街のあちこちに監視カメラが点在している）

1559	RL	downplay	動 控えめに話す［扱う］（≒ understate, devalue）
		[ˈdaʊnˌpleɪ]	➤ downplay my skills in an interview（面接で自分のスキルを控えめに言う），downplay regulations（規則を軽視する）
			熟 play ... down（～を控えめに話す［扱う］）

1560	A	down-to-earth	形 現実的な，地に足のついた（≒ practical, sensible）
		[ˌdaʊntʊˈɜːθ]	➤ a down-to-earth approach（現実的な方法），a down-to-earth individual（地に足がついた人）

必須語彙 200 語　最重要語レベル① 600 語　最重要語レベル② 600 語　**重要語 600 語**

| 学習日 | 年　月　日 | 年　月　日 | 年　月　日 |

1561 **A** **drag**
[dræg]

動 引きずる，長引く（≒ **haul, be prolonged**）
➤ drag heavy luggage（重い荷物を引きずる），
drag on for hours（何時間もダラダラと続く）
名 drag（障害，妨げ）

1562 **A** **dubious**
[ˈdjuːbɪəs]

形 半信半疑の，うさんくさい（≒ **doubtful, suspicious**）
➤ be dubious about the idea（その考えに疑いを持つ），
dubious business dealings（怪しいビジネス取引）
名 dubiety（疑念）

1563 **A** **dump**
[dʌmp]

動 廃棄する，処分する（≒ **dispose of, abandon**）
➤ dump rubbish illegally（ごみを不法投棄する），dump asbestos
（アスベストを処分する）
名 dump（ごみ捨て場），a waste [refuse] dump site（ごみ捨て場）

1564 **A** **duplicate**
[ˈdjuːplɪˌkeɪt] **動**
[ˈdjuːplɪkɪt] **形 名**

動 そっくり複製する，まねる（≒ **copy, reproduce**）
➤ successfully duplicate the experiments（その実験を再現するこ
とに成功する），duplicate the software（ソフトウェアを複製する）
形 duplicate（複製の）; a duplicate key（合鍵）　**名** duplicate（全
く同じもの）

1565 **A** **duration**
[djʊˈreɪʃən]

名 継続期間，継続時間（≒ **period, length**）
➤ the duration of sunshine [the game]（日照 [試合] 時間）

1566 **A** **earnest**
[ˈɜːnɪst]

形 真剣な，熱心な（≒ **serious, dedicated**）
➤ an earnest desire（心からの願い），speak in earnest（熱弁する）

1567 **A** **ease**
[iːz]

動（痛みや問題を）緩和する，容易にする（≒ **relieve, facilitate**）
➤ ease traffic congestion（交通渋滞を緩和する），
ease access to the Internet（ネットへのアクセスを容易にする）
名 ease（容易さ，安心）; at ease（安心して），ill at ease（不安で）

1568 **RL** **eavesdrop**
[ˈiːvzˌdrɒp]

動 盗み聞きする，傍受する（≒ **listen secretly, tap**）
➤ eavesdrop on a conversation（会話を盗み聞きする），
avoid eavesdropping（盗聴を避ける）

1569 **RL** **ecstatic**
[ɛkˈstætɪk]

形 喜びに満ちた，熱狂的な（≒ **joyful, enthusiastic**）
➤ ecstatic fans（歓喜に満ちたファン），
receive an ecstatic welcome（熱烈な歓迎を受ける）

1570 **A** **elastic**
[ɪˈlæstɪk]

形 弾力性のある，融通が利く（≒ **flexible, resilient**）
➤ elastic materials（伸縮素材），
an elastic regulation（柔軟な規制）

| 1571 | RL | **elated** [ɪˈleɪtɪd] | 形《通例, *be* ~で》大喜び［有頂天, 大得意］である（≒ **o**verjoyed, **e**xcited） |
| | | | ➤ be elated with joy [by success]（大いに喜んでいる［成功に大喜びである］） |

| 1572 | A | **elicit** [ɪˈlɪsɪt] | 動（感情や反応を）引き出す, 引き起こす（≒ **d**raw, **e**voke） |
| | | | ➤ elicit a response from the audience（聴衆から反応を引き出す）, elicit information（情報を引き出す） |

| 1573 | RL | **elusive** [ɪˈluːsɪv] | 形 理解しにくい, 見つけにくい（≒ **e**vasive, **a**mbiguous） |
| | | | ➤ the elusive concept of globalisation（グローバリゼーションという理解しにくい概念）, elusive animals（見つけにくい動物） |

| 1574 | RL | **emaciated** [ɪˈmeɪsɪˌeɪtɪd] | 形 やつれた, やせ細った（≒ **t**hin, **s**kinny） |
| | | | ➤ an emaciated body [patient]（やつれた体［患者］） |

1575	RL	**embellish** [ɪmˈbɛlɪʃ]	動 装飾する, （話に）尾ひれをつける（≒ **d**ecorate, **e**xaggerate）
			➤ embellish a dress（ドレスに装飾を加える）, embellish a story（話を盛る）
			名 **embellishment**（装飾すること, 飾り）

1576	A	**empirical** [ɛmˈpɪrɪkᵊl]	形 実験［経験］に基づいた, 実証可能な（≒ **e**xperiential, **e**xperimental）
			➤ empirical research（実証研究）, be based on empirical evidence（経験的証拠に基づいている）
			形 反 **theoretical**（理論的な, 理論上の）

| 1577 | RL | **emulate** [ˈɛmjʊˌleɪt] | 動 まねる, 見習う（≒ **i**mitate, **c**ompete **w**ith） |
| | | | ➤ emulate her achievement（彼女の成功をまねる）, emulate the country's foreign policy（その国の外交政策をまねる） |

| 1578 | A | **encompass** [ɪnˈkʌmpəs] | 動 含む, 取り囲む（≒ **i**nclude, **s**urround） |
| | | | ➤ encompass a wide range of services（さまざまなサービスを含む）, mountains encompassing a small lake（小さな湖を囲む山々） |

1579	A	**encroach** [ɪnˈkrəʊtʃ]	動 侵入する, 侵害する（≒ **i**ntrude, **i**nvade）
			➤ encroach on *their* territory [privacy]（領土［プライバシー］を侵す）
			名 **encroachment**（侵害, 不法侵入）

1580	RL	**engrossed** [ɪnˈɡrəʊst]	形 没頭した, 夢中になった（≒ **a**bsorbed, **e**ngaged）
			➤ *be* engrossed in video games（テレビゲームに夢中になっている）, *be* engrossed in reading（読書に没頭する）
			形 **engrossing**（夢中にさせる）：an engrossing detective story（非常に面白い推理小説）

必須語彙 200 語　最重要語レベル① 600 語　最重要語レベル② 600 語　**重要語 600 語**

学習日	年 月 日	年 月 日	年 月 日

1581 RL **engulf**
[ɪnˈgʌlf]

動 （波・煙・火などが）（建物・町などを）のみ込む [覆う, 取り囲む], （恐怖・絶望・苦痛などが）（人を）圧倒する, 襲う（≒ **cover**, **overwhelm**）
➤ *be* engulfed in flames（炎にのみ込まれる）,
be engulfed by guilt（罪の意識にさいなまれる）

1582 RL **enliven**
[ɪnˈlaɪvᵊn]

動 面白く [楽しく] する, 活気づける（≒ **invigorate**, **vitalise**）
➤ enliven the story [party]（話 [パーティー] を面白くする）

1583 A **enmity**
[ˈɛnmɪtɪ]

名 憎しみ, 憎悪（≒ **animosity**, **hatred**）
➤ stir up enmity（憎しみを煽る）,
jealousy and enmity（嫉妬と憎悪）

1584 A **enquiry** 〈英〉／
inquiry 〈米〉
[ɪnˈkwaɪərɪ]

名 問い合わせ, 調査（≒ **question**, **investigation**）
➤ receive many enquiries（問い合わせが殺到する）,
a murder enquiry（殺人捜査）
動 enquire（尋ねる, 調査する）

1585 RL **ensuing**
[ɪnˈsjuːɪŋ]

形 あとに続いて起こる, 結果として起こる（≒ **following**, **subsequent**）
➤ an ensuing discussion（続いて起きた議論）,
trouble ensuing from the new policy（新しい方針から起こったゴタゴタ）**動** ensue（〔結果として〕続いて起こる）

1586 R **entail**
[ɪnˈteɪl]

動 伴う, 必要とする, 引き起こす（≒ **involve**, **require**）
➤ entail some risk（ちょっとした危険を伴う）, entail a huge amount of running cost（膨大な維持費が必要である）

1587 RL **enticing**
[ɪnˈtaɪsɪŋ]

形 心を引きつけられる, 魅力的な（≒ **inviting**, **tempting**）
➤ enticing to the public（一般受けする）,
an enticing job offer（魅力的な仕事の依頼）
動 entice customers（顧客を引きつける）

1588 R **entrust**
[ɪnˈtrʌst]

動 任せる, 委ねる（≒ **assign**, **endow**）
➤ *be* entrusted with a project（プロジェクトを委任される）,
entrust him with the management（彼に経営を任せる）

1589 R **enumerate**
[ɪˈnjuːməˌreɪt]

動 列挙する, 数え上げる（≒ **list**, **itemise**）
➤ enumerate the details（詳細を一覧表にする）,
enumerate the benefits（利点を並べ立てる）
形 numerous（多数の）, numerical（数字上の）

1590 R **enunciate**
[ɪˈnʌnsɪˌeɪt]

動 （考えを）はっきり述べる, （言葉を）はっきり発音する（≒ **express**, **pronounce**）
➤ enunciate a policy（政策をはっきり述べる）,
enunciate each word（一語一語はっきりと発音する）
名 enunciation（発音の仕方, 〔意見などの〕表明）

1591	A	**equitable** [ˈɛkwɪtəbəl]	形 公平な，均等な（≒ **f**air, **b**alanced） ➤ equitable distribution of wealth（富の均等な分配）， equitable access to public health services（平等に公共の医療サービスが受けられること）
1592	A	**erect** [ɪˈrɛkt]	動 （建造物や像を）建てる，建築する（≒ **b**uild, **c**onstruct） ➤ erect a wall（壁を建てる）， a newly erected building（新しく建てられたビル） 名 erection（建築すること）
1593	RL	**erratic** [ɪˈrætɪk]	形 気まぐれな，一貫性のない（≒ **u**npredictable, **u**nstable） ➤ erratic behaviour（気まぐれな態度）， erratic sleeping patterns（不規則な睡眠パターン）
1594	R	**erudite** [ˈɛrʊˌdaɪt]	形 博識な，学問的な（≒ **w**ell-informed, **k**nowledgeable） ➤ an erudite scholar（博識な学者）， a polished and erudite speech（洗練された学術的なスピーチ）
1595	R	**eschew** [ɛsˈtʃuː, ɪsˈtʃuː]	動 （悪いもの・有害なものなどを意識して）避ける，慎む（≒ **a**bstain **f**rom, **s**hun） ➤ eschew violence [alcohol]（暴力 [酒] を慎む）
1596	R	**esoteric** [ˌɛsəʊˈtɛrɪk]	形 難解な，秘伝的な（≒ **m**ysterious, **e**nigmatic） ➤ esoteric knowledge（奥義）， esoteric Buddhism（密教）
1597	A	**eternal** [ɪˈtɜːnəl]	形 永遠の，不滅の（≒ **e**verlasting, **i**mmortal） ➤ the eternal life（永遠の命），eternal love（不滅の愛） 名 eternity（永遠）
1598	A	**ethos** [ˈiːθɒs]	名 （特定の集団が持つ）精神，信念，考え方（≒ **s**pirit, **e**ssence） ➤ the school ethos（学園精神）， an ethos of self-reliance（自立の精神）
1599	RL	**euphoric** [juːˈfɒrɪk]	形 有頂天の，非常に幸せな（≒ **e**lated, **e**xhilarated） ➤ a euphoric feeling [state]（有頂天な感情 [状態]） 名 euphoria（多幸感）
1600	A	**evaporation** [ɪˌvæpəˈreɪʃən]	名 蒸発作用，濃縮（≒ **v**aporisation, **s**team） ➤ the evaporation of water from leaves（葉の水分の蒸発）， prevent water evaporation（水の蒸発を妨げる） 動 evaporate（蒸発する）

必須語彙 200 語　最重要語レベル① 600 語　最重要語レベル② 600 語　**重要語 600 語**

IELTS 類語クイズにチャレンジ！⑧　重要度★★

Choose a group of synonyms of the underlined part from the list below.

1. With the dawn the storm seemed to have **abated**.
2. A desert can be so **arid** that almost no life form could survive there.
3. The president **ascribed** his company's poor sales to bad luck.
4. Some people have an **aversion** to new technology in food production.
5. The government has recently taken steps to **bolster** market confidence.
6. The screenplay is well-crafted and extremely **captivating**.
7. Government officials suspected an illegal **collusion** in the big merger deal.
8. Rest and proper diet are **conducive** to good health.
9. People may seek **consolation** in alcohol and cigarettes when acutely stressed.
10. There is a **dearth** of affordable housing in this area.
11. Don't **delude** yourself into believing you are in love.
12. The **derelict** craft was believed to be a sheer menace to navigation.
13. Happiness is a notoriously **elusive** concept like love.
14. Great popularity often brings bitter **enmity** with it.
15. Balancing the budget **entails** public spending cuts of five billion dollars.

【選択肢】

A. abandoned, deserted	B. animosity, hatred
C. attribute, assign	D. beneficial, favourable
E. comfort, solace	F. conspiracy, plotting
G. deceive, mislead	H. dry, barren
I. evasive, ambiguous	J. fascinating, charming
K. involve, require	L. revulsion, disgust
M. shortage, scarcity	N. strengthen, support
O. subside, lessen	

【解答欄】

1.	2.	3.	4.	5.	6.	7.	8.

9.	10.	11.	12.	13.	14.	15.

必須語彙 200 語　最重要語レベル① 600 語　最重要語レベル② 600 語　重要語 600 語

1.	(O. subside, lessen)	夜明けと共に，嵐は<u>弱まった</u>ようだった。
2.	(H. dry, barren)	砂漠は全くの<u>不毛</u>でほとんどの生物はそこでは生存できないだろう。
3.	(C. attribute, assign)	社長は彼の会社の不振な売れ行きを不運の<u>せいにした</u>。
4.	(L. revulsion, disgust)	食料生産における新しい技術に<u>嫌悪感</u>を抱く人々がいる。
5.	(N. strengthen, support)	政府は経済の信頼を<u>強める</u>ために手段を講じたところだ。
6.	(J. fascinating, charming)	その映画のシナリオは精巧にできており，極めて<u>魅力的</u>である。
7.	(F. conspiracy, plotting)	政府役人はその大規模合併で違法な<u>共謀</u>があったのではと疑っていた。
8.	(D. beneficial, favourable)	休息と適切な食事は健康への<u>一助</u>となる。
9.	(E. comfort, solace)	強いストレスを受けると，人はアルコールやたばこに<u>慰め</u>を求めることがある。
10.	(M. shortage, scarcity)	この地域では手ごろな価格の住宅が<u>不足</u>している。
11.	(G. deceive, mislead)	恋をしていると自分自身に<u>思い違いをさせ</u>ないように［思い違いをしないように］。
12.	(A. abandoned, deserted)	その<u>遺棄された</u>船舶は，航海する際非常に危険だと思われていた。
13.	(I. evasive, ambiguous)	幸福とは愛と同じように<u>定義しにくい</u>概念として知られている。
14.	(B. animosity, hatred)	絶大な人気にはしばしばひどい<u>憎悪</u>がつきものである。
15.	(K. involve, require)	予算のバランスを保つことは50億ドルの公共事業費削減を<u>伴う</u>。

IELTS SW 対策　英文法要注意

1. occur，happen は自動詞なので受身では使わない。

　　× The accident was occurred [was happened] は不可！

　→　○ The accident occurred [happened] が正解！

....

2. the number of ... と a number of ... との混同に要注意！

　前者は「〜の（総）数」，後者は「《正確にはわからない不特定な数を表して》いくつかの〜，数個［数人］の〜」という意味。the number of ... は単数扱い，a number of (= many) ... は複数扱い。

....

3. 「最近は」を表す表現の時制に注意！

　these days ／ nowadays は現在形で用いる（「昔とは違って今は」という対比の強い表現），recently は現在完了形か過去形，currently は「進行形」で用いる。

....

4. 《不可算名詞》equipment（道具）**／ advice ／ work**（仕事）**／ information**（情報）**／ feedback**（意見）**／ progress ／ traffic ／ transportation**（交通）**／ infrastructure ／ food ／ access は単数扱い。**

....

5. 目的語に動名詞（...ing）をとる動詞：consider ／ avoid ／ admit ／ deny ／ practise ／ miss
目的語に不定詞をとる動詞：decide ／ manage ／ agree ／ plan ／ learn ／ choose ／ refuse

....

6. lead to や contribute to の後は原形動詞ではなく，名詞（動名詞）を伴う。

....

7. 〜年代（in the 2010s），〜（歳）代の（in his [her] 30s）（「年代」表現は，the と s を伴い，歳は「代名詞」と s を伴う。

....

8. have [difficulty / trouble / a hard time] (in) ...ing《動名詞》（〜するのが困難である，〜するのに骨が折れる）　＊ have [difficulty / trouble / a hard time] to *do* は不可！

....

9. 定冠詞の必要な名詞は，the environment（環境）**／ the ... industry**（〜産業）**／ the countryside**（田舎）**／ the economy**（経済）**／ the world**（世界）**／ the sky**（空）**／ the ocean**（大洋）**／ the earth**（地球）

Unit 2

【1601】～【1800】

1601 A	**evict** [ɪˈvɪkt]	動 立ち退かせる，追い立てる（≒ **expel, oust**） ➤ evict a tenant from the building（テナントをビルから退去させる），evict demonstrators from the premises（構内からデモ参加者を追い出す） 名 eviction（〔土地・建物などからの〕追い立て，立ち退き）
1602 A	**evoke** [ɪˈvəʊk]	動 （感情や記憶を）呼び起こす（≒ **arose, provoke**） ➤ evoke memories（記憶を呼び覚ます），evoke emotional responses（感情的な反応を引き出す）
1603 A	**excruciating** [ɪkˈskruːʃɪˌeɪtɪŋ]	形 耐え難い，極度の（≒ **agonising, unbearable**） ➤ an excruciating pain（耐え難い痛み），excruciating torture（耐え難い拷問） 動 excruciate（苦しめる）
1604 A	**exemplar** [ɪgˈzemplə, -plɑː]	名 模範，手本（≒ **model, example**） ➤ be honoured as an exemplar of good practice（善い行い［美徳］の見本として称賛されている）
1605 RL	**exhilarating** [ɪgˈzɪləˌreɪtɪŋ]	形 爽快な，ウキウキさせる（≒ **stimulating, thrilling**） ➤ an exhilarating ride（爽快なドライブ），an exhilarating game show（ワクワクするゲームショー）
1606 RL	**exhort** [ɪgˈzɔːt]	動 促す，熱心に勧める（≒ **urge, encourage**） ➤ exhort a child to behave well（子どもに行儀よく振る舞うよう諭す），exhort his employees to work harder（社員にもっと懸命に働くように促す）
1607 A	**expansive** [ɪkˈspænsɪv]	形 広大な，広範囲の（≒ **extensive, wide-ranging**） ➤ expansive mountain views（広大な山の景色），an expansive list of subjects（幅広いテーマのリスト） 動 expand（拡張する）
1608 A	**expedite** [ˈekspɪˌdaɪt]	動 促進させる，早める（≒ **facilitate, accelerate**） ➤ expedite the process（工程を早める），expedite the economic reforms（経済改革を早める）
1609 RL	**expendable** [ɪkˈspendəbᵊl]	形 使い捨ての，なくても困らない（≒ **disposable, dispensable**） ➤ expendable supplies（消耗品），expendable items（不用品） 動 expend a lot of time [energy]（多くの時間［エネルギー］を消費する）
1610 RL	**exponential** [ˌekspəʊˈnenʃəl]	形 急激な，飛躍的な（≒ **dramatic, tremendous**） ➤ an exponential growth [increase]（急激な増加）

1611 RL exterminate
[ɪkˈstɜːmɪˌneɪt]
- 動 絶滅させる，撲滅する，（害虫などを）完全に駆除する（≒ **kill, eradicate**）
- ➤ exterminate enemies（敵を絶滅させる），exterminate pests（害虫を完全に駆除する）
- 名 **extermination**（絶滅，根絶）

1612 R extort
[ɪkˈstɔːt]
- 動 （お金を）ゆすり取る，強要する（≒ **blackmail, exact**）
- ➤ extort money from him（彼からお金をゆすり取る），extort a confession（自白を強要する）
- 名 **extortion**（恐喝）

1613 R extrapolate
[ɪkˈstræpəˌleɪt]
- 動 推定する，予測する（≒ **estimate, deduce**）
- ➤ extrapolate trends from data（データから流行を予測する），extrapolate the future from the past（過去から将来を推測する）
- 名 **extrapolation**（推定）

1614 R exuberant
[ɪɡˈzjuːbərənt]
- 形 元気あふれる，生き生きとした（≒ **vigorous, lively**）
- ➤ her exuberant personality（はつらつとした彼女の性格），exuberant energy（あふれるばかりの活力）

1615 A facade / façade
[fəˈsɑːd, fæ-]
- 名 見せかけ，（建物の）正面（≒ **pretence, front**）
- ➤ put on a facade（うわべだけ取り繕う），the facade of the cathedral（教会の正面）

1616 A facet
[ˈfæsɪt]
- 名 （物事の）側面，相（≒ **aspect, feature**）
- ➤ all facets of life [society]（人生 [社会] のすべての面）
- 形 **multi-faceted**（多面的な，多角的な）

1617 A factual
[ˈfæktʃʊəl]
- 形 事実の，実際の（≒ **truthful, fact-based**）
- ➤ factual statements（事実の記述 [陳述]），factual information（事実情報）

1618 A fallacy
[ˈfæləsɪ]
- 名 間違った考え，（論理的な）誤り（≒ **misconception, inconsistency**）
- ➤ a proven fallacy（証明された誤り），a common fallacy（よくある誤謬〔ごびゅう〕）
- 形 a **fallacious** argument（誤った主張）

1619 A familiarise 〈英〉／ familiarize 〈米〉
[fəˈmɪljəˌraɪz]
- 動 親しませる，慣れさせる（≒ **accustom, acquaint**）
- ➤ familiarise myself with classical music（クラシック音楽に慣れ親しむ），get familiarised with foreign cultures（外国文化に慣れ親しむ）

1620 RL far-fetched
[ˌfɑːˈfetʃt]
- 形 起こりそうもない，信じがたい（≒ **unlikely, implausible**）
- ➤ a far-fetched idea（現実離れした考え），a far-fetched story（信じがたい話）

必須語彙 200 語　最重要語レベル① 600 語　最重要語レベル② 600 語　**重要語 600 語**

| 学習日 | 年　月　日 | 年　月　日 | 年　月　日 |

1621 RL **fastidious**
[fæˈstɪdɪəs]

形 入念な，気難しい（≒ **meticulous, over-particular**）
➤ be fastidious about cleanliness（潔癖である），
have a fastidious taste in shoes（靴の好みがうるさい）

1622 A **faulty**
[ˈfɔːltɪ]

形 欠点のある，（考えが）間違っている（≒ **flawed, defective**）
➤ faulty products [reasoning]（欠陥商品［誤った根拠〔推論〕］）

1623 R **feign**
[feɪn]

動 〜のふりをする，〜を装う（≒ **pretend, sham**）
➤ feign illness（病気のふりをする），
feign ignorance（知らないふりをする）

1624 R **ferocious**
[fəˈrəʊʃəs]

形 どう猛な，猛烈な（≒ **brutal, fierce**）
➤ ferocious animals（猛獣），
ferocious opposition（激しい反対）

1625 A **fervent**
[ˈfɜːvənt]

形 熱烈な，熱心な（≒ **passionate, ardent**）
➤ fervent supporters（熱心な支持者），
a fervent desire（切なる願い）
副 **fervently**（熱心に）

1626 S **festive**
[ˈfɛstɪv]

形 お祭りの，お祝いの（≒ **celebratory, joyful**）
➤ in a festive atmosphere（お祭り気分で），
a festive occasion（お祝い事）

1627 S **fetch**
[fɛtʃ]

動 （行って）取って［連れて］くる（≒ **get, collect**）
➤ fetch objects（物を取ってくる），
fetch water from the well（井戸から水をくんでくる）

1628 RL **fetter**
[ˈfɛtə]

動 拘束する，束縛する（≒ **shackle, restrain**）
➤ be fettered by tradition [the rules]（伝統［規則］に縛られている）
名 **fetter**（足かせ，束縛）

1629 RL **fickle**
[ˈfɪkᵊl]

形 気まぐれな，飽きっぽい（≒ **capricious, changeable**）
➤ fickle weather（不安定な［変わりやすい］天気），
a fickle boy（飽きっぽい少年）

1630 R **fictitious**
[fɪkˈtɪʃəs]

形 架空の，作り話の（≒ **unreal, imaginary**）
➤ a fictitious news report（架空のニュース報道），
a fictitious name（偽名）
名 **fiction**（小説，作り話）
形 **fictional** characters（架空の人物）

1631	R	figurative [ˈfɪɡərətɪv]	形 比喩的な，文字どおりでない（≒ **metaphorical, non-literal**） ➤ in a figurative sense（比喩的な意味で）， figurative language（比喩的表現）
1632	RL	fissure [ˈfɪʃə]	名 裂け目，亀裂（≒ **rift, chasm**） ➤ a fissure in the rock [ocean floor]（岩［海底］の亀裂） 動 fissure（亀裂が生じる）
1633	A	flair [flɛə]	名 才能，性向（≒ **talent, aptitude**） ➤ a flair for music（音楽の才能）， creative flair（創造的才能）
1634	A	flamboyant [flæmˈbɔɪənt]	形 派手な，華やかな，きらびやかな（≒ **vivid, colourful**） ➤ flamboyant costumes（派手なドレス）， a flamboyant singer（華やかな衣装の歌手）
1635	A	flee [fliː]	動 逃げる，非難する（≒ **leave, escape**） ➤ flee the country（国外に脱出する）， flee persecution（迫害を逃れる）
1636	RL	flimsy [ˈflɪmzɪ]	形 浅はかな，当てにならない，もろい（≒ **unconvincing, weak**） ➤ flimsy evidence（説得力のない証拠）， flimsy plastic（もろいプラスチック）
1637	R	foil [fɔɪl]	動 失敗させる，くじく（≒ **prevent, thwart**） ➤ foil a terrorist attack（テロ攻撃を阻止する）， be foiled in their attempt to smuggle the paintings（絵画密輸入の計画を阻まれる） 動 反 assist（力を貸す），facilitate（手助けする）
1638	A	foolproof [ˈfuːlˌpruːf]	形 絶対確実な，間違えようのない（≒ **infallible, unfailing**） ➤ a foolproof plan（絶対確実な計画）， a foolproof recipe（絶対失敗のないレシピ）
1639	RL	forestall [fɔːˈstɔːl]	動 未然に防ぐ，〜の機先を制する（≒ **prevent, avert**） ➤ forestall the demonstration [conspiracy]（デモ［陰謀］を未然に防ぐ）
1640	SW	formative [ˈfɔːmətɪv]	形 発達上の《影響・効果など》，（人格）形成の《時期など》（≒ **developmental**） ➤ a formative influence（発育への影響）， during the formative years（人格形成期に）

| 学習日 | 年　月　日 | 年　月　日 | 年　月　日 |

1641 **R** **forsake**
[fəˈseɪk]

動 見捨てる，諦める（≒ **abandon**, **renounce**）
➤ forsake the right（権利を捨てる），
forsake the traditional idea（固定観念を捨てる）

1642 **LS** **forthcoming**
[ˌfɔːθˈkʌmɪŋ]

形 間近の，近づいている（≒ **imminent**, **approaching**）
➤ forthcoming books（発売間近の本，近刊書），
a forthcoming event（間近に迫った行事）

1643 **A** **fortify**
[ˈfɔːtɪˌfaɪ]

動 〜の防備を強化する，〜の栄養価を高める（≒ **strengthen**, **enrich**）
形 fortified：栄養強化された
➤ fortify the city against attacks（攻撃から町を防備する），
fortified food（栄養強化食品）
名 fortitude（不屈の精神）　**名** fortification（要塞〔化〕，〔アルコール分・栄養分の〕強化）

1644 **A** **fragmented**
[fræɡˈmɛntɪd]

形 分裂した，ばらばらの（≒ **divided**, **split**）
➤ a fragmented society（分裂した［崩壊した］社会），
a fragmented sleep（途切れ途切れの［断片的な］睡眠）
名 fragment（破片，断片）　**形** fragmentary（断片から成る）

1645 **RL** **gauge**
[ɡeɪdʒ]

動 （価値や影響を）判断する，評価する（≒ **measure**, **interpret**）
➤ gauge the impact of new technology（新技術の影響を評価する），
an app to gauge the mood of sports fans（スポーツファンのムードを測るアプリ）
名 gauge（基準，計器）　**熟** a gauge of ...（〜の基準［尺度］）

1646 **A** **gist**
[dʒɪst]

名 要点，要旨（≒ **main idea [theme]**）
➤ get the gist of the message [his speech]（メッセージ［彼のスピーチ］の要点をつかむ）

1647 **A** **given**
[ˈɡɪvən]

名 既知の事実，現実（≒ **established fact**, **reality**）
➤ be taken as a given（既知の事実として認識されている），
It is a given that ...（〜は当たり前のことである）
形 given（既定の）　**前** given ...（〜を考慮すると）

1648 **A** **gratuity**
[ɡrəˈtjuːɪtɪ]

名 心付け，チップ（≒ **tip**, **reward**）
➤ a gratuity for a driver（運転手へのチップ），
receive a gratuity from a customer（客からチップを受け取る）

1649 **A** **gregarious**
[ɡrɪˈɡɛərɪəs]

形 社交的な，群れで行動する（≒ **sociable**, **social**）
➤ gregarious women（社交的な女性たち），
gregarious animals（群生動物）

1650 **RL** **grinding**
[ˈɡraɪndɪŋ]

形 過酷な，耳障りな（≒ **grating**, **jarring**）
➤ a grinding noise（耳障りな音），
grinding poverty（過酷な貧困）

1651	RL	**grip** [grɪp]	名 支配（力），理解（力）（≒ **c**ontrol, **u**nderstanding） ➤ tighten *their* grip（統制を強める）， lose *my* grip on reality（現実がわからなくなる） 熟 get to grips with ...（〔難しいことを〕理解する［し始める］，〔困難・問題などに〕取り組む，把握する），*be* in the grip of ...（〔天災・不況・貧苦などに〕見舞われる）
1652	A	**groundwork** [ˈɡraʊndˌwɜːk]	名 基礎，土台（≒ **p**reparation, **f**oundation） ➤ lay the groundwork for the scientific discovery（その科学的大発見の基礎を築く），groundwork for negotiations（交渉の下準備）
1653	A	**grudge** [ɡrʌdʒ]	名 恨み，遺恨（≒ **a**ntipathy, **r**esentment） ➤ have a grudge against him（彼に恨みを抱く）， a deep-seated grudge（根深い恨み） 動 grudge（惜しむ，ねたむ）
1654	RL	**gruelling** [ˈɡruːəlɪŋ]	形 つらい，過酷な（≒ **e**xhausting, **s**trenuous） ➤ gruelling training（過酷なトレーニング）， a gruelling schedule（過酷なスケジュール） 名 gruelling（ひどい仕打ち，厳罰）
1655	RLS	**gulp** [ɡʌlp]	動 丸飲みにする，飲み干す，（驚きで）息をのむ（≒ **s**wallow, **g**obble） ➤ gulp down food [a drink]（食べ物を丸飲みにする［飲み物を飲み干す]） 名 gulp（丸飲み）
1656	RL	**haphazard** [hæpˈhæzəd]	形 無計画な，ずさんな（≒ **u**nplanned, **d**isorganised） ➤ haphazard record keeping（いいかげんな記録管理）， in a haphazard manner（でたらめな方法で） 形 反 well-organised（きちんとした），systematic（系統立てられた）
1657	A	**harbinger** [ˈhɑːbɪndʒə]	名 前兆，兆し（≒ **h**erald, **s**ign） ➤ a harbinger of death [trouble]（死［トラブル］の前触れ）
1658	A	**hassle** [ˈhæsᵊl]	名 面倒なこと，煩わしいこと（≒ **t**rouble, **n**uisance） ➤ the hassle of arranging a meeting（会議の手配の煩わしいこと）， the hassle of childcare（育児の煩わしさ） 動 hassle（喧嘩する，口論する）
1659	A	**havoc** [ˈhævək]	名 破壊，大混乱（≒ **d**evastation, **d**isorder） ➤ wreak [play] havoc on the economy（経済に大惨事をもたらす）
1660	RL	**heinous** [ˈheɪnəs, ˈhiː-]	形 凶悪な，悪質な（≒ **a**trocious, **n**efarious） ➤ a heinous crime [offence]（凶悪な犯罪）

必須語彙 200 語　最重要語レベル① 600 語　最重要語レベル② 600 語　**重要語 600 語**

学習日	年 月 日	年 月 日	年 月 日

1661 **A** **herald**
['hɛrəld]

動 ～の予兆 [先触れ] となる（≒ **signal**, **harbinger**）
➤ herald the arrival [end] of winter（冬の到来 [終わり] を告げる）

1662 **RL** **heyday**
['heɪˌdeɪ]

名 全盛期，最盛期（≒ **prime**, **peak**）
➤ in *its* heyday（最盛期に），
the heyday of the 1980s Japan（1980 年代の日本の最盛期）

1663 **A** **hierarchical**
[ˌhaɪərˈɑːkɪkəl]

形 階層的な，縦社会の（≒ **arranged in order of rank**, **layered**）
➤ a hierarchical business structure（縦社会の企業体質），
a hierarchical organisation（階層的組織）

1664 **A** **high-profile**
[ˌhaɪˈprəʊfaɪl]

形 注目を集めている，目立つ（≒ **conspicuous**, **attention-getting**）
➤ a high-profile critic（注目を集めている批評家），
a high-profile project（注目を集めている事業）
形 **反** low-profile（控えめな，目立たない）

1665 **A** **hilarious**
[hɪˈlɛərɪəs]

形 とても面白い，滑稽な（≒ **very funny**, **very amusing**）
➤ a hilarious joke [movie]（とても面白いジョーク [映画]）

1666 **A** **hone**
[həʊn]

動（能力や技能を）磨く，研ぎ澄ます（≒ **improve**, **sharpen**）
➤ hone *my* digital [communication] skills（デジタル [コミュニケーション] のスキルを磨く）

1667 **RL** **horrendous**
[hɒˈrɛndəs]

形 とても恐ろしい，（状況が）ひどい（≒ **horrific**, **terrible**）
➤ a horrendous crime（恐ろしい犯罪），
a horrendous mistake（とんでもないミス）
名 horror（恐怖） **形** horrible（恐ろしい）

1668 **RL** **huddle**
['hʌdᵊl]

動 群がる，体を寄せ合う（≒ **gather**, **flock**）
➤ huddle around the fire（たき火の周りに集まる），
huddle together for warmth（暖を取るために身を寄せあう）

1669 **A** **hunch**
[hʌntʃ]

名 予感，直観（≒ **feeling**, **guess**）
➤ act on a hunch（直観を頼りに行動する），
I have a hunch (that) he's telling a lie.（彼はうそをついている気がする）

1670 **A** **idealised**
[aɪˈdɪəlaɪzd]

形 理想とする，理想化された（≒ **dream**, **epitome**）
➤ hold an idealised view of *my* country（自国に対する理想的な考えを持つ），highly idealised premises（高度に理想化された前提条件）

1671	A	**idiosyncratic**	形 特異な，変わった（≒ **unusual, peculiar**）
		[ˌɪdɪəʊsɪŋˈkrætɪk]	➤ his idiosyncratic behaviour（彼の風変わりな行動），an idiosyncratic culture（特異な文化）
			名 **idiosyncrasy**（特異性，独自性）

1672	RL	**ignite**	動 火をつける，引き起こす（≒ **kindle, generate**）
		[ɪɡˈnaɪt]	➤ ignite public outrage（民衆の怒りに火をつける），ignite a revolution in telecommunications（電気通信革命を引き起こす）
			動 **ignite**（引火する）

1673	A	**immaculate**	形 傷ひとつない，完璧な（≒ **perfect, impeccable**）
		[ɪˈmækjʊlɪt]	➤ in immaculate condition（完璧な状態で），an immaculate performance（完璧な演技）

1674	A	**impart**	動 （情報などを）分け与える，知らせる（≒ **provide, convey**）
		[ɪmˈpɑːt]	➤ impart knowledge [wisdom] to students（生徒に知識 [知恵] を授ける）

1675	R	**impersonate**	動 （人を）まねる，演じる（≒ **imitate, mimic**）
		[ɪmˈpɜːsəˌneɪt]	➤ impersonate a cop [police officer]（警官になりすます）
			名 **impersonation**（演技）

1676	RL	**impervious**	形 通さない，影響されない（≒ **immune, unaffected**）
		[ɪmˈpɜːvɪəs]	➤ *be* impervious to water [heat]（水 [火] を通さない），*be* impervious to criticism（批判を気にしない）

1677	A	**impetus**	名 勢い，はずみ（≒ **stimulus, spur**）
		[ˈɪmpɪtəs]	➤ give new impetus to the project（その事業にさらに勢いをつける），lose *its* impetus（勢いを失う）

1678	A	**impoverished**	形 貧困に陥った，貧困の（≒ **poverty-stricken, destitute**）
		[ɪmˈpɒvərɪʃt]	➤ an impoverished family [country]（貧しい家族 [国]）
			動 **impoverish**（貧乏にする）

1679	A	**inadvertently**	副 うっかりして（≒ **unintentionally, accidentally**）
		[ˌɪnədˈvɜːtntlɪ]	➤ inadvertently leave the window open（うっかり窓を開けたままにする），inadvertently reveal the secret（うっかり秘密をもらす）
			形 **inadvertent**（不注意な）

1680	RL	**incarcerate**	動 投獄する，収監する（≒ **jail, imprison**）
		[ɪnˈkɑːsəˌreɪt]	➤ *be* incarcerated in prison [labour camps]（刑務所 [労働収容所] に収監される）
			名 **incarceration**（投獄）

必須語彙 200 語　最重要語レベル① 600 語　最重要語レベル② 600 語　**重要語 600 語**

学習日	年　月　日	年　月　日	年　月　日

1681 **A** **incessant**
[ɪnˈsɛsᵊnt]

形 ひっきりなしの，絶え間ない（≒ **continuous**, **ceaseless**）
➤ incessant rain（降りしきる雨），
　 incessant calls（鳴りやまない電話）

1682 **A** **incipient**
[ɪnˈsɪpiənt]

形 始まりの，初期の（≒ **initial**, **nascent**）
➤ an incipient stage of development [cancer]（発展［ガン］の初期段階）

1683 **RL** **incisive**
[ɪnˈsaɪsɪv]

形 鋭い，鋭利な（≒ **sharp**, **insightful**）
➤ an incisive analysis（鋭い分析），
　 an incisive author（知力が鋭敏な作家）

1684 **RLW** **incremental**
[ˌɪnkrɪˈmɛntᵊl]

形 徐々に増加する［起こる］（≒ **gradually increasing**, **cumulative**）
➤ see an incremental improvement（段階的な改善が見られる），
　 incremental benefits（徐々に増える利益）
名 **increment**（昇給）: annual increments（年次昇給）

1685 **RLW** **inculcate**
[ˈɪnkʌlˌkeɪt, ɪnˈkʌlkeɪt]

動（考えや知識を）植え付ける，教え込む（≒ **impart**, **indoctrinate**）
➤ inculcate proper discipline in children（子どもたちに適切なしつけをする），inculcate virtue into young people（若者に美徳を教え込む）

1686 **A** **incur**
[ɪnˈkɜː]

動（費用を）負担する，（損害を）被る（≒ **suffer**, **sustain**）
➤ incur costs（費用を負担する），incur a debt（借金を負う）

1687 **A** **indefinitely**
[ɪnˈdɛfɪnɪtlɪ]

副 無期限に，永久に（≒ **for an unspecified period**, **forever**）
➤ continue indefinitely（永遠に続く），
　 be indefinitely postponed（無期限に延期される）
形 **indefinite**（限界がない，明確でない）

1688 **A** **in-depth**
[ˈɪnˈdɛpθ]

形（調査や議論が）徹底的な，綿密な（≒ **comprehensive**, **exhaustive**）
➤ an in-depth study of the document（その文書に関する徹底的な調査），an in-depth analysis（綿密な分析）
熟 study the issue **in depth**（その問題を**徹底的に**検討する）

1689 **A** **industrious**
[ɪnˈdʌstriəs]

形 よく働く，勤勉な（≒ **hard-working**, **diligent**）
➤ industrious Japanese workers（よく働く日本人労働者），
　 an industrious workforce（勤勉な人的資源）

1690 **A** **inept**
[ɪnˈɛpt]

形 能力に欠ける，的外れな（≒ **incompetent**, **inefficient**）
➤ be inept at financial management（財務管理に不向きである），
　 inept decision-making（的外れな意思決定）
形 反 **competent**（有能な，適格［適任］の）

Part 4 達成度	50%	100%

1691 A **inertia**
[ɪnˈɜːʃə, -ʃɪə]

名 不活発，無気力，惰性（≒ **inactivity**, **laziness**）
➤ a strong sense of inertia（強い無気力感），
the law of inertia（慣性の法則）
名 反 **energy**（気力，元気），**vigour**（活力）

1692 A **inexhaustible**
[ˌɪnɪɡˈzɔːstəbl]

形 尽きない，無尽蔵の（≒ **unlimited**, **infinite**）
➤ his inexhaustible passion（彼の尽きない情熱），an inexhaustible supply of hydroelectric power（無尽蔵の水力発電供給）

1693 A **inexorable**
[ɪnˈɛksərəbl]

形 （出来事が）止められない，避けられない（≒ **unstoppable**, **unavoidable**）
➤ an inexorable economic decline（止められない不況），
inexorable population growth（避けられない人口増加）
副 **inexorably**（容赦なく）

1694 A **infinite**
[ˈɪnfɪnɪt]

形 無限の，数えきれない（≒ **unlimited**, **immeasurable**）
➤ an infinite number of stars（数えきれない数の星），
the infinite universe（無限の宇宙）

1695 A **ingrained**
[ɪnˈɡreɪnd]

形 （習慣や考えが）深く根付いている，変え難い（≒ **deep-rooted**, **established**）
➤ be deeply ingrained in our culture（自分たちの文化に深く根付いている），an ingrained prejudice（根深い偏見）

1696 A **inquisitive**
[ɪnˈkwɪzɪtɪv]

形 知識欲のある，好奇心の強い（≒ **curious**, **eager to know**）
➤ inquisitive children（知識欲旺盛な子どもたち），
develop inquisitive minds（探求心を育てる）
動 **enquire** / **inquire**（尋ねる）　名 **enquiry** / **inquiry**（質問）

1697 A **insatiable**
[ɪnˈseɪʃəbl, -ʃɪə-]

形 貪欲な，飽くことを知らない（≒ **voracious**, **rapacious**）
➤ an insatiable appetite for knowledge（飽くなき知識欲），
an insatiable desire（飽くなき願望）

1698 RL **inscribe**
[ɪnˈskraɪb]

動 （石などに文字を）刻み込む，彫る（≒ **carve**, **engrave**）
➤ be inscribed on the stone（石に刻まれている），
the name inscribed on the trophy（トロフィーに刻まれた名前）

1699 RL **inscrutable**
[ɪnˈskruːtəbl]

形 謎めいた，不可解な（≒ **enigmatic**, **mysterious**）
➤ an inscrutable face [smile]（謎めいた顔 [微笑]）

1700 RL **insinuate**
[ɪnˈsɪnjʊˌeɪt]

動 ほのめかす，遠回しに言う（≒ **imply**, **suggest**）
➤ insinuate that he is a fool（彼がばかだとほのめかす），insinuate that she is responsible for the failure（失敗は彼女に責任があるとほのめかす）　名 **insinuation**（ほのめかし [当てこすり，嫌み]）

必須語彙 200 語　最重要語レベル① 600 語　最重要語レベル② 600 語　重要語 600 語

IELTS 読解力 UP　最重要「環境学」語彙をマスター！ ①

☐ biodiversity　　種の多様性（food chain は「食物連鎖」）

☐ deep ecology　　ディープ・エコロジー（全生物の平等生存を説くエコロジーの考え方）

☐ a natural habitat　　生息地（wildlife sanctuary は「鳥獣保護区」）

☐ de-extinction　　種のリバイバル（遺伝子操作による絶滅種の復活）

☐ microorganism　　微生物（decomposer は「分解者」）

☐ termite　　シロアリ

☐ carnivorous animals　　肉食動物（herbivorous animals は「草食動物」）

☐ nocturnal animals　　夜行動物

☐ aquatic plants and animals　　水生動植物（fresh water は「淡水」）

☐ photosynthesis　　光合成

☐ coniferous trees　　針葉樹林⇔ deciduous trees「落葉樹林」
　　　　　　　　　　（perennial trees は「多年生植物」）

☐ virgin forest　　原生林（windbreak は「防風林」）

☐ deforestation　　森林破壊⇔ afforestation「植林」（desertification は「砂漠化」）

☐ slash and burn agriculture　　焼畑式農業

☐ ocean dumping　　海洋投棄（oil slick [spill] は「流出油」）

☐ radioactive contamination　　放射能汚染（radioactive fallout は「核実験・原発事故な
　　　　　　　　　　どによる放射性降下物，死の灰」）

☐ toxic substances　　有毒物質

☐ an incineration site　　焼却場所

☐ garbage dump　　廃棄物処理場（garbage disposal は「ごみ処理」）

☐ land reclamation / landfill　　埋め立て

☐ irrigation　　灌漑（irrigated land は「灌漑地」）

☐ marine culture　　養殖（tissue culture は「組織培養」）

☐ ozone depletion　　オゾン枯渇（the ozone layer は「オゾン層」）

☐ sewage treatment　　排水処理（sewer は「下水」）

☐ biodegradable [recyclable] materials　　再利用可能物質

☐ carbon footprint　　CO_2 排出量（ecological footprint は「人為的な環境負荷」，
　　　　　　　　　　carbon offset は「経済活動で排出した CO_2 を植林などで相殺すること」）

☐ emission trading　　排出権取引（温室効果ガス排出権を売買する仕組み）（zero
　　　　　　　　　　emission は「排ガスのないこと」）

☐ urban mines　　都市鉱山（大量廃棄される家電製品の中の有用資源）

□ **the Frigid Zone**　寒帯（the Temperate Zone は「温帯」, the Tropical [Torrid] Zone は「熱帯」）

□ **the Meteorological Agency [Observatory]**　気象庁［気象台］

□ **a hazard map**　災害予測

□ **ebb and flow**　潮の干満（a red tide は「赤潮」）

□ **precipitation**　降水量（rainfall と snowfall を含む）

□ **hail**　雹 (ひょう)（sleet は「みぞれ」, blizzard は「大吹雪」）

□ **tornado / twister / whirlwind**　竜巻

□ **downpour / torrential rain / cloudburst**　どしゃ降り（drizzle は「霧雨」）

□ **a dry spell / drought**　干ばつ

□ **depression**　低気圧（tropical cyclone は「熱帯低気圧」）

□ **pressure trough**　気圧の谷

□ **the cold front**　寒冷前線（the seasonal rain front は「梅雨前線」）

□ **air turbulence**　乱気流（air current は「気流」）

□ **a dew point**　露点（大気中の水蒸気が冷却して露を結び始める時の温度）

□ **mirage**　蜃気楼（mist は「霧, かすみ」, haze は「もや」）

□ **vernal [spring] equinox**　春分（winter [summer] solstice は「冬至［夏至］」）

□ **a solar eclipse**　日食⇔ lunar eclipse「月食」。（total eclipse は「皆既日食」）

□ **inundation / submersion under water**　浸水

□ **avalanche / snowslide**　なだれ

□ **an evacuation drill**　避難訓練（an evacuation order は「避難命令」）

□ **epicentre**　震央（震源の真上にあたる地表の地点）

　　　　　　　　　（a seismic centre は「震源地（地震が発生した地球内部の地点）」）

□ **aftershock**　余震（tremor は「微震」）

□ **latitude**　緯度 ⇔ longitude 経度

□ **sand dune**　砂丘（sand bar は「砂州」）

□ **ravine / gorge**　峡谷（切り立つ狭い谷, 大きいものは canyon）

□ **atoll**　環状珊瑚島, 環礁（coral reef は「珊瑚礁」）

□ **tectonic activity**　地殻活動（tectonics は「構造地質学, 地質構造」）

□ **a volcanic eruption**　火山の噴火（dormant volcano「休火山」, active volcano は「活火山」, extinct volcano は「死火山」）

□ **intermittent spring / geyser**　間欠泉

□ **topography / topographical features**　地形学［地勢（図）］

□ **igneous rocks**　火成岩（metamorphic rocks「変成岩」, sedimentary rocks「堆積岩」）

□ **a limestone [stalactite] cave**　鍾乳洞（stalagmite は「石筍 (せきじゅん)」）

必須語彙 200 語　　最重要語レベル① 600 語　　最重要語レベル② 600 語　　重要語 600 語

| 学習日 | 年　月　日 | 年　月　日 | 年　月　日 |

1701 A **instantaneous**
[ˌɪnstənˈteɪnɪəs]

形 即座の，瞬間的な（≒ **i**nstant, **p**rompt）
➤ an instantaneous reply（素早い返信），smooth and instantaneous banking transactions（スムーズで早い銀行取引）
副 **instantaneously**（即座に） 形 反 **delayed**（遅延の）

1702 A **instil**《英》／
instill《米》
[ɪnˈstɪl]

動 教え込む，植え付ける（≒ **i**mplant, **e**ngender）
➤ instil discipline in children（子どもたちに規律を教え込む），instil confidence in children（子どもたちに自信をつけさせる）

1703 RL **insurmountable**
[ˌɪnsəˈmaʊntəb°l]

形 乗り越えられない，手に負えない（≒ **i**mpossible, **in**tractable）
➤ insurmountable obstacles（乗り越えられない障害），insurmountable gender gaps（乗り越えられない男女のギャップ）

1704 A **intercept**
[ˌɪntəˈsept]

動 傍受する，迎撃する（≒ **c**atch, **a**ttack）
➤ intercept calls（電話を傍受する），intercept missiles（ミサイルを迎撃する）

1705 A **intermittent**
[ˌɪntəˈmɪt°nt]

形 断続的な，途切れ途切れの（≒ **i**rregular, **s**poradic）
➤ intermittent rain（断続的に降る雨），an intermittent pain（断続的な痛み）
形 反 **steady**（一定の，不変の），**continuous**（途切れない，連続の）

1706 A **intimidating**
[ɪnˈtɪmɪdeɪtɪŋ]

形 威嚇するような，威圧的な（≒ **t**hreatening, **p**ressuring）
➤ an intimidating tone [look]（威嚇するような話し方 [目つき]）
動 **intimidate**（脅す）

1707 A **intolerable**
[ɪnˈtɒlərəb°l]

形 耐えられない，我慢できない（≒ **u**nbearable, **in**sufferable）
➤ intolerable heat（耐えられない暑さ），place an intolerable burden（耐え難いほどの負担をかける）
形 反 **tolerable**（耐えられる）

1708 A **inundate**
[ˈɪnʌnˌdeɪt]

動 水浸しにする，押し寄せる（≒ **f**lood, **o**verwhelm）
➤ be inundated by floodwaters（洪水に見舞われる），be inundated with emails（メールが殺到する）
名 **inundation**（浸水），the inundation of land（土地の浸水）

1709 RL **invigorate**
[ɪnˈvɪɡəˌreɪt]

動 元気 [活気] づける（≒ **r**evitalise, **e**nergise）
➤ invigorate the economy（経済を活性化させる），invigorate the mind（気持ちを生き生きとさせる）
動 **reinvigorate**（再活性化させる）

1710 A **invincible**
[ɪnˈvɪnsəb°l]

形 征服できない，頑強な（≒ **u**nassailable, **in**domitable）
➤ an invincible army [warrior]（無敵の軍隊 [戦士]）

1711	RL	**irrevocable** [ɪˈrɛvəkəbəl]	形 取り返しのつかない，変更［取り消し］できない（≒ **irreversible, unalterable**） ➤ irrevocable damage（取り返しがつかない被害）， an irrevocable decision（変更不可能な決定）
1712	A	**jargon** [ˈdʒɑːgən]	名 専門用語（≒ **technical terms, specialised language**） ➤ legal jargon（法律用語）， avoid using technical jargon（専門用語の使用を避ける）
1713	S	**jazz** [dʒæz]	動《jazz A up [up A] で》飾り付ける，華やかにする，いきいきとさせる（≒ **enliven, brighten up**） ➤ jazz up my bedroom（寝室を飾り付ける）， jazz up the original script（元の原稿をより面白くする） 【参考】その他，food や speech を目的語にとれ，スピーキングでスコアアップが狙えます。
1714	A	**jubilant** [ˈdʒuːbɪlənt]	形 喜びに満ちた，大喜びの（≒ **elated, overjoyed**） ➤ jubilant fans [crowds]（大喜びのファン［群衆］）
1715	A	**juncture** [ˈdʒʌŋktʃə]	名（重大な）時期，状況，岐路（≒ **crossroads, point**） ➤ at a critical juncture（重大な局面において）， at this juncture（現段階では）
1716	RL	**kinship** [ˈkɪnʃɪp]	名 血縁関係，類似，共通（≒ **relationship, affinity**） ➤ feel a kinship with him（彼に親近感を感じる），have a close kinship with each other（お互い密接な関連性を持つ）
1717	RL	**laborious** [ləˈbɔːrɪəs]	形 骨の折れる，非常にきつい（≒ **physically demanding, taxing**） ➤ a laborious task（骨の折れる作業）， laborious work hours（きつい勤務時間）
1718	A	**lacklustre**〈英〉／ **lackluster**〈米〉 [ˈlækˌlʌstə]	形 精彩を欠いた，パッとしない（≒ **dull, uninspiring**） ➤ a lacklustre performance（精彩を欠いたパフォーマンス）， her lacklustre response（彼女のパッとしない返事） 形 反 **inspiring**（奮起させる，活気づける）
1719	RL	**lapse** [læps]	名 ミス，（時間の）経過（≒ **mistake, interval**） ➤ a lapse of judgement（判断ミス）， after a lapse of time（時がたったら）
1720	A	**laudable** [ˈlɔːdəbəl]	形 賞賛に値する，感心な（≒ **admirable, honourable**） ➤ a laudable goal（素晴らしい目的）， a laudable action（立派な行為） 動 **laud**（賞賛する，褒め称える）

| 学習日 | 年 月 日 | 年 月 日 | 年 月 日 |

1721 **A** <u>lax</u>
[læks]

形 (規律・警備・態度などが) 緩い，手ぬるい (≒ slack, lenient)
➤ <u>lax</u> regulations（緩い規制），
a <u>lax</u> fiscal policy（手ぬるい財政政策）

1722 **A** <u>lenient</u>
[ˈliːniənt]

形 寛大な，大目にみる (≒ permissive, tolerant)
➤ a <u>lenient</u> sentence（寛大な判決），<u>lenient</u> parents（寛大な両親）
名 leniency（哀れみ，慈悲深さ） **形 反** severe（非常な），strict（厳格な）

1723 **R** <u>liken</u>
[ˈlaɪkən]

動 《to を伴って》 〜を…に例える，なぞらえる (≒ compare, equate)
➤ <u>liken</u> politics to war（政治を戦争に例える），Life is often <u>likened</u> to a voyage.（人生はよく船旅に例えられる）

1724 **RL** <u>logistics</u>
[lɒˈdʒɪstɪks]

名 物流管理，(事業などの) 詳細な計画，(≒ meticulous planning, management)
➤ a <u>logistics</u> business（物流企業）
形 <u>logistical</u> problems（運搬上の問題），<u>logistic</u> support（後方支援）

1725 **RL** <u>loot</u>
[luːt]

動 盗む，略奪する (≒ pillage, plunder)
➤ <u>looted</u> antiques（盗まれた骨董品），
<u>loot</u> historical objects（歴史的な遺物を略奪する）

1726 **RL** <u>ludicrous</u>
[ˈluːdɪkrəs]

形 滑稽な，ばかげた (≒ ridiculous, stupid)
➤ a <u>ludicrous</u> story [explanation]（ばかげた話 [説明]）

1727 **A** <u>malicious</u>
[məˈlɪʃəs]

形 悪意のある (≒ evil, malevolent)
➤ a <u>malicious</u> gossip（悪意のある噂話），
a <u>malicious</u> attack [lie]（悪意のある攻撃 [嘘]）

1728 **RL** <u>meandering</u>
[mɪˈændərɪŋ]

形 (川・道が) 曲がりくねっている，(会話・考え・人生などが) とりとめのない，明確な目的なしで進行している (≒ winding, rambling)
➤ a <u>meandering</u> river（蛇行する川），
lead a <u>meandering</u> life（紆余曲折の人生を送る）

1729 **RL** <u>mesmerising</u>
[ˈmɛzməˌraɪzɪŋ]

形 魅了する，うっとりさせる (≒ captivating, dazzling)
➤ her <u>mesmerising</u> performance [eyes]（魅了するような彼女の演技 [瞳]）
形 <u>mesmerised</u>（心奪われて）

1730 **A** <u>methodical</u>
[mɪˈθɒdɪkᵊl]

形 順序だった，系統立てられた (≒ well-organised, structured)
➤ <u>methodical</u> planning（綿密な計画），
a <u>methodical</u> approach（系統的な手法）

1731	A	mingle [ˈmɪŋɡ^əl]	動 混じる，交際する（≒ **mix, socialise**） ➤ mingle with people from different countries（さまざまな国の人々と交わる），This substance does not mingle with water.（この物質は水とは混ざらない）
1732	A	minute [maɪˈnjuːt]	形 非常に小さい，詳細な，綿密な（≒ **tiny, thorough, precise**） ➤ a minute amount of time（ほんのわずかな時間），in minute detail（事細かに，微細に）
1733	RL	mired [ˈmaɪəd]	形 窮地に陥って，ぬかるみにはまって（≒ **stuck, stranded**） ➤ be mired in poverty [a controversy]（貧困［論争］にはまって抜け出せない） 動 mire（苦境に陥れる）
1734	A	miscellaneous [ˌmɪsəˈleɪniəs]	形 雑多の，多岐にわたる（≒ **various, diverse**） ➤ miscellaneous expenses（雑費），a writer's miscellaneous works（ある作家の多岐にわたる作品）
1735	A	misgivings [mɪsˈɡɪvɪŋz]	名 不安，恐れ（≒ **anxiety, apprehension**） ➤ have deep misgivings about the decision（その決定を強く疑っている），misgivings about the future（将来の不安）
1736	RL	misnomer [ˌmɪsˈnəʊmə]	名 間違った名称，誤称（≒ **a wrong name, wrong use of a name**） ➤ misnomers in science [biology]（科学［生物学］における間違った名称）
1737	A	mitigate [ˈmɪtɪˌɡeɪt]	動 （衝撃，状態を）和らげる，緩和する（≒ **alleviate, reduce**） ➤ mitigate the negative environmental impacts（環境への悪影響を緩和する），mitigate his anger（彼の怒りを和らげる）
1738	A	monumental [ˌmɒnjʊˈment^əl]	形 巨大な，不朽の（≒ **significant, impressive**） ➤ a monumental loss（多大な損失），a monumental work（不朽の作品）
1739	RL	morbid [ˈmɔːbɪd]	形 恐ろしい，病的な（≒ **sick, abnormal**） ➤ morbid curiosity [fascination]（病的な好奇心［病的に魅了された状態］）
1740	A	mount [maʊnt]	動 （攻撃・運動・宣伝活動などを）開始する，増加する（≒ **initiate, increase**） 形 mounting：ますます増える［つのる］ ➤ mount a campaign（キャンペーンを開始する），mounting pressure（ますます高まるプレッシャー）

| 学習日 | 年 月 日 | 年 月 日 | 年 月 日 |

1741 A **mundane**
[ˈmʌndeɪn, mʌnˈdeɪn]
形 日常的な，平凡な，ありふれた（≒ **banal, routine**）
➤ a mundane task（日常的な仕事），
escape a mundane life（平凡な日常から逃れる）

1742 A **muster**
[ˈmʌstə]
動（勇気・自信などを）奮い起こす，（支持・票・お金・兵隊などを）集める（≒ **collect, gather**）
➤ muster the courage to speak in public（人前で話す勇気を奮い立たす），muster enough of an army（十分な兵力を集める）

1743 RL **mutiny**
[ˈmjuːtɪnɪ]
名 反抗，反乱（≒ **rebellion, uprising**）
➤ a mutiny against the captain [officer]（船長 [将校] に対する反乱）

1744 A **myriad**
[ˈmɪrɪəd]
名 無数（≒ **multitude**）
形 数えられないほど多くの（≒ **countless, innumerable**）
➤ a myriad of options [stars]（無数の選択肢 [星]），myriad problems（数えきれないほど多くの [幾多の] 問題）

1745 LS **naughty**
[ˈnɔːtɪ]
形 やんちゃな，わんぱくな（≒ **ill-behaved, undisciplined**）
➤ a naughty child（やんちゃな子ども），naughty behaviour（わんぱくぶり）

1746 A **necessitate**
[nɪˈsɛsɪˌteɪt]
動 必要とする，余儀なくされる（≒ **require, entail**）
➤ necessitate a change of *our* strategy（戦略の変更を余儀なくする），necessitate the use of force（武力行使を必要とする）
名 necessity（必需品）；basic necessities（基本的な生活必需品）

1747 RL **negate**
[nɪˈgeɪt]
動 無効にする，否定する（≒ **invalidate, deny**）
➤ negate the impact of inflation（インフレの影響をなくす），negate the fact that ...（～という事実を否定する）
形 negative（否定の，消極的な）

1748 A **net**
[nɛt]
形 最終的な，正味の［純～］（≒ **final, remaining**）
➤ the net result（最終的な結果），a net profit（純利益），a net income（手取り収入，〔企業の〕純利益）
動 net（～の純益をあげる）

1749 A **normative**
[ˈnɔːmətɪv]
形 基準となる，規範的な（≒ **regulatory, prescriptive**）
➤ normative behaviour（規範的な行動），a normative influence（規範的な影響）

1750 RL **nosedive**
[ˈnəʊzdaɪv]
名 急降下，急落（≒ **sharp fall, plummet**）
動 急降下する
➤ take a nosedive（急降下する），a price nosedive（物価暴落）

Part 4
達成度　50%　　60%　　100%

1751	A	notable [ˈnəʊtəbᵊl]	形 注目すべき，優れた（≒ remarkable, outstanding） ➤ notable features of the product（商品の優れた特徴）， his notable achievements（彼の優れた業績）
1752	RL	nullify [ˈnʌlɪˌfaɪ]	動 無効にする，無価値にする（≒ abolish, invalidate） ➤ nullify a decision（判決を無効にする）， nullify an effect（効果を無効にする）
1753	RL	obliterate [əˈblɪtəˌreɪt]	動 跡形もなく消す，完全に破壊する（≒ erase, annihilate） ➤ obliterate my memories（記憶を忘れ去る）， obliterate the enemy（敵を撃破する）
1754	A	obstruct [əbˈstrʌkt]	動 （道を）ふさぐ，（活動を）妨げる（≒ block, hamper） ➤ obstruct the path（道路をふさぐ）， obstruct the progress（進展を阻む） 名 obstruction（妨害，障害）
1755	A	omnipresent [ˌɒmnɪˈprɛzᵊnt]	形 同時にどこにでもある，偏在する（≒ pervasive, ubiquitous） ➤ an omnipresent threat of violence（どこにでもある暴力の脅威）
1756	A	ongoing [ˈɒnˌgəʊɪŋ]	形 進行中の，継続中の（≒ progressing, continuing） ➤ an ongoing project（進行中のプロジェクト）， ongoing education（生涯教育）
1757	A	onset [ˈɒnˌsɛt]	名 《通例 the 〜 of A で》A（通例特に望ましくないこと）の（始まり，開始，A（病気の）初期（≒ inception, beginning） ➤ the onset of winter（冬の訪れ）， at the onset of disease [cancer]（病気［ガン］の初期に）
1758	RL	opaque [əʊˈpeɪk]	形 （ガラス・液体などが）不透明な，（演説・文章などが）わかりにくい［不可解な］（≒ unclear, obscure） ➤ opaque glass（擦りガラス）， an opaque legal system（わかりにくい法制度）
1759	RL	opportune [ˈɒpəˌtjuːn]	形 （時が）絶好［絶妙，最適］の，タイムリーな（≒ fortuitous, auspicious） ➤ an opportune moment（〔〜するのに〕ちょうどよい時期［時，タイミング］），be highly opportune（きわめて都合がよい） 名 opportunity（チャンス，好機）
1760	A	opt [ɒpt]	動 《for を伴って》選ぶ，選択する（≒ choose, select） ➤ opt for early retirement（早期退職を選ぶ）， opt for a private school（私立校への進学を選ぶ） 名 option（選択権）形 optional（自由選択の）

必須語彙 200 語　　最重要語レベル① 600 語　　最重要語レベル② 600 語　　**重要語 600 語**

学習日	年　月　日	年　月　日	年　月　日

1761 | **RL** | **orchestrate**
[ˈɔːkɪˌstreɪt]

動 組織化する，画策する，オーケストラ用に編曲［作曲］する（≒ **organise, stage-manage**）
➤ orchestrate a project（プロジェクトを組織化する），
orchestrate an attack（攻撃を企てる）

1762 | **LSW** | **oriented**
[ˈɔːrientɪd]

形 〜を重視する，〜志向の（≒ **directed, focused**）
➤ oriented towards digital technology（デジタル技術志向の），
career-oriented women（キャリア志向の強い女性）
名 market **orientation**（市場志向）

1763 | **RL** | **ostensible**
[ɒˈstensɪbəl]

形 表向きの，見せかけの（≒ **specious, apparent**）
➤ an ostensible reason [purpose]（表向きの理由［目的］）
名 **ostentation**（見せびらかし，誇示）　副 **ostensibly**（表向きには）

1764 | **RL** | **ostentatious**
[ˌɒstenˈteɪʃəs]

形 派手な，これ見よがしの（≒ **showy, gaudy**）
➤ an ostentatious fashion（派手なファッション），
an ostentatious display of wealth（富をみせびらかすこと）

1765 | **RL** | **oust**
[aʊst]

動 （ある場所・地位から）追放する（≒ **banish, expel**）
➤ be ousted from his position [the board]（地位［理事会］から追放される）
名 **ouster**（追放，追放［罷免］される人）

1766 | **RL** | **outlive**
[ˌaʊtˈlɪv]

動 〜より長く生きる，生き残る，時を経て（有用性などを）失う（≒ **live longer than, go unused**）
➤ Women outlive men in almost every country.（ほとんどの国で女性は男性より長生きする），outlive its usefulness（役に立たなくなる）

1767 | **A** | **outset**
[ˈaʊtˌset]

名 初め，発端（≒ **beginning, dawn**）
➤ from the outset（最初から），
at the outset of the new era（新時代の幕明けに）

1768 | **A** | **outskirts**
[ˈaʊtˌskɜːts]

名 《複数形》郊外，周辺（≒ **suburbs, environs**）
➤ on the outskirts of London [the town]（ロンドン［町］の郊外で）

1769 | **RL** | **outstrip**
[ˌaʊtˈstrɪp]

動 （需要・量が）上回る，（競争相手に）勝る，しのぐ（≒ **surpass, exceed**）
➤ Demand outstrips supply.（需要が供給を上回る），
outstrip their competitors（ライバル企業をしのぐ）

1770 | **RL** | **outwit**
[ˌaʊtˈwɪt]

動 出し抜く，〜の裏をかく（≒ **outsmart, outperform**）
➤ outwit her rivals（ライバルを出し抜く），
outwit the system（システムの裏をかく）

1771	RL	overcast [ˈəʊvəˌkɑːst]	形 雲に覆われた，どんよりした（≒ cloudy, heavy） ➤ an overcast sky（雲に覆われた空）， overcast weather（どんよりとした天候）

| 1772 | RL | overhaul [ˌəʊvəˈhɔːl] 動 [ˈəʊvəˌhɔːl] 名 | 動 詳しく調べる，見直す（≒ examine, revise）
➤ overhaul the engine（エンジンを点検する），
overhaul the education system（教育システムを見直す）
名 overhaul（修理，変化） |

| 1773 | RLW | override [ˌəʊvəˈraɪd] | 動 覆す，〜より重要である（≒ overrule, outweigh）
➤ override the decision（その決定を覆す），
override confidentiality（守秘義務に優先する）
形 an overriding consideration（最重要な検討事項） |

| 1774 | A | oversight [ˈəʊvəˌsaɪt] | 名 見落とし，監督，管理（≒ mistake, supervision）
➤ an administrative oversight（事務手続き上の見落とし），
a day-to-day oversight of the project（その事業を日常的に管理すること）
動 oversee the project（プロジェクトを監督する） |

| 1775 | A | overt [ˈəʊvɜːt, əʊˈvɜːt] | 形 公然の，あからさまな（≒ open, obvious）
➤ overt racism（あからさまな人種差別），overt criticism（露骨な批判）
形 反 covert（秘密の，内密の） |

| 1776 | RL | paltry [ˈpɔːltrɪ] | 形 わずかな，無価値な（≒ meagre, trifling）
➤ a paltry sum [amount] of money（わずかなお金） |

| 1777 | A | paragon [ˈpærəgən] | 名 模範，典型（≒ epitome, embodiment）
➤ a paragon of beauty [virtue]（美の典型［美徳の鑑］） |

| 1778 | RL | parameter [pəˈræmɪtə] | 名 基準，制限（範囲）（≒ criterion, framework）
➤ create new parameters（新たな基準を設ける），
within the parameters of the law（法律の範囲内で） |

| 1779 | A | patent [ˈpeɪtənt, ˈpætənt] | 名 特許，特許権（≒ licence, right）
➤ obtain [take out] a patent on the invention（発明品の特許をとる）
形 patented（特許のある［特許付きの］）：patented products（特許品） |

| 1780 | A | peer [pɪə] | 名 同僚，仲間，（年齢・社会的地位などが）同等の人（≒ fellow, equal）
➤ peer pressure（周囲からのプレッシャー），
a peer review（査読，〔専門家同士の〕相互評価）
動 peer（じっと見る）：peer through the window（窓からのぞき込む） |

| 学習日 | 年　月　日 | 年　月　日 | 年　月　日 |

1781 **RL** penitent
['pɛnɪtənt]

形 後悔している，悔い改めた（≒ **regretful, repentant**）
➤ be penitent about my crime（自分の犯した罪を悔いる），
penitent sinners（後悔している罪人）
名 penitentiary（刑務所）

1782 **A** peripheral
[pə'rɪfərəl]

形 周囲の，重要でない（≒ **unimportant, marginal**）
➤ peripheral devices（周辺機器），
a peripheral vision（周辺視野）
名 computer peripherals（コンピューターの周辺機器）

1783 **A** permeate
['pɜːmɪˌeɪt]

動 浸透する，普及する（≒ **pervade, fill**）
➤ permeate the air [the room]（大気中 [部屋] に充満する）
形 permeable（浸透性の）

1784 **RL** pertinent
['pɜːtɪnənt]

形 関連性のある，適切な（≒ **relevant, fitting**）
➤ pertinent questions（関連した質問），
issues pertinent to the policy（政策に関する問題）
動 pertain to（～に関連 [関係] する）: laws pertaining to
immigration（入国に関する法律）

1785 **A** philanthropic
[ˌfɪlən'θrɒpɪk]

形 慈善の，慈善活動を行う（≒ **charitable, generous**）
➤ philanthropic billionaires（慈善活動を行っている億万長者たち），
through philanthropic efforts（慈善活動を通じて）
名 philanthropist（慈善活動家）

1786 **A** picturesque
[ˌpɪktʃə'resk]

形 絵に描いたような，絵のように美しい（≒ **charming, scenic**）
➤ a picturesque landscape [place]（絵のような風景 [景勝地]）

1787 **A** pillar
['pɪlə]

名 中心人物，柱（≒ **backbone, mainstay**）
➤ a pillar of society（社会の中心人物），
the basic pillar of democracy（民主主義の基本となる柱）

1788 **RL** pinnacle
['pɪnəkˀl]

名（権力などの）頂点，絶頂（≒ **culmination, peak**）
➤ the pinnacle of his career（彼のキャリアの頂点），
reach the pinnacle of power（権力の頂点に達する）
名 反 nadir（一番下，底）

1789 **A** pinpoint
['pɪnˌpɔɪnt]

動 正確に指摘する，示す（≒ **identify, detect**）
➤ pinpoint the source of the problem（その問題の出所を指摘する），
pinpoint the primary factor behind the phenomenon（その
現象の主因を特定する）

1790 **RL** pique
[piːk]

動（興味を）そそる，（人を）怒らせる（≒ **arouse, irritate**）
➤ pique my curiosity（好奇心をそそる），
be piqued by his rudeness（彼の失礼さにいら立つ）
名 pique（立腹）: in a fit of pique（怒って，腹を立てて）

1791	A	**pitfall** [ˈpɪtˌfɔːl]	名 思わぬリスク，落とし穴（≒ **risk**, **hazard**） ➤ avoid potential pitfalls（潜在的なリスクを回避する）， fall into a pitfall（落とし穴にはまる）
1792	RL	**pithy** [ˈpɪθɪ]	形 簡潔な，簡潔で要を得た（≒ **concise**, **succinct**） ➤ a pithy comment（的を射た発言）， the film's pithy dialogue（その映画の力強いセリフ）
1793	A	**pivotal** [ˈpɪvətəl]	形 中枢の，極めて重要な（≒ **crucial**, **central**） ➤ play a pivotal role in promoting tourism（観光推進において中心的な役割を果たす）， a pivotal figure in the government（政府の中心人物）
1794	A	**plagiarise** 〈英〉／ **plagiarize** 〈米〉〈英〉 [ˈpleɪdʒəˌraɪz]	動 盗用する，盗作する（≒ **copy**, **pirate**） ➤ plagiarise his colleague's work（同僚の研究を盗用する）， plagiarise without realising it（そうとは気づかずに盗用する） 名 plagiarism（剽窃 [ひょうせつ]，盗用）
1795	A	**plight** [plaɪt]	名 窮状，苦境（≒ **predicament**, **extremity**） ➤ the plight of refugees [the homeless]（難民 [ホームレス] の窮状）
1796	RLW	**plummet** [ˈplʌmɪt]	動 急落する，真っ逆さまに落ちる（≒ **nosedive**, **plunge**） ➤ plummeting stock [land] prices（急落する株価 [地価]）
1797	RL	**plunder** [ˈplʌndə]	動 略奪する，盗む（≒ **loot**, **pillage**） ➤ plunder a village（村の略奪を行う）， plunder treasures（宝を略奪する） 名 plunder（略奪品）
1798	RL	**poignant** [ˈpɔɪnjənt, -nənt]	形 心が痛む，心を打つ（≒ **heartbreaking**, **moving**） ➤ a poignant story（心の痛む話）， serve as a poignant reminder（強烈に思いださせるものとなる）
1799	RL	**poise** [pɔɪz]	名 落ち着き，（優美で上品な）身のこなし [姿勢，態度]（≒ **calmness**, **grace**） ➤ recover poise（落ち着きを取り戻す）， his poise and professionalism（彼の落ち着きとプロとしての姿勢）
1800	RL	**portent** [ˈpɔːtent]	名 前触れ，兆し（≒ **harbinger**, **omen**） ➤ a portent of war（戦争の前触れ）， a portent of political upheaval（政変が起こる兆し） 動 portend a big change（大変化の前兆となる） 形 a portentous event（不吉な出来事）

IELTS 類語クイズにチャレンジ！⑨　重要度★★

> **Choose a group of synonyms of the underlined part from the list below.**

1. The film **evoked** memories of my childhood in Manchester.
2. You should strive to be successful in every single **facet** of your life.
3. It was apparent to everyone that he had a **flair** for this branch of law.
4. The author's **forthcoming** novel will be released next month.
5. Package holidays take all the **hassle** out of travel arrangements.
6. The repairperson **inadvertently** cut through a telephone cable.
7. The project has been postponed **indefinitely** due to lack of funds.
8. It is difficult to satisfy youngsters' **insatiable** appetite for online games.
9. Today will be mostly fine and sunny with **intermittent** showers.
10. Many have **misgivings** about the plan to restructure the company.
11. In Japan an apology can usually **mitigate** the punishment for any crime.
12. The **onset** of depression often follows a traumatic event.
13. The struggle for survival in a highly competitive society **overrides** all other things.
14. Energy is now not a **peripheral** issue in the economy.
15. The editor could tell that the writer had **plagiarised** parts of the article.

【選択肢】

A. alleviate, reduce	B. anxiety, apprehension
C. arose, provoke	D. aspect, part
E. copy, pirate	F. for an unspecified period, forever
G. imminent, approaching	H. inception, beginning
I. trouble, nuisance	J. irregular, sporadic
K. outweigh, supersede	L. talent, aptitude
M. unimportant, marginal	N. unintentionally, accidentally
O. voracious, rapacious	

【解答欄】

1.	2.	3.	4.	5.	6.	7.	8.

9.	10.	11.	12.	13.	14.	15.

解答

1.	(C. arose, provoke)	その映画は，私が育ったマンチェスターでの子供時代の記憶を<u>呼び覚ま</u>した。
2.	(D. aspect, part)	人生のあらゆる<u>面</u>で成功するよう努力するべきである。
3.	(L. talent, aptitude)	誰の目にも彼がその法律部門に<u>素質</u>があるのは明らかだった。
4.	(G. imminent, approaching)	その著者の<u>近刊（予定）</u>の小説は来月発売される。
5.	(I. trouble, nuisance)	パッケージツアーは旅行手配の全ての<u>煩わしさ</u>を取り除いてくれる。
6.	(N. unintentionally, accidentally)	修理工は<u>うっかり</u>電話線を切断してしまった。
7.	(F. for an unspecified period, forever)	そのプロジェクトは資金不足のため<u>無期</u>延期になっている。
8.	(O. voracious, rapacious)	若者たちの<u>飽くなき</u>オンラインゲームへの欲求を満足させるのは困難だ。
9.	(J. irregular, sporadic)	今日は<u>断続的</u>なにわか雨は降るが，おおむね晴天だ。
10.	(B. anxiety, apprehension)	会社を再建するその計画には多くの者が<u>不安</u>を抱いている。
11.	(A. alleviate, reduce)	日本では謝罪をすることでどのような犯罪でも<u>軽減</u>されうる。
12.	(H. inception, beginning)	うつ病の<u>始まり</u>はたいていトラウマになるような出来事の後である。
13.	(K. outweigh, supersede)	熾烈な競争社会を生き抜くための戦いは他の何事にも<u>優先</u>する。
14.	(M. unimportant, marginal)	エネルギーは今や経済にとって<u>周辺的な</u>問題ではない。
15.	(E. copy, pirate)	その編集者は，作家が記事の一部を<u>剽窃</u>したことを指摘できた。

IELTS 読解力 UP　最重要「社会問題」語彙をマスター!

☐ regenerative medicine　再生医療

☐ brain gain　頭脳流入 (**brain drain** は「頭脳流出」)

☐ media hype　メディア宣伝

☐ a surveillance [monitoring] camera　監視カメラ

☐ role reversal　(夫婦・親子などの) 役割の交換,立場の逆転

☐ an outreach program　地域社会への福祉・奉仕計画

☐ gentrification　貧困地区の高級住宅化

☐ a rite of passage　誕生・結婚・成人・死などの通過儀礼

☐ ceremonial functions　冠婚葬祭 (**betrothal gifts** は「結納」)

☐ life expectancy　余寿命 (**life span** は「平均寿命」)

☐ monogamy family　一夫一婦家族 (**polygamy** は「一夫多妻制」)

☐ extended family　拡大家族 (**nuclear family** は「核家族」)

☐ bereaved family　遺族

☐ maternal [paternal] lineage　母方 [父方] の家系

☐ a bottle-fed baby　牛乳で育った赤ん坊 (**breast-fed** は「母乳」)

☐ a foster parent　里親 (**adoption agency** は「養子縁組斡旋業者」)

☐ a surrogate mother　代理母

☐ eligible men　結婚相手にふさわしい男

☐ feudalistic family system　封建的な家制度

☐ sheltered upbringing　温室育ち (**pampered upbringing** は「過保護な教育」)

☐ sibling rivalry　兄弟間の競争意識

☐ corporal punishment　体罰

☐ moral vacuum　道徳感の喪失 (**political vacuum** は「政治的空白」)

☐ egalitarian society　平等社会 (**hierarchical society** は「縦社会」)

☐ an educational divide　教育格差 (**a divide** は「情報格差」)

☐ hate crime　人種・性差別への憎しみから起きる犯罪

☐ sexual [child] exploitation　性的 [児童労働] 搾取 (**sexual [child] abuse** は「性的 [子供の] 虐待」)

☐ learning disabilities　学習障害 (**intellectual disabilities** は「知的障害」)

☐ pro-choice activists　人工中絶に賛成の活動家 (**pro-life activists** は「中絶反対者」)

Unit 3

【1801】~【2000】

学習日　　年　月　日　｜　年　月　日　｜　年　月　日

1801	RL	**precarious** [prɪˈkɛərɪəs]	形（状況・立場などが）不安定な［危うい］，落ちそうな［危険な，危なっかしい］（≒ **unstable, unsafe**） ➤ a precarious financial situation（不安定な経済状況）， a precarious balancing act（危険な綱渡り）
1802	A	**preceding** [prɪˈsiːdɪŋ]	形 前の，前述の（≒ **previous, prior**） ➤ in the preceding year（前年に），in the preceding chapter（前の章に） 動 be preceded by other symptoms（他の症状が先に現れる）
1803	RL	**precinct** [ˈpriːsɪŋkt]	名《複数形で》構内，（特定の目的のための）区域（≒ **premises, area**） ➤ in the shrine [temple] precincts（神社［寺］の境内で）， a shopping precinct（〔車両禁止の〕ショッピングエリア）
1804	A	**preclude** [prɪˈkluːd]	動 妨げる，防止［妨害］する，除外［排除］する（≒ **prevent, rule out**） ➤ preclude the use of force（武力行使を阻む），preclude the further investigation（踏み込んだ調査を妨害する），preclude the possibility of errors（エラーの可能性を排除する） 名 **preclusion**（排除，妨害）
1805	A	**precursor** [prɪˈkɜːsə]	名 先駆者［先駆け］，（〜の）前兆（≒ **forerunner, sign**） ➤ a precursor of modern computers（現代のコンピューターの先駆け），a precursor of an upcoming storm（近づいている嵐の前兆）
1806	A	**predicament** [prɪˈdɪkəmənt]	名 苦境，窮地（≒ **quandary, plight**） ➤ in a predicament（苦境に〔置かれて〕）， an economic predicament（経済の苦境）
1807	A	**premise** [ˈprɛmɪs]	名 根拠，前提（≒ **basis, assumption**） ➤ the basic premise of the theory（その理論の基本的な前提），on a false premise（虚偽の前提のもとに） 名 vacate the **premises**（〔土地を含めた〕建物を立ち退く）
1808	RL	**preposterous** [prɪˈpɒstərəs]	形 ばかげた，非常識な（≒ **ridiculous, absurd**） ➤ her preposterous claim（彼女のばかげた主張），a preposterous request（法外な要求） 形 反 **reasonable**（理性的な），**sensible**（良識のある）
1809	RL	**prerogative** [prɪˈrɒgətɪv]	名 特権，権限（≒ **privilege, authority**） ➤ presidential [royal] prerogatives（大統領［王室］の特権）
1810	A	**presumably** [prɪˈzjuːməblɪ]	副 おそらく，推定では（≒ **probably, likely**） ➤ The politician is presumably involved in the crime.（その政治家はおそらくその犯罪に関与している），presumably because of fatigue（おそらく疲労が原因で） 形 **presumable**（推定できる）

Part 4
達成度 | 50% | 70% | 100%

1811	A	**pretext** [ˈpriːtɛkst]	**名** 口実，名目（≒ **excuse, pretence**） ➤ under the pretext of freedom of speech（言論の自由という名目のもとに），under the pretext of being sick（病気を口実にして） **動** pretext（口実にする）
1812	A	**primate** [ˈpraɪmeɪt]	**名** 霊長類，大司教（≒ **humans, apes and monkeys; archbishop**） ➤ a primate research centre（霊長類研究センター），the Primate of all England（カンタベリー大司教）
1813	A	**pristine** [ˈprɪstaɪn, -tiːn]	**形** 手つかずの，新品同様の（≒ **unspoiled, immaculate**） ➤ pristine nature（手つかずの自然），pristine coral reefs（手つかずのサンゴ礁），in pristine condition（新品同様の［で］）
1814	A	**procrastinate** [proʊˈkræstɪˌneɪt, prə-]	**動** 先延ばしにする，ひき延ばす（≒ **delay, put off**） ➤ procrastinate until the last minute（ぎりぎりまで先延ばしにする），procrastinate on making decisions（決断を先延ばしにする） **名** procrastinator（ものごとを先延ばしにする人）
1815	RL	**prodigious** [prəˈdɪdʒəs]	**形**（量・程度が）驚異的［膨大，莫大］な，並はずれた（≒ **colossal, monumental, extraordinary**） ➤ prodigious amounts of water（膨大な量の水），a prodigious talent（並はずれた才能） **名** prodigy（天才）
1816	A	**profuse** [prəˈfjuːs]	**形** 多量の，おびただしい，（謝罪・感謝・称賛などで）熱心な［心からの］（≒ **copious, ample**） ➤ profuse sweating [bleeding]（多量の発汗［出血］），offer profuse apologies（平謝りする，心からの謝罪をする） **名** profusion（豊富にあること）
1817	A	**propensity** [prəˈpɛnsɪti]	**形** 性癖，傾向（≒ **proclivity, predisposition**） ➤ a propensity for stealing [violence]（盗癖［暴力癖］）
1818	A	**proprietor** [prəˈpraɪətə]	**名**（企業・ホテルなどの）オーナー，経営者（≒ **owner, possessor**） ➤ a proprietor of a hotel [shop]（ホテル［店］のオーナー）
1819	RL	**protracted** [prəˈtræktɪd]	**形** 長引く，長期化する（≒ **lengthy, prolonged**） ➤ protracted negotiations（長期にわたる交渉），a protracted struggle（持久戦）
1820	A	**prowess** [ˈpraʊɪs]	**名** 優れた能力［腕前］，勇敢さ（≒ **excellence, bravery**） ➤ athletic [industrial] prowess（優れた運動能力［高い工業技術水準］），demonstrate *my* prowess（腕前を披露する）

必須語彙 200 語　最重要語レベル① 600 語　最重要語レベル② 600 語　**重要語 600 語**

学習日	年 月 日	年 月 日	年 月 日

1821 A **proximity**
[prɒkˈsɪmɪtɪ]

名 近いこと，近接（≒ **adjacency, vicinity**）
➤ *be* in close proximity to a large park（広い公園のすぐ近くにある），linguistic proximity（言語の近似性）
＊ in close proximity to somebody [something] で「（～の）すぐ近くに」。

1822 RL **pungent**
[ˈpʌndʒənt]

形 （味・においなどが）つんと［ぴりっと］くる，（言葉・批評などが）辛辣な（≒ **acrid, piquant**）
➤ a pungent smell [odour]（鼻につんとくるにおい），a pungent taste（ぴりっとくる味）

1823 RL **quagmire**
[ˈkwæɡˌmaɪə, ˈkwɒɡ-]

名 泥沼，窮地（≒ **predicament, quandary**）
➤ a legal quagmire（訴訟の泥沼），fall into the quagmire of an economic crisis（経済危機の窮地に陥る）

1824 RL **qualm**
[kwɑːm]

名 不安，うしろめたさ（≒ **misgiving, reservation**）
➤ have no qualms about killing people（人を殺すことにためらいがない），without a qualm（何のためらいもなく）
＊ have no qualms about ... で「～を何とも思わない，～に良心の呵責を感じない」。

1825 RL **quandary**
[ˈkwɒndrɪ, -dərɪ]

名 苦境，困惑，板ばさみ（≒ **plight, dilemma**）
➤ in a quandary（ほとほと困って，途方に暮れて），ethical [moral] quandaries（倫理的［道徳的］な板ばさみ）

1826 A **ramification**
[ˌræmɪfɪˈkeɪʃən]

名 余波，影響（≒ **effect, repercussion**）
➤ the economic [political] ramifications of Brexit（ブレグジットによる経済的［政治的］影響）

1827 RL **rampage**
[ˈræmpeɪdʒ] 名
[ræmˈpeɪdʒ] 動

名 凶暴な行動，大暴れ（≒ **violence, turbulence**）
動 大暴れする，暴れまわる（≒ **riot, go berserk**）
➤ a shooting rampage（銃乱射），rampage through the city（町中で暴れ回る）

1828 RL **ransack**
[ˈrænsæk]

動 荒らし回る，略奪する，くまなく探す（≒ **plunder, rifle through**）
➤ ransack a house [town]（家［町］を荒らし回る），ransack the house for money（現金がないかと家中をくまなく探す）

1829 A **rash**
[ræʃ]

形 （決断などが）早まった［軽はずみな，軽率な］，向こう見ずな，思慮に欠ける（≒ **hasty, reckless**）
名 発疹（≒ **spots**）
➤ make a rash decision（早まった決断をする），make a rash promise（安請合をする），break out in a rash（発疹が出る）

1830 A **ration**
[ˈræʃən]

動 （供給を）制限する，配給する（≒ **limit, distribute**）
➤ ration fuel（燃料の供給を制限する），ration food sources（食糧を配給する）
名 ration（配給）

1831	A	reap [ri:p]	動 （利益・報酬などを）得る，（作物を）収穫する（≒ receive, obtain, harvest） ➤ reap the benefits of the new technologies（新技術の恩恵を受ける），reap a harvest（《比喩》〔努力の結果〕収穫［成果］を得る）
1832	RL	rebuff [rɪˈbʌf]	動 拒絶する，はねつける（≒ refuse, spurn） ➤ rebuff all his suggestions（彼の提案をすべて拒絶する），rebuff her request（彼女の要求を拒む） 名 rebuff（〔そっけない〕拒絶）：give [receive] a sharp rebuff（きっぱりと断る［断られる］）
1833	RL	rebut [rɪˈbʌt]	動 反論する，反証する（≒ disprove, refute） ➤ rebut criticism [claims]（批判［要求］に対して反論する） 名 rebuttal（反論，反証）
1834	A	receptive [rɪˈsɛptɪv]	形 （新しいことなどに）理解がある［受け入れる力がある］，感受性が強い（≒ open-minded, responsive） ➤ be receptive to new ideas（新しい考えを受け入れる），a receptive audience（ノリのいい観衆）
1835	S	reckon [ˈrɛkən]	動 ～と（勝手に）思う，憶測する（≒ think, suppose） ➤ reckon it's going to rain tomorrow（明日雨が降ると思う），I reckon so.（そう思う） 名 the day of reckoning（最後の審判の日）
1836	RL	reclaim [rɪˈkleɪm]	動 取り戻す，埋め立てる（≒ retrieve, recover） ➤ reclaimed land（埋立地），reclaim its territory（領土を取り戻す） 名 reclamation（開拓，干拓）：land reclamation（土地造成，埋め立て）
1837	A	recognition [ˌrɛkəɡˈnɪʃən]	名 （重要性や功績を）認めること，認知，認識（≒ appreciation, acknowledgement） ➤ receive worldwide recognition（世界的評価を受ける），beyond recognition（判別不能で）
1838	A	recollection [ˌrɛkəˈlɛkʃən]	名 記憶，回想（≒ memory, remembrance） ➤ the most vivid recollection of my childhood（子ども時代の最も鮮明な記憶），have no recollection of what happened（何が起こったのか全く記憶がない） 動 recollect（思い出す，回想する）
1839	RL	recount [rɪˈkaʊnt]	動 ～について詳しく話す，物語る（≒ tell, narrate） ➤ recount a story（話を詳しく述べる），recount an experience（経験を詳しく述べる）
1840	A	referendum [ˌrɛfəˈrɛndəm]	名 国民投票，住民投票（≒ vote, election） ➤ call for a referendum（国民投票を求める），hold a referendum（住民投票を行う）

必須語彙 200 語　最重要語レベル① 600 語　最重要語レベル② 600 語　重要語 600 語

学習日	年 月 日	年 月 日	年 月 日

1841 **RLW** **refute**
[rɪˈfjuːt]

動 反証する，論破する（≒ **rebut**, **disprove**）
➤ be refuted by evidence（証拠によって反証される），
refute the argument（その主張を論破する）
形 **refutable**（反論できる） 名 **refutation**（論破）

1842 **A** **reiterate**
[riːˈɪtəˌreɪt]

動 繰り返し言う，繰り返し行う（≒ **repeat**, **restate**）
➤ reiterate his opinion [request]（意見 [要求] を繰り返し述べる）
名 **reiteration**（繰り返し）

1843 **A** **relinquish**
[rɪˈlɪŋkwɪʃ]

動 （権利や所有物を）放棄する，断念する（≒ **renounce**, **give up**）
➤ relinquish control of a company（会社の経営権を放棄する），
relinquish a hope（希望を捨てる）

1844 **A** **remnant**
[ˈrɛmnənt]

名 （後に残ったわずかの）残骸，名残り（≒ **remains**, **remainder**）
➤ the remnants of the building [castle]（建物 [城] の残骸），
the remnants of the past（過去の遺物）

1845 **A** **remorse**
[rɪˈmɔːs]

名 自責の念，強い後悔（≒ **repentance**, **compunction**）
➤ feel remorse for the crime [sin]（犯罪 [罪悪] への自責の念を感じる）
形 a **remorseful** look（後悔の顔〔つき〕）

1846 **A** **repel**
[rɪˈpɛl]

動 撃退する，はじく（≒ **repulse**, **resist**）
➤ repel attacks [insects]（攻撃 [虫] を撃退する），
repel water（水をはじく）
名 **repellent**（防虫剤）

1847 **A** **repercussion**
[ˌriːpəˈkʌʃən]

名 （悪）影響，余波（≒ **ramification**, **impact**）
➤ repercussions of bad decision-making（誤った意思決定の影響），political [social] repercussions（政治的 [社会的] 影響）

1848 **A** **repertoire**
[ˈrɛpəˌtwɑː]

名 レパートリー，（上演可能な）題目（≒ **range**, **collection**）
➤ a wide repertoire（幅広いレパートリー），
my cooking repertoire（料理のレパートリー）

1849 **A** **repetitive**
[rɪˈpɛtɪtɪv]

形 繰り返しの，反復的な（≒ **repeated**, **routine**）
➤ repetitive tasks（反復作業），
exhibit repetitive behaviour（反復的な行動を示す）

1850 **A** **replenish**
[rɪˈplɛnɪʃ]

動 補給 [補充] する（≒ **refill**, **refresh**）
➤ replenish supplies（物資を補給する），
replenish lost nutrients（失われた栄養素を補給する）
動 反 **exhaust**（使い果たす）

1851	A	**replete** [rɪˈpliːt]	形 （〜で）いっぱいの，十分に備えた（≒ **filled**, **rife**） ➤ be replete with wildlife（野生生物であふれている），a street replete with coffee shops（コーヒーショップが立ち並ぶ通り） 形 反 **scarce**（少ない，まれな）
1852	A	**repress** [rɪˈprɛs]	動 抑える，鎮圧［弾圧］する（≒ **suppress**, **oppress**） ➤ repress my anger（怒りを抑える［こらえる］），repress dissidents（反対派を弾圧する） 名 **repression**（抑圧）
1853	RL	**reprimand** [ˈrɛprɪˌmɑːnd]	動 叱責する，懲戒する（≒ **rebuke**, **berate**） ➤ be severely reprimanded for negligence [rude behaviour]（怠慢［無礼な態度］を厳しく叱責される）
1854	RL	**reproach** [rɪˈprəʊtʃ]	動 非難する，叱る（≒ **criticise**, **reprimand**） ➤ reproach him for his laziness [breaking the rules]（怠慢［ルールを破ったこと］で彼を叱る） 名 **reproach**（非難，叱責） 熟 beyond reproach（非難の余地がない，申し分のない）
1855	A	**resent** [rɪˈzɛnt]	動 〜に腹を立てる，憤慨する（≒ **begrudge**, **feel indignant about**） ➤ resent their complaints（彼らの苦情に腹を立てる），resent criticism（批判に腹を立てる） 形 **resentful**（憤慨した） 名 **resentment**（腹立たしさ，怒り）
1856	A	**reside** [rɪˈzaɪd]	動 住む，居住する（≒ **live**, **occupy**, **inhabit**） ➤ reside abroad [in the village]（海外［村］に住む） 名 **resident**（住人） 名 **residency**（居住）
1857	A	**resonate** [ˈrɛzəˌneɪt]	動 共鳴する，反響する（≒ **echo**, **resound**） ➤ resonate with consumers（消費者の共感を呼ぶ），resonate at a certain frequency（ある周波数で共鳴する） 名 **resonance**（反響，響き）
1858	A	**resurgence** [rɪˈsɜːdʒəns]	名 復活，再起（≒ **comeback**, **revival**） ➤ a resurgence of nationalism（ナショナリズムの再燃），a resurgence of COVID-19（新型コロナウィルスの再流行） 形 **resurgent**（よみがえる，再び盛り返す）：a resurgent economy（復調した経済）
1859	A	**revamp** [riːˈvæmp]	動 改良する，改修する（≒ **improve**, **renovate**） ➤ revamp the hotel（ホテルを改装する），a revamped menu（リニューアルされたメニュー）
1860	A	**revel** [ˈrɛvᵊl]	動 《in を伴って》〜を大いに楽しむ［喜ぶ］（≒ **enjoy**, **bask in**） ➤ revel in success（成功を大いに喜ぶ），revel in the media attention（メディアから注目されることに喜びを感じる） 【参考】目的語には fame, freedom などの抽象的な名詞をとる。

| 学習日 | 年 月 日 | 年 月 日 | 年 月 日 |

1861 A **revere**
[rɪˈvɪə]

動 崇拝する，あがめる（≒ **a**dmire, **v**enerate）
➤ revere his artwork（彼の芸術作品をあがめる），
be revered as a symbol of national pride（国家威信の象徴としてあがめられている）
名 reverence（尊敬，敬愛）

1862 A **reverse**
[rɪˈvɜːs]

動 逆にする，覆す（≒ **u**ndo, **o**verturn）
➤ reverse a decision [a ruling]（決定［判決］を覆す）

1863 A **revive**
[rɪˈvaɪv]

動 復活させる，復興させる（≒ **e**nergise, **r**estore）
➤ revive a bill（法案を復活させる），
revive the economy（経済を復興させる）
名 revival（復活，復興，再上演，再上映）

1864 A **rife**
[raɪf]

形（病気・犯罪などが）蔓延して，（うわさが）広まって［飛び交って］（≒ **r**ampant, **w**idespread）
➤ be rife with corruption（汚職が蔓延している），
be rife with rumours（噂が飛び交っている）

1865 RL **ripple**
[ˈrɪpəl]

動 波及する，さざ波をたてる（≒ **s**pread, **u**ndulate）
➤ ripple through the whole economy（経済全体に波及する），
ripple the surface of the lake（湖の表面にさざ波をたてる）
名 a ripple effect（波及効果）

1866 RL **roam**
[rəʊm]

動 歩き回る，ぶらつく（≒ **w**ander, **t**ravel **a**imlessly）
➤ roam the areas [streets]（辺り［通り］をぶらつく），
roam the forest（森を散策する）

1867 A **run-down**
[ˌrʌnˈdaʊn]

形 荒廃した，疲れ切った（≒ **n**eglected, **e**xhausted）
➤ regenerate a run-down part of the town（町の荒廃した地域を再生させる），feel run-down（疲労困憊である）
名 rundown（要約，概要）

1868 A **rustic**
[ˈrʌstɪk]

形 田舎っぽい，飾り気のない（≒ **r**ural, **s**imple）
➤ enjoy rustic scenery（田舎風景を楽しむ），
rustic wooden chairs（飾り気のない木製の椅子）

1869 A **rusty**
[ˈrʌstɪ]

形 錆びた，（腕前が）錆びついた（≒ **c**orroded, **u**npractised）
➤ rusty metals [nails]（錆びた金属［釘］），
My English is a little rusty.（私の英語力は少し錆びついている）

1870 A **ruthless**
[ˈruːθlɪs]

形 無慈悲な，非情な（≒ **c**ruel, **m**erciless）
➤ a ruthless dictator（無慈悲な独裁者），become ruthless in the pursuit of power（権力を求めて非情になる）

Part 4
達成度

50%　　　　　　　　　　100%

80%

1871	RL	**sabotage**	**動** （故意に）妨害する，破壊する（≒ **obstruct, ruin**）
		[ˈsæbəˌtɑːʒ]	➤ sabotage the progress（進行を妨害する），an attempt to sabotage their efforts（彼らの努力を無にしようとする試み）
			名 an act of sabotage（妨害行為）

1872	A	**salient**	**形** 非常に重要な，目立った（≒ **notable, prominent**）
		[ˈseɪlɪənt]	➤ salient features [characteristics]（目立った特徴）

1873	A	**saturate**	**動** 水浸しにする，（～で場所・物体などを）いっぱいにする，《化》（溶液などを）飽和状態にする（≒ **soak, permeate**）
		[ˈsætʃəˌreɪt]	➤ saturate the ground（地面を水浸しにする），The market is becoming saturated.（市場は飽和状態になりつつある）
			形 saturated（飽和した）：saturated fat（飽和脂肪）
			名 reach a saturation point（限界に達する）

1874	A	**savour**	**動** （経験を）楽しむ，（食べ物を）味わう（≒ **relish, enjoy**）
		[ˈseɪvə]	➤ savour the moment（その瞬間を楽しむ），savour the home-cooked food（家庭料理を満喫する）

1875	A	**scan**	**動** 細かく調べる，ざっと目を通す，スキャンする（≒ **examine, glance over**）
		[skæn]	➤ scan the text [brain]（テキスト［脳］をスキャンする）
			名 scan（スキャン）

1876	RL	**scathing**	**形** 痛烈な，容赦ない（≒ **caustic, sharp**）
		[ˈskeɪðɪŋ]	➤ scathing criticism（痛烈な批判），launch a scathing attack（容赦ない非難を始める）
			形 survive unscathed（無傷で生き残る）

1877	RL	**scrap**	**動** （計画などを）やめにする，処分する（≒ **give up, throw away**）
		[skræp]	➤ scrap an original plan（当初の計画を取りやめる），scrapped cars（廃車）
			名 a scrap of paper（紙切れ〔1枚〕），every scrap of information（ありとあらゆる情報）

1878	A	**seemingly**	**副** 一見したところ，見たところ（≒ **apparently, superficially**）
		[ˈsiːmɪŋlɪ]	➤ achieve the seemingly impossible task（一見不可能な仕事を成し遂げる），a seemingly complicated problem（一見複雑に見える問題）

1879	A	**self-explanatory**	**形** 見ればすぐわかる，一目瞭然の（≒ **clearly expressed, self-evident**）
		[ˌselfɪkˈsplænətərɪ]	➤ a job title that is quite self-explanatory（非常にわかりやすい肩書），That's pretty self-explanatory.（それはかなり自明である）

1880	A	**sequel**	**名** 続編，続き（≒ **follow-up, continuation**）
		[ˈsiːkwəl]	➤ a sequel to the novel [film]（小説［映画］の続編）

必須語彙 200 語　最重要語レベル① 600 語　最重要語レベル② 600 語　**重要語 600 語**

1881	A	**sever**	動 断つ，断ち切る（≒ **separate, disconnect**）
		[ˈsɛvə]	➤ sever diplomatic relations（外交関係を断つ）, a severed fuel line（切断された燃料ライン）
			名 severance（切断，契約解除）；a severance pay（退職金，解雇手当）

1882	LS	**shabby**	形 みすぼらしい，（態度が）卑しい，卑劣な（≒ **scruffy, mean**）
		[ˈʃæbɪ]	➤ shabby clothes（みすぼらしい服装）, the shabby treatment of workers（労働者にたいするひどい待遇）

1883	A	**showcase**	動（才能などを）見せる，展示［披露］する（≒ **show, exhibit**）
		[ˈʃəʊˌkeɪs]	➤ showcase our talents（自分たちの才能を披露する）, showcase ancient treasures（古代の財宝を展示する）
			名 a showcase for new products（新製品の展示の場）

1884	RL	**shroud**	動 覆う，隠す（≒ **cover, veil**）
		[ʃraʊd]	➤ be shrouded in mystery [secrecy]（謎［秘密］に包まれている）

1885	RL	**shudder**	動（恐怖・寒さで）震える（≒ **tremble, shiver**）
		[ˈʃʌdə]	➤ shudder with fear [cold]（恐怖［寒さ］で震える）
			名 shudder（身震い，激しい揺れ）

1886	RL	**shun**	動 避ける，遠ざける（≒ **avoid, reject**）
		[ʃʌn]	➤ shun publicity（世間の目を避ける）, be shunned by the community（地域社会から孤立する）

1887	RL	**sidetrack**	動《通例，受け身で》（人の話・活動などを）脱線させる［わき道にそらす］，（進行などを）遅らせる［止める］（≒ **distract, divert**）
		[ˈsaɪdˌtræk]	➤ get easily sidetracked by anxiety（不安感に気を取られやすい）, sidetrack the discussion（話をそらす）

1888	RL	**siege**	名 包囲（攻撃），包囲期間，（病気などの）長く苦しい期間（≒ **blockade, beleaguerment**）
		[siːdʒ]	➤ lay siege to the house（家を包囲する）, a long siege of Arab unrest（長期間に渡るアラブの混乱）
			熟 be under siege（批判［非難］を浴びている，質問攻めにあっている）

1889	A	**sizeable**	形 かなり大きな，かなり多い（≒ **fairly large, considerable**）
		[ˈsaɪzəbˀl]	➤ a sizeable increase（大幅な増加）, a sizeable amount of money（かなりの金額）

1890	RL	**sizzling**	形 とても熱い［暑い］，エキサイティングな（≒ **extremely hot, boiling, passionate**）
		[ˈsɪzˀlɪŋ]	➤ a sizzling summer（うだるように暑い夏）, sizzling love（燃えるような恋愛）
			動 sizzle（ジュージューと音を出す，ジュージューと焼く）

1891	RLS	snag [snæg]	名 思いがけない障害［問題］（≒ obstacle, problem） ➤ hit [run into] a snag（思わぬ障害にぶつかる），The only snag is that ....（唯一の難点は〜ということである）
1892	A	socialise 〈英〉／socialize 〈米〉〈英〉 [ˈsəʊʃəˌlaɪz]	動 （〜と社交的に）交際する［溶け込む］，社会生活に適合させる，（子供などを）しつける（≒ interact, mingle） ➤ socialise with local people（地元の人々と交流する），a poorly-socialised dog（外の世界に慣れていない犬） 名 socialisation（社会適応）
1893	A	solace [ˈsɒlɪs]	名 慰め，癒し（≒ comfort, consolation） ➤ find solace in music（音楽に癒しを見つける），seek solace in religion（信仰に慰みを求める）
1894	A	sparse [spɑːs]	名 まばらな，わずかな（≒ scanty, scarce） ➤ a sparse population（まばらな人口），sparse hair（薄毛） 副 sparsely（まばらに）；a sparsely populated area（過疎地）
1895	RL	spearhead [ˈspɪəˌhed]	動 〜の先頭に立つ，先陣を切る（≒ lead, head） ➤ spearhead a campaign（キャンペーンの先頭に立つ），spearhead an effort to develop new drugs（先頭にたって新薬開発に取り組む） 名 the spearhead of the campaign（キャンペーンの先鋒）
1896	A	specimen [ˈspɛsɪmɪn]	名 標本，見本，検体（≒ sample, example） ➤ a specimen of blood [rock]（血液の検体［岩の標本］）
1897	RLW	springboard [ˈsprɪŋˌbɔːd]	名 （将来の飛躍への）足がかり［出発点］，たたき台（≒ start, stepping-stone） ➤ serve as a springboard to a giant leap（大きな飛躍への足がかりとなる），use our ideas as a springboard（私たちのアイデアをたたき台にする）
1898	RL	squabble [ˈskwɒbˀl]	名 口論（≒ spat, altercation） 動 言い争う（≒ bicker） ➤ a family squabble（［親子・兄弟などの］内輪もめ），squabble over money（お金をめぐって言い争う）
1899	A	squander [ˈskwɒndə]	動 （お金・時間・機会などを）浪費する，無駄［ふい］にする（≒ waste, dissipate） ➤ squander money on gambling（ギャンブルにお金を浪費する），squander opportunities（チャンスを無駄にしてしまう）
1900	A	stalemate [ˈsteɪlˌmeɪt]	名 膠着状態，行き詰まり（≒ deadlock, impasse） ➤ reach a stalemate in the negotiations（交渉で行き詰まる），at a stalemate（暗礁に乗り上げて，行き詰まって）

必須語彙 200 語　最重要語レベル① 600 語　最重要語レベル② 600 語　重要語 600 語

IELTS 読解力 UP　最重要「経済・ビジネス」語彙をマスター！

- [ ] austerity measures [belt-tightening] policy　金融引締め政策
- [ ] trickle-down economics　トリクルダウン政策（大企業優先の経済政策）
- [ ] laissez-faire　自由放任主義
- [ ] a fiscal deficit　財政赤字（sovereign debt は「政府債務」）
- [ ] tax deduction for spouse [dependents]　配偶者［扶養家族］控除
- [ ] indexation　物価スライド制
- [ ] utility charges　公共料金，光熱費
- [ ] grant a subsidy　助成金を与える
- [ ] denomination　額面単位（revaluation は日本語の「デノミ」）
- [ ] the Federal Reserve Board [FRB]　連邦準備制度理事会
- [ ] prime rate　最優遇貸出金利
- [ ] a credit squeeze　金融引き締め（政策），銀行の貸し渋り
- [ ] economies of scale　スケールメリット
- [ ] social costs　企業活動に伴う環境破壊・公害により起こる社会的損失
- [ ] a cash crop　換金作物（小麦，綿などすぐに現金になる作物）
- [ ] boom-and-bust　一時的活況（diffusion index は「景気動向指数」）
- [ ] default　債務不履行（insolvency は「支払い不能」）
- [ ] mint　造幣局
- [ ] convertible currency　兌換紙幣（金や世界各国の通貨と容易に交換することができる紙幣）
- [ ] a tax haven　税逃れの場所（tax break は「税優遇措置」, tax credits は「税控除」）
- [ ] assets and liabilities　資産と負債（liquid assets は「流動資産」）
- [ ] the bearish market　弱気市場 ⇔ the bullish market「強気市場」
- [ ] futures market　先物市場（spot market は「現物市場」）
- [ ] speculation　投機（speculator は「投機家」）
- [ ] capital gains　（株式などの）資産売却所得
- [ ] corner the market　株［商品］を買い占める
- [ ] take over bid [TOB] / tender offer　株式公開買い付け
- [ ] dividend　配当（volume は「出来高」, high yield は「高利回り」）
- [ ] an affiliated company　関連会社（foreign affiliate は「外資系企業」）
- [ ] fringe benefits　付加給付（perquisite は「役得」, incentives は「報奨金」）
- [ ] a severance pay　解雇手当て
- [ ] mandatory retirement　定年退職
- [ ] the seniority system　年功序列 ⇔ performance-based pay system「能力給」
- [ ] a probation period　見習い期間（probationer は「見習い」）

☐ an arbitrary layoff	一方的解雇（exploitation of workers は「労働者搾取」, employee turnover rate は「従業員退職率」）
☐ a board meeting	役員会議
☐ word-of-mouth advertising	口コミによる宣伝
☐ a sales quota	販売ノルマ（sales-promotion gimmick は「販売戦略」）
☐ planned obsolescence	計画的陳腐化（製品がすぐに古くなるようにすること）
☐ offshore funds	在外投資信託（低課税の国に籍を置く国際投資信託）
☐ the primary industry	第一次産業（the secondary [tertiary] industry は「第二次［第三次］産業」）
☐ disposable income	可処分所得
☐ the pharmaceutical industry	製薬産業（the textile industry「繊維産業」）
☐ the knowledge-intensive industry	知識集約型産業（the capital-intensive industry は「資本集約型産業」, the labour-intensive industry は「労働集約型産業」）
☐ subsistence economy	自給自足経済
☐ an industrial complex	コンビナート
☐ a retail outlet	小売店（retail price「小売価格」⇔ wholesale price「卸売価格」）
☐ deindustrialisation / industrial hollowing-out	産業の空洞化（基幹産業としての製造業が衰弱化する現象）
☐ no-frills flight	余分なサービスはしない航空便
☐ walkout	ストライキ
☐ an instalment plan	分割払い（lump-sum payment は「一括払い」）
☐ commission / percentage	手数料
☐ warranty	保証書
☐ low-end [high-end] products	低価格［高額］商品
☐ upscale consumers	金持ち消費者
☐ a breach of contract	契約違反（the terms of contract は「契約条件」）
☐ industrial espionage	産業スパイ活動
☐ creditor	債権者 ⇔ debtor 債務者
☐ a job-screening interview	一次面接
☐ absenteeism	（正当な理由のない）常習的な欠勤［欠席］
☐ glass ceiling	ガラスの天井（職場における処遇・昇進などで見られる人種［性］差別）
☐ product liability	商品損害賠償責任

学習日	年　月　日	年　月　日	年　月　日

1901 RL **stampede**
[stæmˈpiːd]

名 殺到，押し寄せること（≒ **rush, panic**）
➤ a stampede to the store（店への殺到），
be killed in a stampede（将棋倒しで死亡する）
動 **stampede**（殺到する，突進させる）

1902 A **stark**
[stɑːk]

形 全くの，（場所などが）荒涼とした（≒ **sheer, bleak**）
➤ in stark contrast to her opinion（彼女の意見とは全く対照的に），
stark differences（全くの違い）

1903 A **startle**
[ˈstɑːtəl]

動 ドキッとさせる，驚かせる（≒ **frighten, alarm**）
➤ be startled by a sudden noise（突然の騒音にドキッとする），
be startled awake（ハッと驚いて目を覚ます）

1904 A **static**
[ˈstætɪk]

名 変化がない，停滞した（≒ **still, motionless**）
➤ remain static（変化しないままである），static traffic（進まない渋滞）
形 反 **dynamic**（行動的な，活発な），**active**（活発な，能動的な）

1905 A **stature**
[ˈstætʃə]

名 地位，名声，（人の）身長（≒ **reputation, status, height**）
➤ enhance the country's international stature（その国の国際的な名声を高める），be short in stature（身長が低い）

1906 RL **staunch**
[stɔːntʃ]

形 忠実な，頑丈な（≒ **steadfast, unwavering**）
➤ staunch supporters [advocates]（忠実な支持者）

1907 A **steep**
[stiːp]

形 （変化が）急な，（道や坂が）急な（≒ **sharp, precipitous**）
➤ a steep drop（急降下，急落），a steep slope（急勾配）
形 a place **steeped** in history（歴史あふれる場所）

【参考】be steeped in ... で「（場所・時間などが）〜に満ちている」。

1908 A **steer**
[stɪə]

動 〜のかじを取る，〜を（…に）向ける（≒ **control, direct**）
➤ steer a boat south（船を南に進める），steer the conversation to other topics（会話を別の話題へ向ける）

1909 RL **stern**
[stɜːn]

形 （表情，〔人が 〜に対して〕）厳しい，手厳しい [厳重な]（≒ **strict, severe**）
➤ a stern look（険しい表情），issue a stern warning（厳重な警告を出す）

1910 A **stifle**
[ˈstaɪfəl]

動 （好ましいこと・反乱などを）抑圧する，（あくび・笑い・衝動などを）抑える，（人などを）息苦しくさせる（≒ **suppress, suffocate**）
➤ stifle creativity（創造性を抑圧する），stifle laughter（笑いをこらえる）
形 a **stifling** room（暑苦しい部屋）

1911	A	**stigma** [ˈstɪgmə]	**名** 汚名，烙印（≒ **dis**grace, **dis**honour） ➤ carry a social stigma（社会的汚名を背負う）， stigma attached to mental illness（精神疾患に伴う汚名） **動 stigmatise**（汚名を着せる）: *be* unfairly stigmatised（不当に汚名を着せられる）
1912	RL	**stipend** [ˈstaɪpɛnd]	**名** 俸給，給付金（≒ **re**muneration, **e**ndowment） ➤ a monthly stipend for students（学生への毎月の給付金）， a yearly stipend of 12,000 euros（1 年 12000 ユーロの給付金）
1913	RL	**stoop** [stu.p]	**動** 身をかがめる，（悪事に）身を落とす（≒ **l**ower, **d**ebase） ➤ stoop down to pat a dog（犬をなでるためにかがむ）， stoop to cheating（人をだますことに身を落とす） **名 stoop**（前かがみ）
1914	A	**stout** [staʊt]	**形** 恰幅（かっぷく）のよい，頑丈な（≒ **f**at, **s**turdy） ➤ a stout man（恰幅のいい男），a stout wall（頑丈な壁）
1915	A	**straighten** [ˈstreɪtⁿn]	**動**《out を伴って》（問題などを）是正する，整理する（≒ **r**esolve, **o**rganise） ➤ straighten out a legal dispute（訴訟を解決する）， straighten out the room（部屋を整理する）
1916	RL	**stranded** [ˈstrændɪd]	**形** 立ち往生した［足止めされた］，座礁した（≒ **s**tuck, **b**eached） ➤ leave passengers stranded（乗客を立ち往生させる）， rescue a stranded dolphin（座礁したイルカを救助する）
1917	A	**stricken** [ˈstrɪkən]	**形**（悲しみ・不幸などに）襲われた，（病気に）かかった（≒ **a**ffected, **t**roubled） ➤ a disaster-stricken area（被災地）， panic-stricken passengers（パニック状態に陥った乗客）
1918	RL	**stride** [straɪd]	**名** 歩み，進歩（≒ **p**rogress, **a**dvance） ➤ make significant strides（大きな進歩を遂げる）， take everything in *her* stride（何事にも難なく対処する）
1919	A	**sturdy** [ˈstɜːdɪ]	**形** 頑丈な，たくましい（≒ **s**trong, **w**ell-**b**uilt） ➤ durable and sturdy products（長持ちする頑丈な製品）， a sturdy man（体格のいい男性）
1920	A	**subdue** [səbˈdjuː]	**動**（感情などを）抑える，（敵や反乱などを）制圧する（≒ **c**ontrol, **s**uppress） ➤ subdue a gloomy mood（憂うつな気分を抑える）， subdue political opposition（政治的な反発を抑える） **形** a subdued housing market（活気のない住宅市場）

必須語彙 200 語　　最重要語レベル① 600 語　　最重要語レベル② 600 語　　**重要語 600 語**

学習日	年 月 日	年 月 日	年 月 日

1921 A **subsequent**
[ˈsʌbsɪkwənt]

形 後続の，続いての（≒ **following, succeeding**）
➤ subsequent years [changes]（その後の数年［変化］）

1922 A **subsistence**
[səbˈsɪstəns]

名 必要最低限の生活［食事，費用］（≒ **sustenance, livelihood**）
➤ a means of subsistence（生活手段），subsistence farming（自給農業）
動 **subsist**（生活する）熟 **subsist** on rice [one dollar per day]
（米を食べて生きる［一日 1 ドルで生きる］）

1923 RL **subvert**
[səbˈvɜːt]

動 （政府・体制などを）転覆させる［倒す，破壊する］，（信念・忠誠心などを）打ちくだく（≒ **undermine, overturn**）
➤ subvert the government（政府を転覆させる），subvert traditional gender roles（伝統的な男女の役割を破壊する）

1924 A **succeeding**
[səkˈsiːdɪŋ]

形 次の，後の，続いて起こる（≒ **following, subsequent**）
➤ during the succeeding three centuries（次の 300 年の間），succeeding generations（後世）

1925 A **succumb**
[səˈkʌm]

動 《to を伴って》〜に負ける，屈する（≒ **surrender, yield to**）
➤ succumb to the temptation（誘惑に負ける），succumb to sleep（眠気に負ける）

1926 RL **suffocate**
[ˈsʌfəˌkeɪt]

動 窒息(死)させる，（発展を）妨げる（≒ **smother, stifle**）
➤ be suffocated by the smoke（煙で窒息死する），suffocate children's creativity（子どもの創造性を抑圧する）

1927 RL **sumptuous**
[ˈsʌmptjʊəs]

形 豪華な，ぜいたくな（≒ **luxurious, lavish**）
➤ a sumptuous feast at Christmas（クリスマスの豪華なご馳走），a sumptuous mansion（贅を凝らした大邸宅）

1928 RL **superfluous**
[suːˈpɜːflʊəs]

形 余分な，過剰な（≒ **unnecessary, redundant**）
➤ superfluous information（余分な情報），be superfluous to requirements（求められている基準以上である）

1929 A **supplant**
[səˈplɑːnt]

動 〜に取って代わる，〜の地位を奪い取る（≒ **supersede, replace**）
➤ supplant the old system（旧制度に取って代わる），supplant oil as the country's main export（その国の主要輸出品として石油に代わる）

1930 A **sweeping**
[ˈswiːpɪŋ]

形 広範囲の，全面的な，一般化し過ぎた（≒ **far-reaching, over-general**）
➤ sweeping changes in the exam system（試験制度の全面的な変更），a sweeping statement（一般論的な発言）
動 **sweep**（〔台風などが〕素早く通過する，〔床などを〕掃く）

Part 4
達成度

50% 100%
90%

1931	RL	**swindle** [ˈswɪndl]	動 （お金・財産などを）だまし取る，詐取する（≒ **defraud, cheat**）

➤ swindle him out of his money（彼からお金をだまし取る），swindle elderly people's savings（高齢者の蓄えをだまし取る）

| 1932 | RL | **synchronise**〈英〉/ **synchronize**〈米〉〈英〉 [ˈsɪŋkrəˌnaɪz] | 動 《with を伴って》同調させる，～と同調する（≒ **coincide, harmonise**） |

➤ synchronise sound with animation（音と動画を同調［シンクロ］させる），synchronise with the server（サーバーと同期する）
名 **synchronisation**（同期化，同調）

| 1933 | RL | **synopsis** [sɪˈnɒpsɪs] | 名 概要，あらすじ（≒ **summary, outline**） |

➤ a brief synopsis of the film [book]（その映画［本］の簡単なあらすじ）

| 1934 | A | **tacit** [ˈtæsɪt] | 形 暗黙の，無言の（≒ **implicit, unspoken**） |

➤ tacit agreement（暗黙の了解［同意］），tacit understanding（以心伝心）

| 1935 | A | **tailor** [ˈteɪlə] | 動 合わせる，調整する（≒ **modify, customise**） |

➤ tailor language to suit the audience（聴衆に合わせて言葉づかいを調整する），be tailored to meet individual needs（個人のニーズに合わせている）
名 **tailor**（仕立屋） 形 **tailor-made** education（オーダーメード［個に応じた］教育）

| 1936 | A | **tame** [teɪm] | 形 飼い慣らされた，従順な（≒ **domesticated, docile**） |

➤ tame animals（飼い慣らされた動物），tame stories（退屈な話）
動 **tame** a wild animal（野生動物を飼い慣らす）

| 1937 | RL | **tantalising**〈英〉/ **tantalizing**〈米〉〈英〉 [ˈtæntəˌlaɪzɪŋ] | 形 興味をそそる，焦らす（≒ **tempting, enticing**） |

➤ a tantalising offer（興味をそそられるオファー），tantalising desserts（食欲をそそるデザート）
副 **tantalisingly** close to winning（もう少しで勝つところで）

| 1938 | R | **tantamount** [ˈtæntəˌmaʊnt] | 形 《to を伴って》～も同然である，～に等しい（≒ **equivalent, equal**） |

➤ be tantamount to rudeness（失礼そのものである），be tantamount to impossible（まず不可能〔なこと〕である）

| 1939 | A | **tarnish** [ˈtɑːnɪʃ] | 動 （評判や名声を）傷つける，汚す（≒ **harm, undermine**） |

➤ tarnish the reputation of the company（会社の評判を損なう），tarnish the image of the country（その国のイメージを汚す）

| 1940 | LS | **tattered** [ˈtætəd] | 形 ぼろぼろの，ずたずたの（≒ **torn, ragged**） |

➤ tattered jeans [clothes]（ぼろぼろのジーパン［服］）
動 **tatter**（ぼろぼろに裂ける）

| 学習日 | 年 月 日 | 年 月 日 | 年 月 日 |

1941 **A** **teeming**
[ˈtiːmɪŋ]

形 たくさんいる [ある]，あふれ返っている（≒ **swarming, full**）
➤ be teeming with life（生命で満ちあふれている），
a teeming city（活気のある都市）
動 **teem**（いっぱいである）：teem with shoppers（買い物客でごった返している）

1942 **RL** **telling**
[ˈtɛlɪŋ]

形 有効 [効果的] な，強烈 [印象的] な，本心を表す（≒ **significant, revealing**）
➤ a telling example（わかりやすい例），the most telling moment in the story（その物語の印象的な場面）

1943 **A** **temper**
[ˈtɛmpə]

名 気質，気分，短気，沈着（≒ **temperament, composure**）
➤ lose my temper（激怒する），
have a placid temper（穏やかな気性である）
動 **temper**（和らぐ，軟化する） 名 **temperament**（体質，気性）
形 **temperate**（控えめな）

1944 **RL** **tenuous**
[ˈtɛnjʊəs]

形 （関係などが）希薄な，（根拠などが）弱い（≒ **insubstantial, weak**）
➤ have a tenuous connection（関係が希薄である），
tenuous evidence（不十分な証拠）

1945 **RLW** **testament**
[ˈtɛstəmənt]

名 《単数形で》証 [証拠]（≒ **evidence**），《the T- で》聖書，（特に財産処分に関する）遺言（≒ **will**）
➤ a testament to our efforts（努力の証），a testament to his good character（彼の性格がいい証拠），the New Testament（新約聖書）

1946 **RL** **thaw**
[θɔː]

動 （雪や氷を）解かす，解ける（≒ **melt, defrost**）
➤ thaw beef before cooking（加熱前に牛肉を解凍する），
The ice is beginning to thaw.（氷が溶け始めている）
動 反 **freeze**（凍る，凍結する）

1947 **A** **threshold**
[ˈθrɛʃəʊld]

名 基準，境界（≒ **level, limit**）
➤ raise the minimum threshold（最小閾値 〔いきち〕を引き上げる），
have low pain thresholds（すぐに痛がる）

1948 **RL** **throng**
[θrɒŋ]

名 群衆，大群（≒ **crowd, cluster**）
➤ throngs of shoppers（大勢の買い物客），
a throng of insects（昆虫の大群）

1949 **A** **throwaway**
[ˈθrəʊəˌweɪ]

形 （商品が）使い捨ての，（発言が）何気ない（≒ **disposable, careless**）
➤ throwaway plastic items（使い捨てプラスチック製品），
throwaway society（使い捨て社会）

1950 **A** **thwart**
[θwɔːt]

動 阻止する，妨げる（≒ **prevent, foil**）
➤ thwart progress（進歩を妨げる），
thwart his ambitions（彼の野心をくじく）

1951	A	token	名 しるし，証拠（≒ symbol, sign）
		[ˈtəʊkən]	➤ as a token of gratitude（感謝のしるしに）
			熟 by the same token（同様に）

1952	RL	torrid	形 灼熱の，熱烈な（≒ sweltering, scorching）
		[ˈtɒrɪd]	➤ a torrid summer [sun]（灼熱の夏［太陽］）

1953	A	touchy	形（簡単に怒らせる恐れがあり）厄介な，慎重を要する（≒ sensitive, delicate）
		[ˈtʌtʃɪ]	➤ a touchy issue（厄介な［際どい］問題），a touchy subject（微妙な話題）

1954	RL	traitor	名 裏切り者，内通者（≒ betrayer, double-crosser）
		[ˈtreɪtə]	➤ a traitor to the country [revolution]（国［革命］の裏切り者）
			名 treason（裏切り）

1955	RL	trajectory	名 軌跡，軌道（≒ course, path）
		[trəˈdʒɛktərɪ, -trɪ]	➤ a trajectory of a missile（ミサイルの軌道），a career trajectory（経歴，キャリア）

1956	RL	transgress	動（規則を）破る，（制限を）超える（≒ violate, infringe）
		[trænzˈɡrɛs]	➤ transgress the rule（ルールを破る），transgress the boundaries（境界線を越える）

1957	A	transmission	名 伝達，伝染，放送（≒ communication, broadcast）
		[trænzˈmɪʃən]	➤ data [radio] transmission（データ送信［ラジオ放送］），sexual transmission（性行為感染）
			動 transmit data（データを送る）

1958	A	traverse	動 横断する，渡る（≒ cross, travel）
		[trəˈvɜːs, ˈtrævɜːs]	➤ traverse the European Continent（ヨーロッパ大陸を横断する）

1959	RL	treacherous	形（安全に見えて）危険な，（人・言動などが）不誠実な［裏切りの］，（天候・記憶などが）当てにならない（≒ dangerous, deceitful）
		[ˈtrɛtʃərəs]	➤ treacherous mountain roads（危険な山道），a treacherous act（裏切り行為）

1960	RL	tremor	名 震え，揺れ，地面の小さな揺れ（≒ shake, earthquake）
		[ˈtrɛmə]	➤ a tremor in her voice（彼女の声の震え），cause an earth tremor（地面の揺れを引き起こす）

必須語彙 200 語　最重要語レベル① 600 語　最重要語レベル② 600 語　重要語 600 語

| 学習日 | 年　月　日 | 年　月　日 | 年　月　日 |

1961 **A** **tribute**
[ˈtrɪbjuːt]

名 賛辞，(感謝，尊敬，才能などの) 証 (≒ **homage, testimony**)
➤ pay tribute to soldiers (兵士に敬意を表する), a tribute to the quality of Italian products (イタリア製品の質を証明するもの)

1962 **A** **trifling**
[ˈtraɪflɪŋ]

形 取るに足らない，ささいな (≒ **trivial, negligible**)
➤ a trifling matter [sum] (取るに足らないこと [わずかな額])

1963 **RL** **tumultuous**
[tjuːˈmʌltjʊəs]

形 熱烈な，大騒ぎの (≒ **loud, thunderous**)
➤ receive a tumultuous welcome (熱烈な歓迎を受ける), tumultuous applause (嵐のような喝采)

1964 **A** **tweak**
[twiːk]

動 微調整する，少し変更する (≒ **adjust, modify**)
➤ tweak the recipe (レシピを少し変える), a system that needs some tweaking (微調整が必要なシステム)

1965 **A** **uncharted**
[ʌnˈtʃɑːtɪd]

形 地図に載っていない，未知の (≒ **undiscovered, remote**)
➤ uncharted beaches [waters] (地図に載っていないビーチ [未知の海域])
名 chart (図表，グラフ，海図) **動** chart (地図に載せる)

1966 **A** **understate**
[ˌʌndəˈsteɪt]

動 低く評価する，軽視する (≒ **make light of, downplay**)
➤ understate his achievement (彼の実績を低く評価する), understate the problem (その問題を軽視する)
名 understatement (控えめな表現) **動** **反** overstate (誇張する)

1967 **A** **undo**
[ʌnˈduː]

動 元へ戻す，取り消す (≒ **reverse, overturn**)
➤ undo the damage (ダメージを修復する), undo the decision (決定を取り消す)

1968 **RL** **unfathomable**
[ʌnˈfæðəməbˀl]

形 理解できない，計り知れない (≒ **incomprehensible, immeasurable**)
➤ the unfathomable depth of the universe (測り知れない宇宙の深奥 [しんおう]), the unfathomable question about the origin of life (生命の起源についての深遠な疑問)
動 fathom (探る，推測する，理解する)

1969 **A** **unforgiving**
[ˌʌnfəˈgɪvɪŋ]

形 容赦のない，許されない (≒ **harsh, merciless**)
➤ unforgiving extreme weather (過酷な異常気象), be unforgiving of any mistakes (いかなるミスも許されない)
形 **反** forgiving (寛大 [寛容] な)：have a forgiving nature (寛大な性格である)

1970 **A** **unfounded**
[ʌnˈfaʊndɪd]

形 根拠のない，事実無根の (≒ **groundless, unproven**)
➤ unfounded fears [rumours] (根拠のない不安 [うわさ])

1971	A	**unparalleled** [ʌnˈpærəˌlɛld]	**形** 並ぶもののない，前例のない（≒ **unexceptional, unprecedented**） ➤ an unparalleled success（比類なき成功）， at an unparalleled speed（前例のない速さで）
1972	RL	**unravel** [ʌnˈrævˀl]	**動**（難問などを）解明［解決］する，（もつれた糸・編み物などを）ほどく［ほぐす］（≒ **unwind, untangle**） ➤ unravel the mystery [truth]（謎［真実］を解明する）
1973	RL	**unruly** [ʌnˈruːlɪ]	**形** 手に負えない，粗暴な（≒ **recalcitrant, disobedient**） ➤ an unruly child [mob]（手に負えない子ども［暴徒］）
1974	RL	**unscrupulous** [ʌnˈskruːpjʊləs]	**形** 道徳に反する，たちの悪い（≒ **immoral, unethical**） ➤ unscrupulous and illegal practices（悪徳商法や違法行為）， unscrupulous management（悪徳経営） **形** **反** **scrupulous**（誠実な，入念な）
1975	A	**unwarranted** [ʌnˈwɒrəntɪd]	**形** 根拠のない，不当な，認可［公認］されていない（≒ **groundless, unjustifiable**） ➤ an unwarranted assumption（根拠のない思い込み）， unwarranted demands（不当な要求） **名** **warranty**（〔商品の〕保証）；under warranty（保証期間中で）
1976	RL	**uphill** [ˈʌpˈhɪl]	**形** 骨の折れる，困難な（≒ **demanding, arduous**） ➤ an uphill task（骨の折れる作業），face an uphill battle（苦戦する） **副** uphill（上り坂で） **形** **副** **反** **downhill**（下り坂の；下って）
1977	A	**upshot** [ˈʌpˌʃɒt]	**名** 結果，結末（≒ **outcome, an end result**） ➤ the upshot of the discussion [meeting]（議論［会議］の結果）
1978	A	**validate** [ˈvælɪˌdeɪt]	**動** ～が正当であると確認する，承認する（≒ **prove, confirm**） ➤ validate the theory（理論が正しいことを証明する）， validate her feelings（彼女の気持ちを受け止める） **動** **反** **invalidate**（無効にする）；invalidate the conclusion（その決定を取り消す）
1979	A	**veer** [vɪə]	**動** 方向を変える，それる，（意見・信念・話などが）変わる（≒ **change direction, swerve**） ➤ veer off the road（道をそれる），veer off topic（テーマからそれる）
1980	A	**venomous** [ˈvɛnəməs]	**形**（言動などが）悪意に満ちた，（ヘビなどが）有毒な（≒ **vicious, virulent**） ➤ venomous attacks（悪意に満ちた攻撃），venomous snakes（毒蛇） **名** **venom**（毒）

必須語彙 200 語　最重要語レベル① 600 語　最重要語レベル② 600 語　重要語 600 語

学習日	年　月　日	年　月　日	年　月　日

1981 **A** **vent**
[vɛnt]

- **動** （怒りや不満を）発散させる，ぶちまける（≒ **release**, **emit**）
- **名** 《**give vent to A** で》（A〔感情〕を表に出す，爆発させる
  - ➤ vent *my* anger at management（経営陣に怒りをぶつける），
    give vent to *your* feelings（感情をあらわにする）
- **名** **ventilation**（〔部屋・建物などの〕風通し，換気）

1982 **A** **versed**
[vɜːst]

- **形** 熟知した，精通した（≒ **experienced**, **knowledgeable**）
  - ➤ *be* well-versed in legal [policy] matters（法律の問題に熟知している［政策通である］）

1983 **RL** **vessel**
[ˈvɛsᵊl]

- **名** （大型の）船，血管（≒ **ship**, **passage**）
  - ➤ fishing vessels（漁船），blood vessels（血管）

1984 **RL** **vicarious**
[vɪˈkɛərɪəs, vaɪ-]

- **形** （他人の経験を想像上で）自分のことのように味わう［経験する，感じる］，代理の，委任された（≒ **indirect**, **substitute**）
  - ➤ vicarious experience（追体験），
    vicarious pleasure（自分のことのように感じる喜び）

1985 **A** **vigilant**
[ˈvɪdʒɪlənt]

- **形** （危険などに備えて／〜に関して）（絶えず）警戒している，用心深い（≒ **watchful**, **alert**）
  - ➤ remain vigilant in the face of terrorist threats（テロの脅威に対して引続き警戒する），a vigilant watchdog（警戒心の強い番犬）
- **名** **vigilance**（警戒，《医》不眠症〔≒ **insomnia**〕）

1986 **RL** **voracious**
[vɒˈreɪʃəs]

- **形** 貪欲な，食欲旺盛な（≒ **avaricious**, **insatiable**）
  - ➤ a voracious reader [eater]（大の読書好き［大食家］），a voracious appetite for Hollywood films（ハリウッド映画を観たいという強い欲求）

1987 **A** **vow**
[vaʊ]

- **名** 誓い，請願（≒ **oath**, **pledge**）
  - ➤ marriage [wedding] vows（結婚の誓い）
- **動** **vow**（誓約する）

1988 **A** **wane**
[weɪn]

- **動** 徐々に弱くなる，終わりに近づく（≒ **dwindle**, **fade**）
  - ➤ The prime minister's power is waning.（首相の力が弱まりつつある），her waning confidence（彼女の薄れつつある自信）
  - 【参考】主語には **influence** などの影響系，または **interest** などの感情系の名詞が来る。

1989 **A** **weary**
[ˈwɪərɪ]

- **形** 疲れた，うんざりした（≒ **tired (of)**, **worn out**, **fed up**）
  - ➤ a weary look（疲れた表情），
    be weary of life（世の中が嫌になる）

1990 **A** **well-rounded**
[ˈwɛlˈraʊndɪd]

- **形** 多才な，博識な，包括的な（≒ **all-round**, **complete and varied**）
  - ➤ well-rounded individuals（多才な人たち），
    well-rounded education（豊かな教育）
  - 【参考】例の他に **person**, **curriculum**, **response** などの名詞とも相性がいい。

Part 4
達成度

		50%	100%

1991 A **whine**
[waɪn]

動 泣き言をいう [不平を言う]，(子どもや犬が) 哀れに泣く (≒ **complain, cry**)
➤ whine about *my* job [circumstances] (仕事 [境遇] について不平を言う)
名 whine (泣き声，ヒューという音)

1992 A **wholesome**
[ˈhəʊlsəm]

形 健康によい，(道徳的に) 健全な (≒ **healthy, sound**)
➤ wholesome food (体によい食べ物)，
a wholesome environment (健全な環境)

1993 A **wield**
[wiːld]

動 (権力を) 振るう，(影響を) 及ぼす (≒ **use, exercise**)
➤ wield power (権力を振るう)，
wield a considerable influence (大きな影響を及ぼす)
【参考】主語には government や dictator，CEO などの権力者がくる。

1994 A **windfall**
[ˈwɪndˌfɔːl]

名 思いがけず入ったお金 [もの]，棚ぼた (≒ **unexpected gain, bonanza**)
➤ windfall profits (思いがけない利益)，
a windfall surplus (棚ぼたの黒字)

1995 RL **wistful**
[ˈwɪstfʊl]

形 物欲し [物足りなさ] そうな，物言いたげな，悲しげな，物思いに沈んだ (≒ **wishful, yearning**)
➤ a wistful look (物欲しそうな顔つき)，a wistful smile (悲しげな微笑み)

1996 RL **wither**
[ˈwɪðə]

動 (植物が) しおれる [しおれさせる]，枯れる [枯らす]，(人間関係・感情・組織などが) 弱まる (≒ **wilt, shrivel**)
➤ wither in the heat (熱でしおれる)，
wither and die in sandy soils (砂地でしおれて枯れる)

1997 A **withhold**
[wɪðˈhəʊld]

動 留保する，差し控える (≒ **hold back, conceal**)
➤ withhold payment (支払いを保留する)，withhold information about the case (訴訟の情報の公開を控える)

1998 RL **wrangle**
[ˈræŋɡəl]

動 口論する (≒ **argue, bicker**)
名 口論，論争 (≒ **argument, dispute**)
➤ wrangle over the budget [right] (予算 [権利] をめぐって言い争う)

1999 A **yardstick**
[ˈjɑːdˌstɪk]

名 (判断・比較・測定などの) 基準，尺度 (≒ **standard, guideline**)
➤ by the common yardstick (一般的な基準では)，
a yardstick for success (成功の尺度)
名 yard (ヤード《長さの単位：3 feet, 36 inches, 0.9144m；《略》y.,yd.》)

2000 A **youngster**
[ˈjʌŋstə]

名 子ども，若者 (≒ **child, a young person**)
➤ a naughty youngster (わんぱくっ子)，
promising youngsters (前途有望な若者たち)
名 young (《the ~》若い人たち [若者]，〔動物・鳥などの〕子ども)
名 youth (青年期，青年時代，《the ~》若い人たち，若さ)

必須語彙 200 語　最重要語レベル① 600 語　最重要語レベル② 600 語　重要語 600 語

IELTS 類語クイズにチャレンジ！⑩　重要度★★

Choose a group of synonyms of the underlined part from the list below.

1. He will **presumably** resign in view of the complete failure of his management.
2. There is no such thing as truly **pristine** nature anymore in this century.
3. We must examine all the **ramifications** of the coronavirus pandemic.
4. The court ordered her to **relinquish** custody of her children.
5. If you are found violating these rules, you will be severely **reprimanded**.
6. Recent years have seen a **resurgence** of interest in religion.
7. She pointed out all the **salient** features of the new product.
8. His **seemingly** small mistake ended up costing the company a lot of money.
9. His silence was **tantamount** to an admission of guilt.
10. Her wages are below the income tax **threshold**.
11. The MI6 **thwarted** the terrorist plan to attack government buildings.
12. The minister paid **tribute** to the brave soldiers who had lost their lives.
13. He was utterly **unscrupulous** in his dealings with rival companies.
14. Her interest in the rock band was beginning to **wane**.
15. The authorities **withheld** critical information from the public regarding the incident.

【選択肢】

A. apparently, superficially	B. comeback, revival
C. hold back, conceal	D. dwindle, fade
E. effect, repercussion	F. equivalent, equal
G. gratitude, homage	H. immoral, unethical
I. limit, level	J. notable, prominent
K. prevent, foil	L. probably, likely
M. rebuke, berate	N. unspoiled, immaculate
O. renounce, give up	

【解答欄】

1.	2.	3.	4.	5.	6.	7.	8.

9.	10.	11.	12.	13.	14.	15.

解答

1.	(L. probably, likely)	経営手法が完全に失敗したことを考えると彼はおそらく辞任するだろう。
2.	(N. unspoiled, immaculate)	今世紀にはもはや本当の意味での手つかずの自然は存在しない。
3.	(E. effect, repercussion)	我々はコロナウィルス感染症の大流行から派生する結果すべてを考察しなければならない。
4.	(O. renounce, give up)	裁判所は彼女に子どもの親権を放棄するよう命じた。
5.	(M. rebuke, berate)	これらの規則に違反していることがわかれば，厳重注意を受ける［厳しく叱責される］だろう。
6.	(B. comeback, revival)	昨今宗教に対する関心が再燃している。
7.	(J. notable, prominent)	彼女は新しい製品の全ての顕著な特徴を指摘した。
8.	(A. apparently, superficially)	彼の，見かけは小さなミスが会社に大きな損失を与える結果となった。
9.	(F. equivalent, equal)	彼の沈黙は罪を認めたも同然だった。
10.	(I. limit, level)	彼女の賃金は課税最低限の所得に満たなかった。
11.	(K. prevent, foil)	M16は政府関連の建物を攻撃するというテロ計画を未然に防いだ。
12.	(G. gratitude, homage)	大臣は命を落とした勇敢な軍人たちに敬意を表した。
13.	(H. immoral, unethical)	競合会社に対して，彼は完全に無節操であこぎな振る舞いをした。
14.	(D. dwindle, fade)	彼女のそのロックバンドに対する興味は薄れ始めた。
15.	(C. hold back, conceal)	当局はその事件についての極めて重要な情報の公表を控えた。

索引

＊4桁の数字は,「見出し語の番号」を示します。ページ数ではありませんのでご注意ください。
＊赤色・太字は見出し語と見出し語の番号を示します。黒色は見出し語の類義語と登場した見出し語の番号を示します。

＊4桁の数字は,「見出し語の番号」を示します。ページ数ではありませんのでご注意ください。
＊赤色・太字は見出し語と見出し語の番号を示します。黒色は見出し語の類義語と登場した見出し語の番号を示します。

【編著】**植田 一三**（Ichy Ueda）

年齢・性別・国籍を超える英悟の超人（ATEP [Amortal "Transagenderace" Educational Philosophartist]），最高峰資格 8 冠突破＆ライター養成校「アスパイア」学長。自己実現と社会貢献を目指す「英悟道」精神，"Let's enjoy the process!（陽は必ず昇る）" を教育理念に，指導歴 40 年で英語1級合格者を約 2,700 名以上輩出。出版歴 35 年で著書は 120 冊を超え，多くはアジア 5 か国で翻訳。ノースウェスタン大学院・テキサス大学博士課程留学，同大学で異文化間コミュニケーションを指導。教育哲学者（educational philosopher），世界情勢アナリスト，比較言語哲学者（comparative linguistic philosopher），社会起業家（social entrepreneur）。

【著者】**上田 敏子**（うえだ・としこ）

アスパイア英検1級・国連英検特Ａ級・IELTS 講座講師。バーミンガム大学院（翻訳学）修了後，ケンブリッジ大学で国際関係論コース修了。国連英検特Ａ級，工業英検1級，英検1級，TOEIC 満点，通訳案内士取得。鋭い異文化洞察と芸術的鑑識眼を活かして，教育界をリードするワンダーウーマン。主な著書に，『IELTS ライティング徹底攻略』（語研），『IELTS スピーキング・ライティング完全攻略』（アスク出版），『TOEFL iBT® スピーキング＋ライティング完全攻略』（明日香出版社），『TOEFL® テスト必須語彙1200＋分野別語彙800』（OpenGate），『英検® 面接大特訓シリーズ』（Ｊリサーチ出版），『英語で経済・政治・社会を討論する技術と表現』（ベレ出版）がある。

【著者】**常田 純子**（つねだ・じゅんこ）

外資系企業で勤務後，英検1級，通訳案内士を取得し，産業翻訳士として活躍。その後，実用英語と英検，IELTS，TEAP を含む英語資格対策テストを 20 年以上指導。英国の TESOL，IELTS 教授法資格を取得し 4 つの技能を高めるメソドロジーを確立する。『TOEFL® テスト必須語彙1200＋分野別語彙800』（OpenGate），『英語スピーキング大特訓 自分のことを論理的に話す技術とトレーニング』（ベレ出版）を執筆。

【著者】**田岡 千明**（たおか・ちあき）

英国マンチェスター大学にて言語学修士・博士取得後，大学・専門英語学校にて TOEFL，IELTS，GMAT，GRE を含む英語資格対策テストを指導。国連英検特Ａ級，英検1級，TOEFL iBT 116 点，TOEFL ITP 677 点，IELTS 8.5 点，TOEIC L&R 990 点，TOEIC S&W 400 点。主な著書に，『TOEFL iBT® TEST スピーキング＋ライティング完全攻略』（明日香出版社），『TOEFL iBT® テストスコアアップ大特訓』『IELTS スピーキング・ライティング完全攻略』（アスク出版），『TOEFL® テスト必須語彙1200＋分野別語彙800』（OpenGate），『最短合格！英検®1級リーディング問題完全制覇』（ジャパンタイムズ）などがある。

© Ichizo Ueda; Toshiko Ueda; Junko Tsuneda; Chiaki Taoka, 2023, Printed in Japan

IELTS 必須単語 2000

2023 年 6 月 30 日　　初版第 1 刷発行

編　著	植田 一三
著　者	上田 敏子
	常田 純子
	田岡 千明
制　作	ツディブックス株式会社
発行者	田中 稔
発行所	株式会社 語研

〒101-0064
東京都千代田区神田猿楽町 2-7-17
電　話 03-3291-3986
ファクス 03-3291-6749

組　版	ツディブックス株式会社
印刷・製本	シナノ書籍印刷株式会社

ISBN978-4-87615-394-7 C0082

書名	アイエルツ ヒッスタンゴ ニセン
編者	ウエダ イチゾウ
著者	ウエダ トシコ／ツネダ ジュンコ／タオカ チアキ

株式会社 語研

語研ホームページ https://www.goken-net.co.jp/

本書の感想はスマホから↓